The Belt & Road Initiative

"一带一路"

FTA网络中的国家地位测度及贸易效应研究

彭羽 著

復旦大學出版社

本书得到国家社会科学基金一般项目（18BJL095）的资助

CONTENTS 目录

第一章 全球国际经贸规则变化与FTA网络演进 / 001
第一节 WTO框架下国际经贸规则的进展 / 001
第二节 FTA新规则的体现及理论动因 / 005
第三节 全球FTA网络的演进和趋势 / 017
本章小结 / 035

第二章 "一带一路"FTA规则的进展 / 037
第一节 "一带一路"FTA数量变化 / 037
第二节 "一带一路"FTA规则内容变化 / 040
第三节 主要经济体在"一带一路"的FTA比较 / 049
本章小结 / 066

第三章 "一带一路"FTA网络结构特征及影响因素 / 068
第一节 "一带一路"沿线FTA网络的密度变化 / 068
第二节 "一带一路"沿线FTA网络的凝聚子群分析 / 072
第三节 "一带一路"沿线FTA网络的块模型分析 / 083
第四节 网络结构影响因素的实证检验:QAP矩阵回归 / 090
本章小结 / 099

第四章 "一带一路"FTA网络中的国家地位测度 / 100
第一节 沿线FTA网络的国家地位测度:无权网络 / 100
第二节 沿线FTA网络的国家地位测度:加权网络 / 113
第三节 沿线FTA网络的结构洞测度 / 123

本章小结 / 128

第五章 "一带一路"FTA网络国家地位对出口流量的影响 .... / 129

第一节 "一带一路"沿线国家的出口贸易 / 129
第二节 FTA网络地位对出口影响的理论机制 / 137
第三节 沿线FTA网络地位对出口影响的计量分析 / 142
本章小结 / 155

第六章 "一带一路"FTA网络国家地位对出口二元边际的影响 .... / 157

第一节 沿线国家出口增长的二元边际分解：
方法和事实 / 157
第二节 FTA网络地位对出口二元边际的影响机制 / 161
第三节 沿线FTA网络地位对出口二元边际
影响的计量分析 / 165
本章小结 / 181

第七章 提升FTA网络地位促进中国与沿线国家贸易的策略 .... / 182

第一节 中国在沿线FTA网络的构建情况 / 182
第二节 提升中国在沿线FTA网络地位的总体思路 / 192
第三节 提高中国企业对沿线FTA的利用率 / 194
本章小结 / 198

附录一：全球331个生效FTA列表（截至2020年12月31日）/ 199
附录二：全球FTA网络国家地位比较（1990年、2000年、2013年、2021年）/ 224
附录三：全球主要经济体FTA条款比较 / 233
附录四："一带一路"沿线FTA无权和加权网络地位（2001年、2012年、
2020年）/ 238

参考文献 / 265

第一章

全球国际经贸规则变化与 FTA 网络演进

21 世纪以来,WTO 多边框架下规则进展的停滞,客观上为 FTA 层面国际经贸新规则的迅速发展提供了舞台,FTA 新规则的重心从"边境间条款"转向"边境后条款"。随着世界各国参与 FTA 数量的不断增加,FTA 网络化趋势日益明显,复杂交叠式的全球 FTA 网络已经形成。

第一节　WTO 框架下国际经贸规则的进展

GATT/WTO 多边框架下的规则主要以边境间规则为主,这与 20 世纪的全球分工模式密切相关。进入 21 世纪以后,WTO 多边框架下的规则进展缓慢,这明显滞后于全球生产分工一体化下微观主体对国际经贸规则的新需求。

一、GATT/WTO 多边框架下的规则演变

20 世纪的国际分工主要是各国基于其比较优势生产最终品,然后再出口到其他国家,因而国际贸易的主要载体是最终产品,企业对最终品贸易规则的微观需求主要集中于货物领域,规则重心则偏向于关境间规则领域。GATT 成立以来的前五个多边谈判回合(1947—1962 年)的议题都仅局限于货物关税减让领域(见表 1-1),从 1964 年开始启动的第六轮多边贸易谈判(肯尼迪回合)中第一次纳入了反倾销议题;其后,在东京回合中首次纳入非关税措施议题;之后,在 1986—1994 年最富成效的乌拉圭回合中基本确立了货物贸易、服务贸易和知识产权的三大领域规则,但其规则重心仍然主要以关境间贸易规则为主(WTO,2011)。

表 1-1　GATT/WTO 框架下多边贸易谈判的议题和规则重心演变

年份	地点/名称/参与国	涉及议题	规则重心
1947	日内瓦(23)	关税	关境间

(续表)

年份	地点/名称/参与国	涉及议题	规则重心
1949	安纳西(33)	关税	关境间
1951	托奎(39)	关税	关境间
1956	日内瓦(28)	关税	关境间
1960—1962	日内瓦/狄龙回合(45)	关税	关境间
1964—1967	日内瓦/肯尼迪回合(54)	关税和反倾销措施	关境间
1973—1979	日内瓦/东京回合(102)	关税、非关税措施和"框架"协议	关境间
1986—1994	日内瓦/乌拉圭回合(124)	关税、非关税措施、服务贸易、知识产权、争端解决、纺织品与服装、农产品、建立世界贸易组织等	关境间为主
2001—至今	巴厘/多哈回合(159)	农业、非农产品市场准入、服务、知识产权、规则、争端解决、贸易与环境以及贸易和发展	关境间为主

注：根据公开资料整理，括号内数字代表参与谈判的缔约方/成员方数量。

2001年启动的WTO成立以来的第一个多边回合谈判中，纳入农业、非农产品市场准入、服务、知识产权、规则、争端解决、贸易与环境以及贸易和发展等八大议题，一方面，这些规则的领域没有改变以关境间贸易规则为主的导向；另一方面，即使在这些有限领域内，多哈回合的谈判进展仍然因多方利益难以协调而几度陷入僵局，直到2013年12月才达成以《贸易便利化协定》(Trade Facilitation Agreement，TFA)为主的"巴厘一揽子协定"①，作为WTO成立18年以来的第一份多边贸易协定成果，《贸易便利化协定》本身协调的范畴也集中于货物在关境间跨境流动的便利化领域(见表1-2)，因而仍然属于关境间的规则约束。

---

① "巴厘一揽子协定"包括贸易便利化、农业、棉花、发展和最不发达国家四项议题共10份协定。

表1-2　　　　　　　　　　WTO《贸易便利化协议》基本框架

几大部分	具体主题	WTO《贸易便利化协议》中的条款
第一部分:各成员在贸易便利化方面的实质性义务(第1~12条)	a) 与贸易合规透明度原则相关的义务	第1条:信息发布和提供
		第2条:评论机会、生效前信息及磋商
		第3条:预裁定
		第4条:申诉或审查程序
		第5条:加强公正性、非歧视和透明度的其他措施
	b) 与进出口规费和手续相关的义务	第6条:与进出口规费、罚款相关的规则
		第7条:货物放行和清关
		7.1　货物抵达前业务办理
		7.2　电子支付
		7.3　货物放行与海关税费等最终确定的分开处理
		7.4　风险管理
		7.5　清关后审计
		7.6　平均放行时间★
		7.7　对经认证的经营者的贸易便利化措施
		7.8　快运货物
		7.9　易腐货物
		第9条:在海关监管下的货物进口运输
		第10条:进出口和过境相关手续
		10.1　手续和文件要求
		10.2　接受副本
		10.3　采用国际标准
		10.4　单一窗口★
		10.5　装运前检验
		10.6　报关代理的使用
		10.7　共同边境程序和统一单证要求
		10.8　拒绝入境货物
		10.9　货物暂准进口及进出境和出境加工★

(续表)

几大部分	具体主题	WTO《贸易便利化协议》中的条款
第一部分:各成员在贸易便利化方面的实质性义务(第1~12条)	c) 过境便利化	第11条:过境自由
	d) 边境机构合作	第8条:边境机构合作
	e) 海关合作	第12条:海关合作★
第二部分:发展中国家和最不发达国家的特殊和差别待遇(第13~22条)	非海关措施	第13~22条
第三部分:机构安排及其他(第23~24条)	非海关措施	第23~24条

注:根据 WTO《贸易便利化协议》内容条款整理。其中★号标记的条款表示 B 类条款,其余为 A 类条款。B 类承诺措施为4项,并建议在协定生效后2年的过渡期后实施。

二、WTO 多边框架下规则进展缓慢的原因

由以上分析可以发现,当前的 WTO 规则框架仍然主要基于 1995 年 WTO 成立时确立的三大规则体系,即货物贸易领域规则(GATT1994)、服务贸易领域规则(服务贸易总协定,GATS)和知识产权领域规则(TRIPS)。WTO 多边框架下国际经贸规则推进受阻的主要原因在于以下三方面。

第一,从 GATT"不服从,不反对"(don't obey, don't object)的共识原则到 WTO"单一承诺制"原则的转变,增加了发达国家成员方与发展中国家成员方之间的对抗性。GATT 得以成功运行的很大原因在于发展中经济体得以奉行的"不服从,不反对"原则,发展中经济体事实上充当了"搭便车"的角色;而 WTO 奉行的"单一承诺制"(single undertaking)则要求发展中国家实质性地接受一揽子承诺[1],从而发展中经济体与发达经济体之间因利益分歧导致的对抗性增加,给多边框架下的谈判带来更多阻力。

第二,全球化的二次松绑导致离岸生产(offshore production)的大规模出现,中国、墨西哥等新兴发展中经济体因承接大量中间品的制造环节,在区域价值链形成的背景下,这些国家存在主动降低中间品进口关税的内在

---

[1] Baldwin, Richard. 2016. "The World Trade Organization and the Future of Multilateralism." Journal of Economic Perspectives, 30 (1): 103-104.

需要①,进口产品的关税削减即使不置于 WTO 框架下也会如期进行,因而在发展中国家所采用的单边降税策略预期下,对于发达国家而言,WTO 已不再是一个诱使发展中国家降税的必要平台,最终导致 WTO 作为多边谈判舞台的重要性下降。

第三,区域贸易协定的兴起,客观上为发达经济体建立投资贸易新规则提供了新的舞台。从规则谈判和执行的角度看,一些深度的投资贸易规则条款(如投资、竞争政策、资本流动、知识产权等边境后条款)在区域贸易协定框架下更容易实现,区域贸易协定成为与 WTO 多边规则框架并行的开展国际规则协调的重要载体。

第二节 FTA 新规则的体现及理论动因

从边境间规则条款向边境后规则条款转变是国际经贸规则变化的重要特征,以投资、服务、竞争政策、知识产权条款为代表的边境后条款,成为 FTA 新规则的核心体现。现有文献从全球化的二次松绑、离岸外包的盛行以及国家间的标准差异等不同视角,分析了 FTA 新规则产生的理论动因。

一、全球范围内生效的 FTA 数量变化(1949—2021 年)

WTO 多边框架下规则发展的停滞,客观上激励了全球区域层面自由贸易协定的快速发展。图 1-1 展示了 1949—2021 年全球范围内 FTA 签订数量的变化趋势。据 WTO-RTA 数据库统计,20 世纪 90 年代以前,全球 FTA 的增长趋势相对缓慢,每年新增 FTA 数量基本不超过 5 个,到 1990 年全球生效 FTA 数量仅为 45 个。1991—2013 年是全球 FTA 数量的快速增长时期,平均每年新增 16 个,到 2013 年全球生效 FTA 达到 255 个,相较 1990 年增加近 6 倍。2013 年以后,全球 FTA 数量持续增加,但增速放缓,截至 2021 年 12 月底,全球生效 FTA 数量已达到 352 个,其中 2021 年前 6 个月新增约 40 个,这主要是由于英国在脱欧以后与大量国家签订了新的 FTA。

---

① Baldwin, Richard. 2010. Understanding the GATT's Wins and the WTO's Woes. CEPR Policy Insight No. 49, 6.

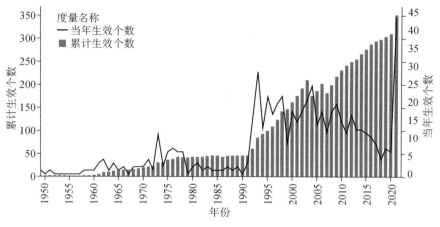

图 1-1 全球 FTA 数量发展趋势(1949—2021 年)①

二、FTA 新规则的体现:从 WTO+ 到 WTO-X 领域

与 WTO 框架下的规则进展相比,区域贸易协定层面的规则发展不仅体现为 FTA 生效数量的增加,而且在规则的内容和深度上存在扩展和提升。根据 Horn 等(2010)的规则条款分类方法,FTA 层面的规则可以划分为两大领域:一类是 WTO+(WTO 深化)领域规则;另一类是 WTO-X(超越 WTO)领域规则。Horn 等人将全部 53 个 FTA 条款分为"WTO+"和"WTO-X"条款(见表 1-3)。其中,"WTO+"条款是基于世界贸易组织原有规则框架下,但缔约方承担的双边承诺超出了它们在多边一级所接受的范围,包括关税减让、TBT、SPS、反倾销等条款(见表 1-4);"WTO-X"是指超越世贸组织授权范围以外的规则条款,例如竞争政策、资本流动、环境、劳工等条款(见表 1-5)。

表 1-3　　FTA 中的 WTO+ 和 WTO-X 规则条款分类(基于 HMS 分类法)

第一代贸易规则领域 WTO+ 条款(共 14 个)	第二代贸易规则领域 WTO-X 条款(共 39 个)		
工业品关税减让 农产品关税减让 海关管理 出口关税 卫生与动植物检验检疫措施	竞争政策 投资措施 知识产权 资本流动	创新政策 文化合作 经济政策对话 教育与培训	政治对话 公共行政 区域合作 研究与技术

---

① 数据来源于 WTO-RTA 数据库,FTA 统计的截止时间为 2021 年 12 月 31 日。

(续表)

第一代贸易规则领域 WTO＋条款(共 14 个)	第二代贸易规则领域 WTO-X条款(共 39 个)		
国有贸易企业 技术贸易壁垒 反补贴措施 反倾销 国家援助 政府采购 与贸易有关的投资措施 《服务贸易总协定》 《与贸易有关的知识产权协议》	劳动力市场监管 消费者保护 数据保护 反腐败 环境法 农业 立法趋同 视听 公民保护	能源 财政援助 健康 人权 非法移民 非法药品 产业合作 信息社会 采矿	中小企业 社会事务 统计 税收 恐怖主义 签证和庇护 洗钱 核安全

资料来源：Horn 等（2010）。

表 1-4　　FTA 中的 WTO＋领域条款(14 个)及对应的描述

工业品关税减让	工业品关税自由化；取消非关税措施
农产品关税减让	农产品关税自由化；取消非关税措施
海关管理	提供信息；在互联网上公布新的法律法规；培训
出口关税	取消出口税
卫生与动植物检验检疫措施	确认 WTO-SPS 协议规定的权利和义务；统一 SPS 措施
国有贸易企业	设立或维持独立的竞争主管机构；在生产和销售条件方面不歧视；提供信息；对 GATT 第十七条规定的确认
技术贸易壁垒	确认《WTO 技术性贸易壁垒协定》规定的权利和义务；提供信息；协调条例；相互承认协议
反补贴措施	保留《WTO 协定》(GATT 第六条)规定的反补贴措施权利和义务
反倾销	保留《WTO 协定》(GATT 第六条)规定的反倾销权利和义务
国家援助	评估反竞争行为；国家援助价值和分配的年度报告；提供信息
政府采购	逐步自由化；国民待遇和/或不歧视原则；在互联网上公布法律法规；公共采购制度规范

(续表)

与贸易有关的投资措施	关于外国直接投资当地含量和出口业绩要求的规定
《服务贸易总协定》	服务贸易自由化
《与贸易有关的知识产权协议》	逐步自由化;国民待遇和/或不歧视原则;在互联网上公布法律法规;公共采购制度规范

注:根据 Horn 等(2010)和 Hofmann 等(2017)关于 WTO-X 分类方法梳理。

表1-5　　　　FTA 中的 WTO-X 领域条款(39个)及对应的描述

WTO-X 条款领域	条款描述
反腐败	关于影响国际贸易和投资事项的刑事犯罪措施的规定
竞争政策	维持禁止反竞争商业行为的措施;协调竞争法;建立或维持独立的竞争管理机构
环境法	制定环境标准;执行国家环境法;制定违反环境法的制裁措施;法律和法规公开
知识产权	加入 TRIPs 协议未提及的国际条约
投资	信息交流;制定法律框架;统一和简化程序;国民待遇;建立解决争端机制
劳动力市场监管	国家劳动力市场的监管;确认国际劳工组织(劳工组织)的承诺;执行
资本流动	资本流动的自由化;禁止新的限制
消费者保护	协调消费者保护法;信息和专家交流;培训
数据保护	信息和专家交流;联合项目
农业	为开展现代化项目提供技术援助;交换信息
立法相似性	欧共体立法在国家立法中的应用
视听	促进产业发展;鼓励合作生产
民事保护	协调规则的执行
创新政策	参与框架计划;促进技术转让
文化合作	促进联合倡议和当地文化
经济政策对话	交换意见和意见;联合研究
教育和培训	提高总体教育水平的措施
能源	信息交流;技术转让;联合研究

(续表)

WTO-X 条款领域	条款描述
经济援助	制定一套指导财政援助的授予和管理的规则
健康	监测疾病;发展健康信息化系统;交换信息
人权	尊重人权
非法移民	重新签订接纳移民协议;预防和控制非法移民
非法药物	吸毒成瘾者的治疗和康复;预防毒品消费的联合项目;减少药物供应;信息交流
产业合作	协助开展现代化项目;促进融资便利化
信息社会	信息交流;传播新技术;培训
采矿	交流信息和经验;制定联合倡议
洗钱	协调标准;技术和行政援助
核安全	制定法律法规;监管放射性物质的运输
政治对话	各方在国际问题上立场的趋同
公共行政	技术援助;交换信息;联合项目;培训
区域合作	促进区域合作;技术援助计划
研究与技术	联合研究项目;交换研究人员;发展公私伙伴关系
中小企业	技术援助;促进融资渠道便利化
社会问题	协调社会保障制度;工作条件的非歧视
统计	协调和/或改进统计方法;培训
税收	协助进行财政体制改革
恐怖主义	交流信息和经验;联合研究
签证和庇护	信息交流;立法起草;培训

注:根据 Horn 等(2010)和 Hofmann 等(2017)关于 WTO-X 分类方法梳理。

为更好地反映 FTA 规则的变化,我们基于 Horn 等(2010)提出的规则条款分类标准,采用世界银行国际法专家 Hofmann(2017)发布的 FTA 条款覆盖及法律约束力数据库进行分析。由于该数据库仅纳入截至 2015 年生效的 FTA,为此,我们根据同样的标准和口径对 2015 年以后生效的 FTA 进行量化,更新完善后的数据库涵盖了截至 2021 年 1 月 1 日生效的共 330 个 FTA。

本书从由浅入深的两个层次,分析 FTA 中各个具体条款的覆盖和深度情况。第一个层次是条款覆盖率,这个思路非常直观,即考察 FTA 的内容是否分别涉及各个条款。第二个层次是条款法律效力情况,若一个条款在某个 FTA 中被提到,并在法律上强制执行则属于此类情况。表 1-6 反映了各时期自由贸易协定在"WTO+"和"WTO-X"条款方面的覆盖及法律约束力情况。总体来看,显然拥有法律约束力的条款被认为是高标准的,因此占比也会低于相应的条款覆盖率(见图 1-2)。其次,第一代的"WTO+"条款无论是覆盖率还有法律约束力要明显高于第二代的"WTO-X"条款。最后,从时间趋势上看,全球 FTA 无论是条款覆盖率还是法律约束力都在不断提高。

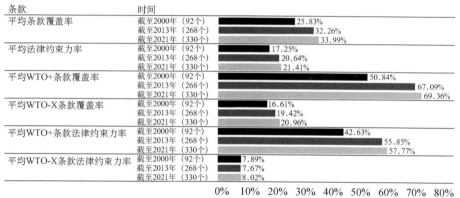

图 1-2　FTA 国际经贸规则条款覆盖及法律约束力情况

表 1-6　　　　FTA 国际经贸规则条款覆盖及法律约束力情况

条款/时间	截至 2000 年	截至 2013 年	截至 2021 年
协定数量(个)	92	268	330
平均条款覆盖率	25.83%	32.26%	33.99%
平均 WTO+条款覆盖率	50.84%	67.09%	69.36%
平均 WTO-X 条款覆盖率	16.61%	19.42%	20.96%
平均法律约束力率	17.25%	20.64%	21.41%
平均 WTO+条款法律约束力率	42.63%	55.85%	57.77%
平均 WTO-X 条款法律约束力率	7.89%	7.67%	8.02%

表 1-7 反映了各时期自由贸易协定在具体条款方面的覆盖及法律约束力情况。具体来看,2021 年,在"WTO+"条款方面,工业品关税和农产品关

税两个条款覆盖率最高,几乎所有 FTA 都包含这两个条款,海关管理机构条款的覆盖率也超过了 90%。覆盖率最低的"WTO+"条款是与贸易有关的投资措施协议(TRIMS)条款,覆盖率为 32.42%。在"WTO-X"条款方面,覆盖率最高的是竞争政策条款,达到 72.42%,超过一半的 FTA 也涉及投资措施、资本流动和知识产权保护三个条款。覆盖率最低的"WTO-X"条款是公民保护,覆盖率仅为 1.52%。"WTO+"条款的法律效力情况相较覆盖情况有所下降,但降幅不明显。"WTO-X"条款的变化则更大,这意味着"WTO-X"条款往往只是被提及,但不能形成法律效力。具体来看,"WTO+"条款中拥有法律效力最多的条款是工业品关税、农产品关税和海关管理。"WTO-X"条款中则是竞争政策、资本流动、投资措施和知识产权保护。

表 1-7　FTA 国际经贸规则具体条款覆盖及法律约束力情况

条款分类	中文条款	截至 2000 年 (92 个)		截至 2013 年 (268 个)		截至 2021 年 (330 个)	
		AC 占比	LE 占比	AC 占比	LE 占比	AC 占比	LE 占比
WTO+	工业品关税	100.00%	96.74%	100.00%	98.13%	100.00%	98.18%
WTO+	农产品关税	98.91%	95.65%	99.63%	97.76%	99.70%	97.88%
WTO+	海关管理	83.70%	65.22%	88.81%	79.48%	90.30%	82.42%
WTO+	反倾销	53.26%	45.65%	73.88%	65.30%	76.97%	69.39%
WTO+	出口税	77.17%	76.09%	75.00%	73.13%	74.55%	72.73%
WTO+	TBT	38.04%	20.65%	67.54%	50.75%	73.03%	58.79%
WTO+	SPS	31.52%	20.65%	63.43%	48.51%	70.30%	57.27%
WTO+	GATS	36.96%	25.00%	63.06%	47.76%	67.27%	53.33%
WTO+	反补贴措施	35.87%	31.52%	61.57%	55.22%	66.97%	61.21%
WTO+	国家补助	55.43%	52.17%	63.43%	55.60%	60.91%	53.64%
WTO+	TRIPS	27.17%	27.17%	53.36%	52.24%	58.48%	56.06%
WTO+	公共采购	33.70%	22.83%	54.10%	39.93%	56.36%	43.64%
WTO+	国有贸易企业	31.52%	29.35%	50.75%	47.39%	49.70%	46.97%
WTO+	TRIMS	16.30%	14.13%	31.72%	30.22%	32.42%	31.21%
WTO-X	竞争政策	76.09%	73.91%	72.39%	64.18%	72.42%	63.94%
WTO-X	投资措施	26.09%	15.22%	52.24%	38.06%	56.06%	40.61%

(续表)

条款分类	中文条款	截至2000年(92个) AC占比	截至2000年(92个) LE占比	截至2013年(268个) AC占比	截至2013年(268个) LE占比	截至2021年(330个) AC占比	截至2021年(330个) LE占比
WTO-X	资本流动	35.87%	33.70%	51.12%	48.88%	53.03%	50.00%
WTO-X	知识产权保护	27.17%	19.57%	45.15%	37.69%	50.91%	42.73%
WTO-X	环境法律	26.09%	9.78%	38.06%	18.28%	42.42%	24.24%
WTO-X	信息社会	14.13%	1.09%	30.22%	3.73%	35.15%	5.45%
WTO-X	农业	31.52%	7.61%	29.48%	10.82%	30.30%	12.73%
WTO-X	区域合作	26.09%	2.17%	29.85%	4.10%	30.30%	6.06%
WTO-X	签证和庇护	16.30%	11.96%	30.60%	25.37%	30.00%	25.76%
WTO-X	劳动力市场监管	11.96%	9.78%	22.01%	15.67%	27.58%	20.61%
WTO-X	研究和技术	22.83%	7.61%	23.51%	8.21%	24.55%	9.39%
WTO-X	经济政策对话	28.26%	6.52%	23.51%	6.72%	23.03%	8.48%
WTO-X	公共行政	14.13%	5.43%	16.79%	4.10%	22.73%	10.00%
WTO-X	产业合作	27.17%	9.78%	20.52%	7.46%	20.61%	8.48%
WTO-X	能源	18.48%	7.61%	18.66%	8.58%	19.70%	11.21%
WTO-X	消费者保护	9.78%	4.35%	14.18%	6.34%	19.39%	9.09%
WTO-X	统计	33.70%	25.00%	17.91%	10.07%	18.18%	10.00%
WTO-X	教育和培训	16.30%	8.70%	18.66%	6.72%	17.88%	7.27%
WTO-X	中小企业	8.70%	2.17%	15.67%	6.34%	17.58%	8.18%
WTO-X	社会事务	20.65%	11.96%	14.55%	7.84%	16.36%	9.09%
WTO-X	文化合作	18.48%	7.61%	15.67%	5.97%	15.15%	6.67%
WTO-X	数据保护	5.43%	2.17%	10.07%	5.22%	14.55%	7.58%
WTO-X	金融支持	15.22%	5.43%	13.06%	4.10%	13.03%	5.45%
WTO-X	政治对话	13.04%	0.00%	13.06%	1.49%	13.03%	2.42%
WTO-X	反腐败	0.00%	0.00%	10.82%	5.22%	12.73%	6.67%
WTO-X	税收	14.13%	9.78%	12.69%	5.22%	12.73%	5.45%

(续表)

条款分类	中文条款	截至2000年(92个)		截至2013年(268个)		截至2021年(330个)	
		AC占比	LE占比	AC占比	LE占比	AC占比	LE占比
WTO-X	健康	13.04%	6.52%	9.70%	5.60%	12.12%	6.36%
WTO-X	近似立法	18.48%	9.78%	11.57%	4.85%	12.12%	5.76%
WTO-X	创新政策	1.09%	0.00%	9.70%	2.24%	10.91%	3.33%
WTO-X	视听	5.43%	2.17%	7.46%	2.61%	8.79%	4.24%
WTO-X	非法药物	7.61%	1.09%	7.46%	1.12%	7.88%	2.12%
WTO-X	矿业	4.35%	1.09%	7.09%	3.73%	7.58%	4.55%
WTO-X	人权	7.61%	0.00%	8.21%	1.12%	7.58%	1.52%
WTO-X	洗钱	6.52%	0.00%	5.60%	0.37%	6.67%	1.52%
WTO-X	非法移民	6.52%	5.43%	6.72%	4.85%	6.36%	4.55%
WTO-X	恐怖主义	1.09%	1.09%	4.10%	1.12%	5.45%	2.42%
WTO-X	核安全	7.61%	4.35%	4.85%	2.61%	4.85%	2.42%
WTO-X	公民保护	1.09%	1.09%	0.75%	0.37%	1.52%	0.91%

注：AC表示条款覆盖情况（不管是否用具有法律约束力语言表述）；LE表示仅考虑具有法律约束力条款的覆盖情况。

三、FTA新规则产生的理论动因

2000年以后，区域贸易协定数量迅速增加，区域贸易协定的规则深度也明显加强，针对区域一体化兴起的新趋势，国外许多著名学者从不同的视角分析其产生的原因。

（一）全球化的"二次松绑"与国际经贸新规则

Baldwin(2009，2010，2011)认为全球化的二次松绑（globalization's "second unbundling"），导致21世纪的经济全球化分工进入到产品工序层面，因此跨境流动的载体不仅包括最终品和中间品，还包括资金、技术、人员、知识产权的流动，WTO框架下的贸易规则已经无法适应跨国公司全球范围内配置复杂的生产分工的微观需求，复杂的全球分工需要复杂的国际贸易新规则，这种新规则体现为"贸易-服务-投资一体化（trade-investmentservices nexus)"的规则;其规则条款很大程度上通过投资、资本流动、知识产权等WTO-X条款得以体现(见图1-3)。

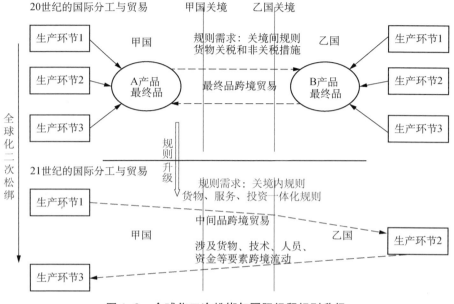

图1-3 全球化二次松绑与国际经贸规则升级

(二)异质性企业模型与深度一体化规则

美国哈佛大学著名经济学者Antràs在国际经济学领域顶级期刊发表系列论文阐述了自由贸易协定产生的原因及对跨国公司投资和贸易的影响。Antràs和Foley(2009)[①]分析了自由贸易协定对跨国公司对外直接投资的影响,文中扩展了Helpman等(2004)的存在异质性企业的FDI模型,假设有三个国家(西方国家、东方国家和南方国家),后两个国家签订自由贸易协定。FTA对西方国家企业FDI行为产生激励影响,具体包括:(1)东方和南方国家的FTA增加了西方国家在这两个国家的进行FDI的企业数量;(2)当企业生产率服从帕累托分布时,这种FTA带来的进入和退出的净结果是西方国家企业在东南国家分支的增加;(3)FTA增加了各个分析的经济活动(销售量、资产、就业等);(4)基于帕累托分布,FTA提升了分支机构在

---

① Pol Antràs & C. Fritz Foley, 2009. "Regional Trade Integration and Multinational Firm Strategies," NBER Working Papers 14891, National Bureau of Economic Research, Inc.

东南国家的总体销量；(5)这种FTA通过三种途径增加了子公司向第三个国家(除了东部国家和南部国家外)的销量。

　　Antràs和Staiger(2012a)①考察了离岸外包是否会激励贸易协定的产生，并认为中间品外包的兴起使得政府很难通过GATT/WTO的框架来解决贸易相关的问题，因而需要深度一体化的协定，其主要结论包括四方面。第一，考虑存在外包情况下不同贸易政策的影响，由于这种锁定效应的存在和双方合同的不完全，自由贸易条件下的均衡并不是最优的。第二，对投入品贸易进行补贴有助于解决这种低效率，主要是通过改变买卖双方的谈判条件(受到补贴的企业实际上是发送了一种信号)，而非传统文献中的市场出清条件。第三，讨论了纳什均衡政策和世界最优政策的差别，相比于后者，前者存在两个方面低效率：更低的中间品贸易量和本国市场更低的最终品价格。第四，WTO框架下是浅度的一体化，只是狭义的市场准入条件的开放和非歧视规定。而外包和国际价格歧视的存在要求我们实行深度一体化(更加个性化的贸易协定)，但也存在成员国政府偏好(成本转移、贸易项目操纵)的问题。第五，存在外包情况下的贸易协定应当承担两个角色：(1)它必须提供收益使得政府有能力摆脱有关贸易条件的"囚徒困境"(互相背叛)；(2)它必须能够协调各国政府之间的政治经济目标。

　　Antràs和Staiger(2012b)②进一步考虑了国际价格歧视的存在(在不完全竞争的环境下，假设国外的生产是由单个垄断企业，国内和国外市场是分割的，企业可以进行分别定价)情况下，贸易协定对福利的影响。其中，国际价格是由买卖双方的谈判议价决定的，而这种协商发生在合同上白纸黑字写明的且未明确规定的。由于这种国际价格歧视，浅层次的贸易一体化已经很难实现贸易条件的最优均衡。因此，政府需要制定最优补贴或最优关税政策来改变买卖双方的议价条件，从而实现最优均衡状态。作者在理论模型中分别考虑了全球福利最大化和非合作纳什均衡条件下的最优关税率和最优补贴率。如果价格形成机制是基于买卖双方议价而非简单的市场出清条件：在追求全球福利最大化，最优的关税是0，最优的补贴率与国内剩余的分配方式有关。在非合作纳什均衡中，关税大于0，补贴大于全球福利最大化下的补贴。即使在保持贸易量不变且市场进入限制政策，浅的贸易协

---

　　① Pol Antràs and Robert W. Staiger，Offshoring and the Role of Trade Agreements，American Economic Review，2012，102(7)：3140-3183.

　　② Pol Antràs and Robert W. Staiger，Trade Agreements and the Nature of Price Determination，American Economic Review，2012，102(3)：470-476.

定无法达到有效水平。在保持劳动不变时,提高出口税收和补贴会提高国外价格进而有利于国外贸易条件改变,因此需要国家制定更深化的贸易协定来达到帕累托最优。

(三)国家间的标准差异与边境后规则

Mathieu Parentiz 和 Gonzague Vannoorenberghe(2019)研究了在存在外部性的情况下,旨在降低非贸易壁垒的协定所产生的福利影响。文章构建了一个李嘉图贸易模型,其中对商品的消费会产生外部性。为了解决外部性问题,每个国家都会设定消费税和产品标准以最大化本国福利。产品标准规定了消费每单位商品所允许产生的外部性。不同国家在产品技术上和监管偏好上都不同,因此不同国家以不同的权重将消费外部性计入到效用函数中。在没有贸易的情况下,不同国家由于对外部性有不同的看法,设定的标准也不同。此时商品的价格取决于两个因素,一是李嘉图技术参数,二是该国的生产标准。在贸易开放后,每个国家都倾向于从最有效率的国家进口,但是必须接受其他国家的标准。如果国家之间的标准相差太大,就会使贸易变得不那么有吸引力。效率与标准差异两者之间的权衡产生以下主要结论:一是技术的差异是贸易的必要不充分条件;二是自给自足时期的相对价格并不能决定贸易模式,只有在成本降低所带来的收益高于管理上的分歧所需要的补偿时贸易才会发生;三是当两国对外部性的重视程度相似时,贸易更可能发生,这会导致基于"价值观"的贸易集团的出现。在作者所设计的框架下,贸易协定的主要作用就是对不同国家最优的生产标准进行协调。在有多个国家的情况下,签订一个多边协定不一定是最优的。

Kawabata 和 Takarada(2021)根据区域一体化程度的差异,对 FTA 类型进行细分,研究了当各国各自确定标准和关税时,自由贸易协定(FTA)和关税同盟(CU)对多边贸易协定(MTA)的影响。提高产品和流程标准会降低商品的消费负外部性,但会使企业成本增加。虽然 WTO 鼓励各国共同协商,使用相同的产品标准。但是在现实世界中,因为不同国家有不同的政策目标,所以制定的标准往往是不同的。而标准的差异会造成贸易壁垒,因为外国公司需要承担额外的成本来满足特定国家的标准。在过去的多边和区域贸易协定中,关税壁垒有所降低,标准差异引起的贸易壁垒往往高于传统的关税壁垒。作者将标准这一变量引入传统的分析框架,建立了一个包含关税和标准的三国寡头贸易模型,每个国家都会设定标准和关税以最大化福利水平,得到三个主要结论。一是在签订标准协调的深度区域贸易协定后,各个成员国倾向于提高标准,降低对外关税。FTA 提高标准和降低关税的程度比 CU 更大。二是附带标准的 FTA 在签订之后,会降低成员国的福利,而使非成员国收益。附带标准的 CU 在签订之后会使得成员国受益,非成员国受损。三是 FTA 的签订会使得非成员国拒绝 MTA,因此深度 FTA 会成为多边贸易自由化与标准协调的绊脚石,而深度 CU 确实垫脚石。这是因为 FTA 成员国对外降低关税使得非成员国获益良多,而非成员国要满足 FTA 所制定的标准成本很高,因此选择不加入 MTA。相比之下,CU 会促进 MTA 的签订,使每个国家的福利都得到提升。这与传统框架下得到的结果不一致。

以上理论文献的基本观点得到了实证研究的支持。Schmidt 和 Steingress(2019)从产品层面研究了标准的一致对总贸易流动的影响,定量地研究了非关税措施对国际贸易的影响。作者首先根据国际标准建立了一个产品层面的标准数据库。使用双差分的方法比较标准一致的产品和标准不一致的产品的贸易流动,发现前者比后者平均高 0.67%。这一差距大部分来源于现有产品(74%),小部分来源于新产品的进入(26%)。对现有产品的销售进一步分析表明,贸易流的变化主要来源于销量的变化,而不是价格的变化。为了更清楚地描述影响力的大小,作者将标准的影响折算成关税等价物,发现对标准的统一相当于关税降低 2.1%。为了说明这种现象背后的经济机制,作者构建了一个有异质性公司的多国模型,在这个模型中公司可以自由选择生产标准化产品还是非标准化产品。标准涉及质量、安全和环境等,标准化的产品会面临更高的消费需求。同时,生产标准化产品会导致更高的固定成本和可变成本。因此,只有高效率的公司可以生产标准产品,而低效率的公司选择生产非标准化的产品。由于总需求的扩张,生产非标准化产品的公司也能够盈利。作者的研究结果表明,标准的一致性通过降低信息不对称性和保证产品的兼容性增加了需求,这使公司更有激励去投资生产标准品。作者用法国的公司数据进行验证,结果与理论结论一致。

第三节　全球 FTA 网络的演进和趋势

当前,全球国际经贸规则呈现 FTA 网络化发展趋势,FTA 规则的广度和深度不断提高,同时全球 FTA 规则呈现为趋同性和差异性并存的局面。

一、全球 FTA 网络化特征日益明显

为了更清楚地了解 FTA 网络整体结构特征及动态变化,本书使用网络可视化软件 Gephi 对 FTA 网络数据进行可视化处理。在 FTA 网络中,参与国为网络节点,FTA 关系则为连线,按照当年生效的 FTA 情况,将节点和连线展示出来,便形成了相应年份的全球 FTA 网络图。在图中,节点大小依据节点对应国家或地区在当年网络中的平均度(反应该节点连接数量),国家在当年网络中的平均度越高则国家对应节点在图中越大。

1990 年,全球 FTA 网络参与国家或地区也较少,网络结构比较分散(见图 1-4)。78 个国家或地区共签订了 45 个 FTA,形成 508 个双边关系,网络密度仅为 2.66%。澳大利亚、新西兰、斐济等大洋洲国家以及海地、牙买加等加勒比海地区国家形成凝聚子群,但还没有与欧亚国家构成的 FTA 网络主体部分相连。

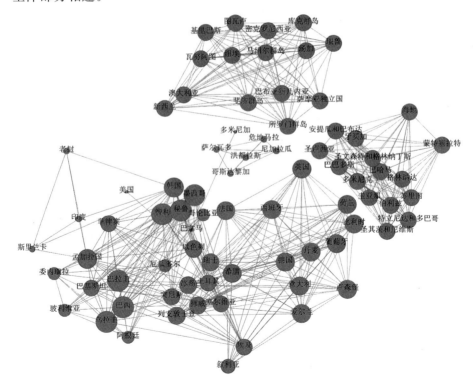

图 1-4 1990 年全球 FTA 网络图

2000年,全球FTA网络主体部分基本形成,同时还存在个别游离的子群(见图1-5)。这一年,170个国家或地区签订了162个FTA,构成了全球FTA网络,共形成了1 317个双边关系,网络密度为6.89%。欧盟国家开始进入FTA网络中心位置,而突尼斯、土耳其、埃及、以色列、墨西哥、摩洛哥等国家通过签订FTA占据了网络的关键位置。

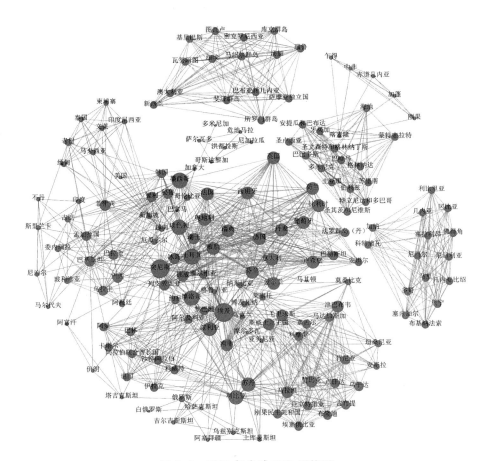

图1-5 2000年全球FTA网络图

2013年,全球FTA网络基本形成,193个国家或地区签订了255个FTA,形成了3 201个双边关系,网络密度为16.75%。欧盟国家基本成为了网络的中心,获得了较高的度数中心度地位(见图1-6)。埃及、智利、土耳其、韩国由于连接多个区域子群而占据网络关键位置,获得了较高的中介中心度地位。

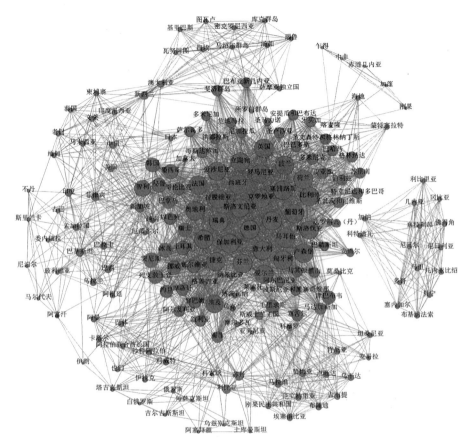

图 1-6 2013 年全球 FTA 网络图

2021 年,全球 FTA 网络完全形成,各区域直接或间接地连接在一起(见图 1-7)。中心国家与处于网络次中间位置的国家的联系更加紧密。全球 FTA 网络中的参与国家或地区已经达到 196 个,签订了 352 个 FTA,形成了 3 912 个双边关系,网络密度达到 20.47%。英国在脱离欧盟后中心度地位有所下降,但由于其在 2021 年大量签订新的 FTA 所以仍然处于网络的中心位置。

网络图可以反映 FTA 网络的整体结构,而要考察各参与成员在网络中所处地位则需要引入网络中心度的概念。网络中心度是社会网络分析的重点领域,它旨在揭示各节点在网络中所处的位置,控制信息的能力和在网络中的重要性或领导力等。具体地,本书采用度数中心度、接近中心度、中介中心度和特征向量中心度四个指标从不同方面对各国的所处网络地位进行

第一章　全球国际经贸规则变化与FTA网络演进 | 021

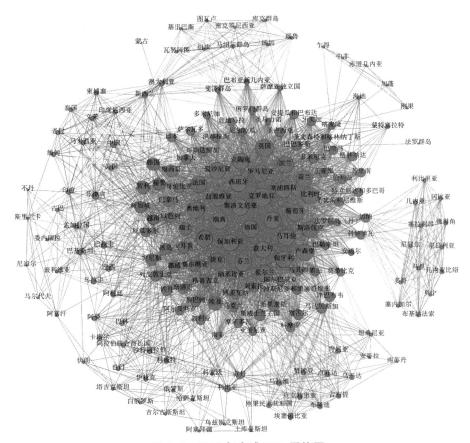

图 1-7　2021 年全球 FTA 网络图

全方位考察。其中度数中心度主要反映 FTA 网络中各参与国对应节点在网络中与其他节点的连接次数,一个国家或地区签订的 FTA 越多(形成的双边 FTA 关系越多)那么它的度数中心度也会越高;接近中心度主要反映 FTA 网络中各参与方对应节点与其他节点的亲密程度,强调信息可达性;中介中心度主要反映 FTA 网络中参与方对应节点作为桥梁或者中介连接关系相对松散的两个或多个区域的作用,强调参与方对信息的控制和调节能力;特征向量中心度则主要反映 FTA 网络中各参与方对应节点的相邻节点的数量和重要性,即强调邻居的地位高低对该节点的影响。为了方便排序比较,本书计算综合中心度(四个中心度的算术平均)作为当年国家或地区排序依据。

1990 年,综合中心度排名较高的是德国、法国、英国、意大利等 12 个欧盟成员国,以及冰岛、挪威、瑞士和列支敦士登 4 个欧洲自由贸易联盟

(EFTA)成员国(见附录表1)。欧盟和欧洲自由贸易联盟分别于1958年和1960年生效,属于早期且标准较高的区域贸易协定。紧密的区域经济一体化使各成员国成为"经济盟友"从而获得了较高的特征向量中心度。值得注意的是,此时的中国还未签订任何FTA,也就没有进入全球FTA网络。

在2000年,突尼斯、土耳其、埃及、以色列、墨西哥、摩洛哥综合中心度排名较高,其次是欧盟国家。其中,埃及的度数中心度和中介中心度最高,说明埃及形成了最多的FTA关系,并且拥有相当强的信息调节能力。突尼斯拥有最高的特征向量中心度,这说明该国与一些地位较高的国家达成了FTA,这也使突尼斯的综合中心度达到第一名。由此可见,FTA伙伴的选择对于国家网络地位提升尤其重要。各国接近中心度基本一致,这说明全球FTA网络基本完善,连接着每一个参与国。

在2013年,欧盟的网络地位迅速上升,逐渐成为FTA网络的中心(附录表4)。同时埃及、智利、土耳其、韩国等国凭借较高的中介中心度和特征向量中心度整体地位也显著上升,在FTA网络中发挥着信息中介和"桥梁"的作用。此时,中国在FTA网络中的地位较低,综合中心度排名全球99名。

2021年,欧盟国家凭借其较高的度数中心度和特征向量中心度,成为了FTA网络的中心,其接近中心度也超越了其他国家或地区,这意味着欧盟国家可以更便捷地获取国际市场信息以及进入其他市场(附录表4)。英国脱离欧盟以后,其网络地位有所下降,但在2021年,英国新签订了40个FTA,因此,其综合中心度仍高于其他国家或地区。2021年,中介中心度排名较高的主要有加纳、科特迪瓦、喀麦隆、英国、埃及和新加坡。中国的综合中心度排名104,较2012年有所下降。

二、全球FTA规则的趋同性和差异性并存

(一) 全球FTA规则的分类:基于聚类分析法

全球范围内的FTA因各经济体的经济发展阶段、政治关系、社会发展环境等因素的不同,在规则条款的内容和深度上存在明显的异质性。为了更好地反映全球生效的300多个协定的同质性和异质性,本书采用聚类分析方法对1949—2020年生效的331个协定进行分类研究。

FTA包含的条款内容庞大且繁杂,根据Horn等(2010)的口径,可以分为52个条款。为此,首先需要对52个条款进一步划分,划分的依据参考Damuri(2012)、Horn等(2010)等文献,具体分为:关税相关WTO+条款、非关税类WTO+条款、GVC相关核心WTO-X条款、环境劳工WTO-X条

款、其他WTO-X条款等五类条款，如表1-8所示。

表1-8　　52个FTA规则条款的属性分类

序号	条款大类	具体条款
1	关税相关WTO＋条款	工业品关税减让、农产品关税减让、出口关税、反补贴措施、反倾销、TRIMs、TRIPs
2	非关税类WTO＋条款	海关管理、卫生与动植物检验检疫措施、国有贸易企业、技术贸易壁垒、国家援助、政府采购、服务贸易总协定
3	GVC相关核心WTO-X条款	竞争政策、投资措施、资本流动、知识产权、签证和庇护(人员流动)
4	环境劳工WTO-X条款	环境法、劳动力市场监管
5	其他WTO-X条款	反腐败、消费者保护、数据保护、农业、立法趋同、视听、公民保护、创新政策、文化合作、经济政策对话、教育与培训、能源、财政援助、健康、人权、非法移民、非法药品、产业合作、信息社会、采矿、反洗钱、核安全、政治对话、公共管理、区域合作、研究与技术、中小企业、社会事务、统计、税收、恐怖主义

资料来源：分类参考Damuri(2012)、Horn等(2010)等。

根据聚类分析方法的计算，全球331个协定可以分为四种类型（见表1-9和图1-8）。

表1-9　　全球FTA规则的聚类分析结果

分类	0	1	2	3
关税相关WTO＋条款	0.679	1.646	1.706	1.171
非关税类WTO＋条款	0.321	1.454	1.619	1.03
核心WTO-X条款	0.256	1.157	1.251	0.408
其他WTO-X条款	0.027	0.07	0.3	0.038
环境劳工条款	0.013	0.048	1.5	0.12
深度平均值	0.259	0.875	1.275	0.553
对应协定数量	78	115	63	75
对应类型	浅度边境间规则型（最低）	GVC深度规则型（较高）	综合深度规则型（最高）	综合中等规则型（中等）

注：0/1/2/3类的数字无实际含义，只是代表聚类分析中的一种类型，重点关注其背后所反映的FTA对各类条款的倾向性。

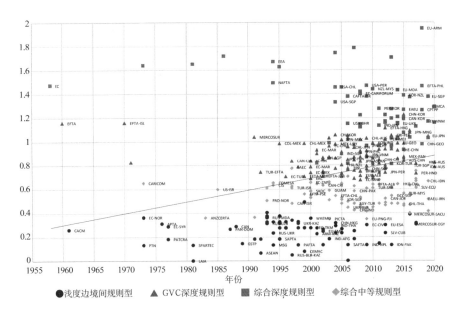

图 1-8　全球 330 个协定规则类型图(截至 2020 年 12 月底生效 FTA)

一是浅度边境间规则型 FTA，这一类协定的规则特点是以关税相关和非关税类的 WTO＋条款为主，较少涉及 WTO-X 条款，这类协定共有 78 个，占全球生效协定总数的 23.6%，主要集中于 2000 年之前发展中国家相互之间签署的 FTA，如俄罗斯与独联体国家之间签署的多个 FTA 以及中亚各国间相互签署的 FTA 等。这一类协定在所有协定中的深度是最低的。

二是 GVC 深度规则型 FTA，该类协定的共同特点是将规则重点置于 WTO＋条款和与投资贸易高度相关的核心 WTO-X 条款(资本流动、投资、知识产权等)，而不太关注劳工、环境以及其他非核心的 WTO-X 条款，这一类协定旨在服务于生产一体化供应链体系的高效运作，在四种类型协定中的数量相对最多，共涉及 115 个协定，占全部协定数量的 34.7%，日本与东南亚国家之间签署的多个双边协定(如日本-泰国、日本-印度尼西亚、印度-菲律宾等)是该类协定的典型代表，该类协定的总体深度相对较高。

三是综合深度规则型 FTA，该类协定的共同特点是涉及的规则领域很广，并且条款的法律约束力较强，属于综合深度最高的类型，纳入该类协定的 FTA 数量有 63 个，占全球生效 FTA 比重为 19%，该类协定以美国、欧盟主导的协定为主，如 CPTPP、USMCA、欧盟-韩国 FTA 等。

四是综合中等规则型 FTA，该类 FTA 规则的共同特点是，虽然以 WTO＋条款为主，但是也关注 WTO-X 核心条款和 WTO-X 非核心条款，条款覆盖面较广,纳入该种类型的协定数量有 75 个,占全部协定数量的 22.7%,该类协定的总体深度在全球范围内属于中等水平。

具体分类情况详见表 1-10。

表 1-10　　　　　　基于聚类分析的全球 FTA 协定分类表

分类	协定名单
浅度边境间规则型(0 类)	Central American Common Market (CACM); EC-Norway; EC-Iceland; EC-Switzerland Liechtenstin; Protocol on Trade Negotiations (PTN); Asia Pacific Trade Agreement (APTA); EC-Syria; Australia-Papua New Guinea (PATCRA); Latin American Integration Association (LAIA); South Pacific Regional Trade and Economic Cooperation Agreement (SPARTEC); Panama-Dominican Republic; CAN; Global System of Trade Preferences among developing countries (GSTP); Lao People's Democratic Republic-Thailand; ASEAN freetrade area; Economic Cooperation Organization (ECO); Armenia-Russian Federation; Russian Federation-Republic of Moldova; Russian Federation-Tajikistan; Russian Federation-Belarus; Kyrgyz Republic-Russian Federation; Russian Federation-Kazakhstan; Russian Federation-Uzbkekistan; Russian Federation-Turkmenistan; Russian Federation-Azerbaijan; ECOWAS; Russian Federation-Ukraina; Georgia-Russian Federation; Melanisian Spearhead Group (MSG); Ukraine-Turkmenistan; Armenia-Moldova; Kyrgyz Republic-Armenia; Kyrgyz Republic-Kazakhstan; South Asian Preferential Trade Agreement (SAPTA); Faroe Islands-Switzerland; Ukraine-Uzbekistan; Ukraine-Azerbaijan; Armenia-Ukraine; Armenia-Turkmenistan; Georgia-Ukraine; Georgia-Azerbaijan; Kyrgyz Republic-Moldova; Russian Federation-Belarus-Kazakhstan; EC-Faroe Islands; Ukraine-Kazakhstan; PAFTA; Georgia-Armenia; Kyrgyz Republic-Uzbekistan; Kyrgyz Republic-Ukraine; Common Market for Eastern and Southern Africa (COMESA)-Accession of Egypt; Georgia-Kazakhstan; Economic and Monetary Community of Central Africa (CEMAC); Georgia-Turkmenistan; West African Economic and Monetary Union (WAEMU); Armenia-Kazakhstan; India-Sri Lanka; EU-San Marino; Ukraine Tajikistan; Asia Pacific Trade Agreement (APTA)-Accession of China; India-Afghanistan; India-Thailand; SACU; China-Hong Kong; Pakistan-Sri Lanka; China-ASEAN; India-Bhutan; SAFTA; Agadir Agreement; Mauritius-Pakistan; India-Nepal; EC-Côte d'Ivoire; South Asian Free Trade Agreement (SAFTA)-Accession of Afghanistan; El Salvador-Cuba; EU-Eastern and Southern Africa States Interim EPA; Indonesia-Pakistan; Southern Common Market (MERCOSUR)-Southern African Customs Union (SACU); Southern Common Market (MERCOSUR)-Egypt; Hong Kong, China-Macao, China

（续表）

分类	协定名单
GVC深度规则型（1类）	European Free Trade Association（EFTA）；EFTA-Accession of Iceland；EC-Overseas Territories；MERCOSUR；Turkey-EFTA；Colombia-Mexico；EC-Turkey；Canada-Chile；EC-Tunisia；Chile-Mexico；EFTA-Morocco；EC-Morocco；East African Community（EAC）；EC-Israel；EC-Mexico；Dominican Republic-Central America；EC-FYR Macedonia；New Zealand-Singapore；EC-Croatia；Chile-El Salvador（Chile-Central America）；EC-Jordan；Japan-Singapore；Chile-Costa Rica（Chile-Central America）；EFTA-Jordan；EFTA-Former Yugoslav Republic of Macedonia；Panama-El Salvador（Panama-Central America）；EC-Chile；Australia-Singapore；EFTA-Singapore；Mexico-Uruguay；Panama-Chinese Taipei；CEZ；EC-Egypt；Chile-Korea；India-Singapore；EC-Algeria；Thailand-New Zealand；EFTA-Tunisia；Japan-Mexico；Australia-Thailand；Guatemala-Chinese Taipei；Trans-Pacific Strategic Economic Partnership；Panama-Singapore；EC-Albania；EFTA-Korea；Japan-Malaysia；Korea, Republic of-Singapore；Turkey-Morocco；East African Community（EAC）-Accession of Rwanda；Japan-Thailand；Chile-Japan；CEFTA；EFTA-Egypt；EFTA-Lebanon；Chile-Honduras（Chile-Central America）；Japan-ASEAN；Panama-Costa Rica（Panama-Central America）；Japan-Philippines；Brunei Darussalam-Japan；Japan-Indonesia；Turkey-Albania；Pakistan-Malaysia；EC-Montenegro；Panama-Guatemala（Panama-Central America）；Panama-Nicaragua（Panama-Central America）；Colombia-Northern Triangle（El Salvador, Guatemala, Honduras）；Peru-Chile；Panama-Honduras（Panama-Central America）；Japan-Viet Nam；Japan-Switzerland；Chile-Colombia；Peru-Singapore；Chile-Australia；China-Singapore；Chile-Guatemala（Chile-Central America）；EFTA-Serbia；ASEAN-Korea；Korea, Republic of-India；EU-Serbia；ASEAN-Australia-New Zealand；Turkey-Montenegro；China-Peru；China-Costa Rica；EFTA-Colombia；EFTA-Peru；Hong Kong, China-New Zealand；Mexico-Central America；Chile-Nicaragua（Chile-Central America）；EFTA-Montenegro；EFTA-Hong Kong, China；EFTA-Ukraine；Panama-Peru；Japan-Peru；Peru-Mexico；Costa Rica-Peru；Malaysia-Australia；EU-Colombia and Peru；EU-Georgia；EU-Ukraine；Switzerland-China；Singapore-Chinese Taipei；Mexico-Panama；Korea, Republic of-Viet Nam；China-Korea, Republic of；Australia-China；Japan-Australia；Costa Rica-Colombia；Japan-Mongolia；Peru-Honduras；Turkey-Singapore；EU-Canada；EU-Japan；Indonesia-Australia；Hong Kong, China-Australia；China-Mauritius

（续表）

分类	协定名单
综合深度规则型（2类）	EC Treaty；EC（9）Enlargement；EC（10）Enlargement；EC Enlargement（12）；EEA；NAFTA；EC Enlargement（15）；US-Jordan；GCC；EC Enlargement（25）；US-Singapore；US-Chile；US-Australia；Chile-China；US-Bahrain；CAFTA-DR；US-Morocco；EC Enlargement（27）；El Salvador-Honduras-Chinese Taipei；Nicaragua-Chinese Taipei；China-New Zealand；EC-CARIFORUM；EC-Bosnia Herzegovina；Canada-Peru；US-Peru；US-Oman；New Zealand-Malaysia；Canada-Colombia；India-Japan；Peru-Korea，Republic of；EU-Korea，Republic of；US-Panama；US-Colombia；Korea，Republic of-US；New Zealand-Chinese Taipei；Costa Rica-Singapore；Korea，Republic of-Turkey；EU（28）Enlargement；Canada-Panama；EU-Central America；Canada-Honduras；Korea，Republic of-Australia；EFTA-Central America（Costa Rica and Panama）；Iceland-China；EU- Republic of Moldova；Korea，Republic of-New Zealand；Eurasian Economic Union（EAEU）-Accession of Kyrgyz Republic；Canada-Rep. of Korea；EFTA-Bosnia and Herzegovina；Eurasian Economic Union（EAEU）-Accession of Armenia；Eurasian Economic Union（EAEU）；Eurasian Economic Union（EAEU）-Viet Nam；Korea，Republic of-Colombia；EFTA-Georgia；EU-Armenia；Comprehensive and Progressive Agreement for Trans-Pacific Partnership（CPTPP）；EFTA-Philippines；China-Georgia；Korea，Republic of-Central America；EU-Viet Nam；EU-Singapore；United States-Mexico-Canada Agreement（USMCA/CUSMA/T-MEC）；Peru-Australia
综合中等规则型（3类）	Carribean Community and Community Market（CARICOM）；Australia-New Zealand（ANZCERTA）；US-Israel；EU-Andorra；Faroe Islands-Norway；EFTA-Israel；CIS；COMESA；EAEC；Turkey-Israel；EC-Palestinian Authority；Canada-Israel；EFTA-Palestinian Authority；Southern African Development Community；Israel-Mexico；Turkey-Former Yugoslav Republic of Macedonia；EC-South Africa；Ukraine-Former Yugoslav Republic of Macedonia；EFTA-Mexico；Canada-Costa Rica；GUAM；Pacific Island Countries Trade Agreement（PICTA）；China-Macao，China；Turkey-Bosnia and Herzegovina；EC-Lebanon；EFTA-Chile；Ukraine-Moldova；Jordan-Singapore；Turkey-Tunisia；Turkey-Palestinian Authority；Russian Federation-Serbia；Ukraine-Belarus；Iceland-Faroe Islands；Chile-India；China-Pakistan；Egypt-Turkey；Turkey-Syria；Turkey-Georgia；EFTA-SACU；Panama-Chile；Southern Common Market（MERCOSUR）-Israel；EU-Papua New Guinea/Fiji；MERCOSUR-India；EC-Cameroon；Canada-EFTA；EFTA-Albania；ASEAN-India；Turkey-Serbia；India-Malaysia；Turkey-Jordan；

(续表)

分类	协定名单
综合中等规则型（3类）	Turkey-Chile; Treaty on a Free Trade Area between members of the Commonwealth of Independent States (CIS); Canada-Jordan; Chile-Malaysia; Gulf Cooperation Council (GCC)-Singapore; Turkey-Mauritius; Ukraine-Montenegro; Chile-Viet nam; Hong Kong, China-Chile; Chile-Thailand; Turkey-Malaysia; Southern African Development Community (SADC)-Accession of Seychelles; EU-SADC; EU-Ghana; Turkey-Moldova, Republic of; Pacific Alliance; El Salvador-Ecuador; Canada-Ukraine; Central American Common Market (CACM)-Accession of Panama; EU-Colombia and Peru-Accession of Ecuador; ASEAN-Hong Kong, China; Chile-Indonesia; Eurasian Economic Union (EAEU)-Iran; Hong Kong, China-Georgia; Ukraine-Israel

（二）主要经济体 FTA 的趋同性和差异性

截至2020年底，世界主要经济体：美国、欧盟、日本、俄罗斯、印度、中国均实施了各自的FTA战略，深度融入全球FTA网络。其中，欧盟签订（生效）自由贸易协定最多，达到46个；其次是日本、印度和中国各自签订（生效）16个协定；美国和俄罗斯则分别签订（生效）14个和11个协定。世界主要经济体之间签订的协定只有日本-印度（2011年8月1日）和日本-欧盟（2019年2月1日）以及中国和印度共同参与的亚太贸易协定（APTA，2002年1月1日）。

受各国发展水平和国家战略影响，世界主要经济体签订的FTA在条款覆盖率和法律约束力方面表现出不同特点。图1-9和表1-11展示了主要经济体FTA条款覆盖率和法律约束力情况对比。从总体趋势看，各国FTA条款覆盖率要高于法律约束力率，但两者差距存在明显国家异质性。例如，美国WTO-X条款平均覆盖率为19.12%，考虑法律约束力后这一比例降至13.16%；而欧盟WTO-X条款平均覆盖率高达43.32%，而考虑法律约束力后这一比例大幅下降至17.06%。其次，WTO+条款无论是覆盖率还是法律约束力都明显高于WTO-X条款，以中国为例，中国WTO+条款平均覆盖率为73.33%，而WTO-X条款平均覆盖率仅为22.98%，考虑法律约束力后这一差距进一步加大。这意味着，WTO框架内的WTO+条款条款仍然是世界主要经济体的重要关注点。在差异性方面，美国和日本拥有最高的WTO+条款平均覆盖率和法律约束力，而欧盟的WTO-X条款平均覆盖率和法律约束力最高。在世界主要经济体中，印度和俄罗斯的FTA规则深度最低,中国则处于之间水平。

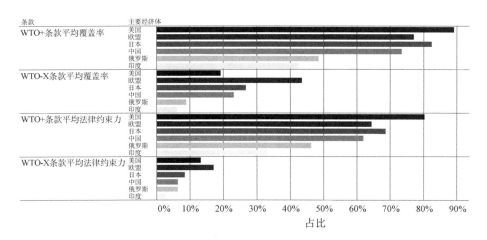

图 1-9　主要经济体 FTA 条款覆盖率和法律约束力情况对比

表 1-11　　　主要经济体 FTA 条款覆盖率和法律约束力情况对比

主要经济体	WTO＋条款平均覆盖率	WTO-X 条款平均覆盖率	WTO＋条款平均法律约束力	WTO-X 条款平均法律约束力
美国	89.05%	19.12%	80.00%	13.16%
欧盟	76.85%	43.32%	64.29%	17.06%
日本	82.38%	26.84%	68.57%	8.42%
俄罗斯	48.30%	8.90%	46.26%	6.39%
印度	42.41%	6.09%	33.04%	2.80%
中国	73.33%	22.98%	61.90%	6.32%

图 1-10 和图 1-11 展示了主要经济体 FTA 具体条款覆盖率情况对比。首先看各国的趋同性,各国在工业品关税、农产品关税、海关管理机构等条款覆盖率都较高,基本在 85% 以上。各国在公民保护、创新政策、核安全、矿业、恐怖主义、公共行政等条款覆盖率均较低,基本在 30% 以下。其中的公民保护条款,只有欧盟的覆盖率为 9.26%,其他国家均为零。在差异性方面,各国差异最大的是公共采购条款,美国、欧盟和日本覆盖率较高,分别为 100.00%、72.22% 和 86.67%;而中国的覆盖率较低,仅为 26.67%。其次是环境法律条款,美国和欧盟最高,分别达到 93.33% 和 72.22% 的覆盖率,日本和中国相对较低,分别为 60% 和 46.67%。

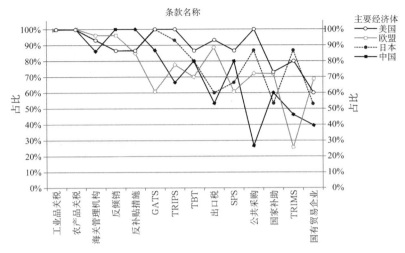

图 1-10 主要经济体 FTA 中 WTO+条款覆盖率情况对比

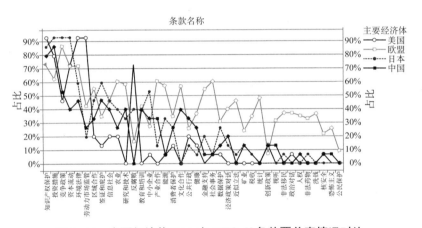

图 1-11 主要经济体 FTA 中 WTO-X 条款覆盖率情况对比

与贸易有关的知识产权协定（TRIPS）、知识产权保护、投资措施、服务贸易总协定（GATS）、与贸易有关的投资措施协议（TRIMS）、劳动力市场监管、资本流动等条款的特征表现为：美国、欧盟和日本的覆盖率最高，中国的覆盖率相对较低。少数国家覆盖的条款有：只有欧盟 FTA 条款覆盖了统计和反洗钱，只有欧盟和日本的 FTA 条款覆盖了非法移民，只有欧盟和美国的 FTA 条款覆盖了政治对话。最后，除了工业品关税和农产品关税以外，美国所有 FTA 均覆盖了公共采购、与贸易有关的知识产权协定（TRIPS）和服务贸易总协定（GATS）；日本所有的 FTA 均覆盖了服务贸易总协定（GATS）和海关管理机构；中国所有的 FTA 均覆盖了反补贴措施和反倾销（具体数据详见附录表5）。

从主要经济体 FTA 具体条款的法律约束力比较来看(见图 1-12 和图 1-13),各国在工业品关税和农产品关税条款的法律约束力较强,而在创新政策、人权、政治对话、公民保护、非法药物、视听、矿业、中小企业、信息社会、洗钱、恐怖主义等条款上法律约束力较弱。各国法律约束力差异较大的条款主要有与贸易有关的投资措施协议(TRIMS)、公共采购和与贸易有关的知识产权协定(TRIPS)。美国在与贸易有关的知识产权协定(TRIPS)的法律约束达到 100% 全覆盖,而中国为 68% 左右。其他明显特点有,主要经济体在资本流动、知识产权和投资措施条款等领域的法律约束力比重相对较高(具体数据详见附录表 6)。

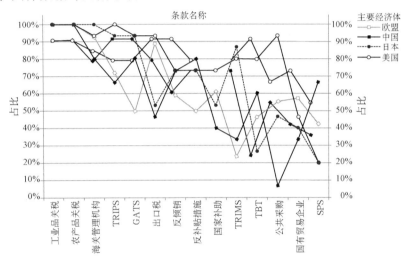

图 1-12 主要经济体 FTA 中 WTO+条款法律约束力情况对比

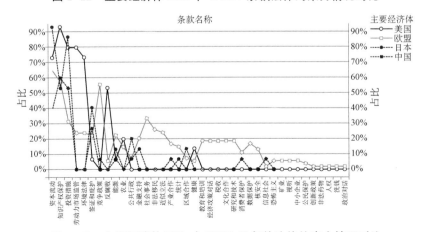

图 1-13 主要经济体 FTA 中 WTO-X 条款法律约束力情况对比

三、全球 FTA 网络变化趋势展望

世界经济不平衡导致不同深度水平的自由贸易协定共存发展。发达国家主导的以全球价值链运行为目标的第二代贸易协定将加快向全球范围内推广，特别是，随着数字技术的广泛应用，部分发达国家小型经济体开始推动"数字贸易规则"向"数字经济规则"转变，以数字贸易/数字经济规则为特征的第三代贸易协定可能加速形成。

（一）高标准新议题不断纳入高标准自贸区网络体系

全球 FTA 网络从以贸易相关规则为主，转向涵盖国际投资、国际资本流动、竞争政策、跨境数据流动、知识产权等更多高标准条款的自贸区网络。2000 年以前的贸易协定侧重于边境间贸易规则（即第一代贸易协定），主要涉及关税减让、贸易便利化、非关税壁垒等与贸易相关议题。2000 年以后的贸易协定开始将重心转向边境内条款（即第二代贸易协定），以竞争政策、知识产权、投资、资本流动等为主的 WTO 框架外的条款，成为第二代贸易协定中频繁出现的新议题。这反映了 21 世纪以来全球生产分工深化的背景下，跨国公司全球化运营对新规则的微观需求。随着数字技术的迅速发展，"数据"开始在制造、营销、管理、服务等各个领域发挥了引擎作用，新近达成的 FTA 协定日益突出"电子商务/数字贸易"规则的重要性，开始形成以数据跨境流动主导的新规则体系（即第三代贸易协定），以政府数据开放、禁止数据本地化、允许跨境数据传输、不公开软件源代码、个人数据保护和网络安全等核心条款为主，这些高标准条款见诸 CPTPP、USMCA、美-日数字贸易协定中。

（二）供应链贸易及数据规则将成为主导高标准 FTA 网络的主要因素

一方面，基于供应链贸易的全球价值链源于区域生产贸易网络联系的加深，欧盟、北美和东亚三大区域供应链体系的高效运转需要高标准的规则保障。在货物跨境流动过程中，涉及商业样品通关、临时入境、维修和再制造、退税和关税延期等多个供应链环节，使供应链贸易相关条款成为高标准 FTA 规则在货物贸易领域的重要体现，从而频繁出现于 USCMA、CPTPP 等区域性贸易协定文本之中。另一方面，"数据"在制造和服务中所产生的引擎作用，也需要生产和服务供应链体系中的相关参与国在跨境数据流动便利上形成"合力"，以提升整个区域生产和服务供应链体系的运营效率。USCMA 首次提出"数字贸易"专章、CPTPP 纳入高标准跨境数据流动条款

以及欧盟试图推行的数字单一市场战略等,是基于数据跨境流动的新规则开始在区域性贸易协定网络中盛行的佐证。

(三) 欧盟和美国主导的高标准 FTA 网络发展共存

欧盟和美国主导的高标准自贸区网络有趋同性,也有差异性,因而存在着多样性高标标准自贸区网络体系。两者的趋同性,主要表现在第一代贸易规则领域和第二代贸易规则中的部分条款上,不管是美式 FTA 规则还是欧式 FTA 规则,在第一代贸易规则领域中都把供应链贸易条款作为高标准规则的核心。对于第二代贸易规则来说,投资、资本流动和知识产权等高标准规则条款,在美式 FTA 和欧式 FTA 中都以有法律约束力的语言频繁出现,呈现规则趋同特征。两者的差异性,则表现在三个方面。一是网络的数量和覆盖区域存在差异,美式 FTA 网络仅涉及 14 个协定,其中的绝大多数集中在亚洲、美洲;而欧式 FTA 网络涉及 41 个协定,覆盖五大洲。二是从高标准规则的内容上看,美式 FTA 中有法律约束力条款所占比重要明显高于欧式 FTA,这间接反映了美国在高标准规则的主导力方面要强于欧盟。三是在第三代贸易协定方面,美式 FTA 在数字贸易相关条款的规则深度上明显高于欧式 FTA,2019 年签署的 USMCA 中包含了禁止数据本地化、不公开软件源代码及算法和开放政府数据等条款;而这些高标准条款在最新签署的欧盟-日本协定和欧盟-新加坡协定中均未出现。另外,地缘政治也影响着全球自贸区网络体系,但是,无论是美国,还是欧盟,并不因为基于地缘政治的考虑而降低自贸区协定的标准,如美国对约旦、美国对阿曼和美国对巴林,欧盟对非洲的一些原殖民地国家等自贸区协定,就是如此。

(四) 数字技术发展推动 FTA"数字贸易规则"向"数字经济规则"转变

意识到数字经济与日俱增的重要性及其对各国实现可持续经济增长的关键作用,亚太区的部分经济体开始关注和签署数字经济规则。2020 年 6 月 12 日,新加坡、智利、新西兰三国签署《数字经济伙伴关系协定》;2020 年 8 月 6 日,新加坡与澳大利亚签署《数字经济协定》,取代原有双边 FTA 中的电子商务章。与现有 FTA 中数字贸易规则相比(见表 1-12),数字经济规则呈现为以下几个特点。第一,数字经济规则几乎全部包含了目前国际最高水平 FTA 数字贸易规则中出现的条款。例如,美日数字贸易协定中出现的跨境数据流动、源代码、计算机设施的位置几乎都出现在新澳数字经济伙伴协定中。第二,与数字贸易规则相比,数字经济规则还纳入了商贸便利化规则,例如电子发票、电子支付、无纸化交易和快运货物等条款,同时还强调系统的"互操作性"(interoperability),这表明数字经济规则更侧重于数字技术在经济和贸易中应用上涉及的跨境业务监管的协调。第三,数字经济规则还纳入了数字技术应用前沿领域合作条款,反映了伙伴国对新兴产业数字技术合作领域规则探索的重视,如开展金融科技合作、人工智能、数字经济领域的竞争政策合作、数据与创新、数字贸易的标准与合格评定合作等。

表1-12　　DEPA、新澳数字经济协定和美日数字贸易协定的比较

序号	条款	新加坡-澳大利亚数字经济协定	新加坡-智利-新西兰数字经济伙伴关系协定	美-日数字贸易协定
1	关税(电子传输)	√	√	√
2	数字产品的非歧视性待遇	√	√	√
3	使用加密技术的信息和通信技术产品	√	√	√
4	国内电子交易框架	√	√	√
5	电子认证和电子签名	√	×	√
6	电子发票	√	√	×
7	电子支付	√	√	×
8	无纸交易	√	√	×
9	快运货物	√	√	×
10	透明度	√	×	×
11	在线消费者保护	√	√	√
12	竞争政策合作	√	√	×
13	个人信息保护	√	√	√
14	创建安全的在线环境	√	√	√
15	未经请求的商业电子信息	√	√	√
16	电子商务互联网接入和使用原则	√	√	×
17	互联网互联费用分摊	√	×	×
18	海底电信电缆系统	√	×	×
19	通过电子方式跨境传输信息	√	√	√

(续表)

序号	条款	新加坡-澳大利亚数字经济协定	新加坡-智利-新西兰数字经济伙伴关系协定	美-日数字贸易协定
20	计算设施的位置	√	√	√
21	金融服务计算设施的位置	√	×	√
22	数据创新	√	√	√
23	政府公开数据	√	√	√
24	源代码	√	×	√
25	数字身份	√	√	×
26	数字贸易的标准与合格评定	√	×	×
27	人工智能	√	√	×
28	金融技术和监管技术合作	√	√	×
29	合作	√	×	×
30	网络安全	√	√	×
31	利益相关者参与	√	×	×
32	中小企业	√	√	×
33	能力建设	√	×	×
34	审查	√	×	×
35	物流	×	√	×
36	政府采购	×	√	×
37	交互式计算机服务	×	×	√
38	税收	×	×	√

资料来源:根据三个文本整理。

本 章 小 结

21世纪以来,WTO多边框架下规则进展的停滞,客观上为FTA层面国际经贸新规则的迅速发展提供了舞台，FTA新规则的重心从"边境间条款"转向"边境后条款"。随着世界各经济体参与FTA数量的不断增加，FTA网络化趋势日益明显，复杂交叠式的全球FTA网络已经形成。

从边境间规则条款向边境后规则条款转变是国际经贸规则变化的重要特征，以投资、服务、竞争政策、知识产权条款为代表的边境后条款，成为FTA新规则的核心体现。现有文献从全球化的二次松绑、离岸外包的盛行以及经济体间的标准差异等不同视角，解释了FTA新规则产生的理论动因。

在全球FTA网络化发展背景下，FTA规则的广度和深度不断提高，同时全球FTA规则呈现为趋同性和差异性并存的局面。世界经济不平衡导致不同深度水平的自由贸易协定共存发展。发达国家主导的以全球价值链运行为目标的第二代贸易协定将加快向全球范围内推广，特别是，随着数字技术的广泛应用，部分发达国家小型经济体开始推动"数字贸易规则"向"数字经济规则"转变，以数字贸易/数字经济规则为特征的第三代贸易协定可能加速形成。

第二章

"一带一路"FTA规则的进展

近年来,"一带一路"沿线国家参与区域一体化的进程不断加快,"一带一路"沿线FTA成为全球FTA网络的重要组成部分。"一带一路"沿线FTA的规则深度总体在不断提高,但是不同国家已生效FTA的规则深度存在异质性。同时,欧盟、美国、日本和俄罗斯等主要经济体深度参与和主导了"一带一路"沿线FTA。

第一节 "一带一路"FTA数量变化

与全球FTA的发展路径相似,"一带一路"沿线国家自20世纪90年代后加快了签署FTA的步伐,特别是中东欧区域和东南亚区域国家在参与FTA的数量上明显超过其他沿线区域。

一、"一带一路"沿线已生效FTA变化:2013年前后

"一带一路"沿线国家参与的第一个协定,是由孟加拉国、埃及、巴基斯坦等16国(原始签约国)根据GATT"授权条款",于1971年12月8日签订的"发展中国家间贸易谈判议定书"(Protocol Relating to Trade Negotiations among Developing Countries,PTN),该协定于1973年2月11日正式生效。此后的20年内,"一带一路"沿线国家签署的协定数量增长较为缓慢,期间主要生效的区域性贸易协定包括:1976年生效的亚太贸易协定(APTA)和1981年希腊加入欧盟等,平均每年新增生效的协定数量不足1个。

20世纪90年代以后,"一带一路"沿线国家加入了席卷全球的区域贸易协定兴起浪潮。1990—2012年,"一带一路"沿线FTA数量呈现快速增长态势,平均每年增加5.5个,期间主要的区域性贸易协定包括:东部和南部非洲共同市场(COMESA)、独立国家联盟(CIS)、欧盟东扩、海合会(GCC)和东盟(ASEAN)等。2013年中国提出"一带一路"倡议以后,沿线

FTA 增长数量进一步提升,其中主要以双边自贸协定为主,到 2021 年为止,平均每年增加 7.5 个,2021 年更是增长了 18 个,累计生效 FTA 数量达到 219 个(见图 2-1)。

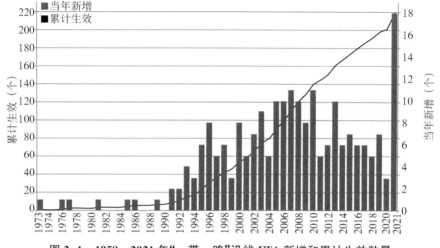

图 2-1　1958—2021 年"一带一路"沿线 FTA 新增和累计生效数量

注:FTA 生效的原始数据来自 WTO-RTA 数据库,作者绘制。

二、不同区域的沿线国家已生效 FTA 情况

不同区域的沿线国家在参与区域经济一体化方面存在明显差异(见表 2-1)。其中,东亚和东南亚 12 个国家中,参与 FTA 数量较多的是新加坡、马来西亚、泰国、越南和印度尼西亚,这些国家已生效的 FTA 数量都在 10 个以上,其中新加坡属于该区域内参与 FTA 最活跃的国家,已生效 FTA 数量达到 24 个。菲律宾、老挝、文莱、柬埔寨和缅甸等其他 5 个东盟成员国在 FTA 的数量上处于中等水平。相对而言,东亚两个国家的 FTA 参与程度较低,蒙古国仅参与了一个 FTA 协定,即日本-蒙古国 FTA,而东帝汶则没有参与国任何 FTA。

独联体 7 个国家中,乌克兰参与 FTA 的数量最多,目前已生效 FTA 数量为 19 个;俄罗斯、格鲁吉亚和亚美尼亚的 FTA 参与数量也相对较多,均在 10 个以上;摩尔多瓦和阿塞拜疆已生效 FTA 数量分别为 8 个和 5 个,在独联体区域中属于参与 FTA 水平较低的国家。中亚的 5 个国家中,哈萨克斯坦参与 FTA 的数量相对最多,吉尔吉斯斯坦、土库曼斯坦、乌兹别克斯坦和塔吉克斯坦的已生效 FTA 数量分别为 9 个、5 个、4 个和 3 个。南亚区域

中,印度和巴基斯坦已生效 FTA 数量相对较多,分别为 17 个和 10 个,斯里兰卡、孟加拉国、不丹、尼泊尔和马尔代夫等南亚其他 5 个国家已生效 FTA 数量介于 3~7 个。

西亚和北非 17 个国家中,土耳其因其地理上横跨亚欧大陆两洲,因此在 FTA 参与上非常活跃,目前已生效 FTA 数量达到 22 个;以色列、埃及和约旦三国生效的 FTA 数量也相对较多,分别为 9 个、8 个和 7 个;其他 13 个国家的 FTA 参与数量介于 1~4 个。中东欧地区是沿线国家中参与 FTA 程度最高的区域,主要因为许多中东欧国家属于欧盟成员国,而后者是 FTA 网络中的重要节点,因此,希腊、爱沙尼亚、波兰、捷克、拉脱维亚、立陶宛、斯洛伐克、斯洛文尼亚、匈牙利、保加利亚、罗马尼亚、克罗地亚等 12 个欧盟成员国已生效的 FTA 数量均在 45 个以上。塞尔维亚、黑山共和国、北马其顿、阿尔巴尼亚和波黑等其他中东欧地区的已生效 FTA 数量介于 4~6 个。

表 2-1　　　　不同区域的沿线国家参与 FTA 情况(截至 2020 年底)

区域	中文名称	总数	区域	中文名称	总数
东亚和东南亚	新加坡	24	独联体	亚美尼亚	12
	马来西亚	14		白俄罗斯	9
	泰国	12		摩尔多瓦共和国	8
	越南	12		阿塞拜疆	5
	印度尼西亚	10	中亚	哈萨克斯坦	12
	菲律宾	9		吉尔吉斯斯坦	9
	老挝	9		土库曼斯坦	5
	文莱达鲁萨兰国	9		乌兹别克斯坦	4
	柬埔寨	6		塔吉克斯坦	3
	缅甸	6	南亚	印度	17
	蒙古国	1		巴基斯坦	10
	东帝汶	0		斯里兰卡	7
独联体	乌克兰	19		孟加拉国	6
	俄罗斯联邦	13		不丹	4
	格鲁吉亚	13		尼泊尔	4

(续表)

区域	中文名称	总数	区域	中文名称	总数
南亚	马尔代夫	3	中东欧	希腊	50
西亚和北非	土耳其	22		爱沙尼亚	47
	以色列	9		波兰	47
	埃及	8		捷克	47
	约旦	7		拉脱维亚	47
	阿拉伯联合酋长国	4		立陶宛	47
	阿曼	4		斯洛伐克	47
	巴林	4		斯洛文尼亚	47
	阿富汗	3		匈牙利	47
	巴勒斯坦	3		保加利亚	46
	卡塔尔	3		罗马尼亚	46
	科威特	3		克罗地亚	45
	黎巴嫩	3		塞尔维亚	6
	沙特阿拉伯	3		黑山共和国	5
	叙利亚	3		北马其顿	5
	伊朗	2		阿尔巴尼亚	4
	也门	1		波黑	4
	伊拉克	1		—	—

数据来源：根据 WTO-RTA 数据库原始数据整理计算，沿线国家生效 FTA 的数量包括双边和区域贸易协定，统计时间截至 2020 年 12 月 31 日。

第二节 "一带一路"FTA 规则内容变化

"一带一路"沿线国家不仅在参与 FTA 的数量上快速增加，而且在 FTA 规则的内容深度上不断提升。不管在 WTO＋条款还是 WTO-X 条款领域，沿线国家的条款覆盖领域和具有法律约束力的条款比重都在明显提高；不过，WTO＋条款的平均覆盖率仍然大大超过 WTO-X 条款。同时，65 个沿线国家已生效协定在规则深度上存在异质性。

一、"一带一路"沿线 FTA 中的 WTO+ 条款变化

1958 年以来,"一带一路"沿线国家签署并生效的 167 个协定中,在不考虑是否具有法律约束力的情形下,14 个 WTO＋条款的平均出现频率为 63.8%;在考虑法律约束力的情形下,平均出现频率为 53.1%(见表 2-2),这表明,"一带一路"沿线 FTA 中出现的 WTO＋条款大多具有法律约束力。

表 2-2　　　　"一带一路"沿线 FTA 中"WTO＋"条款的出现频率

条款/年份	出现频率（不论是否有法律约束力）			出现频率（仅考虑有法律约束力）		
	1958—2020年(167个)	2012年前(130个)	2013年后(37个)	1958—2020年(167个)	2012年前(130个)	2013年后(37个)
工业品关税减让	100.0%	100.0%	100.0%	97.6%	97.7%	97.3%
农产品关税减让	99.4%	99.2%	100.0%	97.0%	96.9%	97.3%
海关管理	90.4%	90.0%	91.9%	77.2%	73.1%	91.9%
出口关税	69.5%	70.8%	64.9%	67.1%	67.7%	64.9%
卫生与动植物检验检疫措施	61.7%	51.5%	97.3%	35.9%	26.2%	70.3%
国有贸易企业	64.7%	56.2%	94.6%	43.1%	31.5%	83.8%
技术贸易壁垒	46.1%	45.4%	48.6%	40.1%	40.8%	37.8%
反补贴措施	68.9%	63.8%	86.5%	52.7%	50.8%	59.5%
反倾销	58.7%	50.8%	86.5%	46.1%	43.1%	56.8%
国家援助	53.3%	55.4%	45.9%	47.3%	49.2%	40.5%
政府采购	47.9%	46.2%	54.1%	28.1%	23.8%	43.2%
与贸易有关的投资措施	24.6%	22.3%	32.4%	23.4%	20.8%	32.4%
服务贸易总协定	53.9%	47.7%	75.7%	35.9%	27.7%	64.9%
与贸易有关的知识产权协议	54.5%	48.5%	75.7%	50.9%	46.2%	67.6%
WTO＋条款平均覆盖率	63.8%	60.5%	75.3%	53.1%	49.7%	64.9%

注:根据 WTO-RTA 数据库中与"一带一路"沿线国家有关的 FTA 本书条款梳理。

分阶段来看,2012 年以前生效的 130 个沿线 FTA 中,不考虑法律约束力和考虑法律约束力情形下的 WTO＋条款平均出现频率分别为 60.5% 和 49.7%;但 2013 年及以后生效的 37 个沿线 FTA 中,不考虑法律约束力和考虑法律约束力情形下的 WTO＋条款平均出现频率分别为 75.3% 和 64.9%,与 2012 年前生效的 FTA 相比,WTO＋条款的出现频率得到明显提高。这说明,近年来,"一带一路"沿线 FTA 的 WTO＋条款规则深度总体在不断提升,逐步融入了全球 FTA 网络体系。

分条款看,不考虑是否具有法律约束力的情形下,"一带一路"沿线 167 个 FTA 中,出现频率超过 90% 的条款分别为:工业品关税减让 (100%)、农产品关税减让 (99.4%) 和海关管理 (90.4%);出现频率介于 50%～70% 的条款包括:出口关税、反补贴措施、卫生与动植物检验检疫措施、国有贸易企业、反补贴措施、反倾销和国家援助;政府采购、技术性贸易壁垒和与贸易有关的知识产权协议条款的出现率相对较低。在考虑法律约束力的情形下,出现频率大于 50% 的条款依次为:工业品关税减让 (97.6%)、农产品关税减让 (97%)、海关管理 (77.2%)、出口关税 (67.1%)、反补贴措施 (52.7%)、与贸易有关的知识产权协议 (50.9%)。此外,由于政府采购和与贸易有关的投资措施条款两者具有"边境后"条款的属性,因此作为具有法律约束力语言表述出现在 FTA 中的频率相对偏低,均在 30% 以下。

二、"一带一路"沿线 FTA 中的 WTO-X 条款变化

与 WTO＋条款出现频率总体较高不同的是,"一带一路"沿线 FTA 中的 WTO-X 条款出现频率总体较低。目前,已生效的 167 个沿线 FTA 中,在不考虑是否具有法律约束力和仅考虑具有法律约束力的情形下,WTO-X 的平均出现频率为 16.7% 和 6.7%,明显低于 WTO＋条款的平均出现频率(见表 2-3)。这表明,沿线国家在涉及"边境后"规则的 FTA 条款的总体参与程度不高,这与沿线国家以发展中国家为主的现实基础密切相关。

分阶段来看,2012 年以前生效的 130 个沿线 FTA 中,不考虑法律约束力和考虑法律约束力情形下的 WTO-X 条款平均出现频率分别为 13.7% 和 5.5%;但 2013 年及以后生效的 37 个沿线 FTA 中,不考虑法律约束力和考虑法律约束力情形下的 WTO-X 条款平均出现频率分别为 27.3% 和 10.7%,与 2012 年前生效的 FTA 相比,WTO-X 条款的出现频率提升了一倍左右。这说明,虽然沿线国家对 WTO-X 条款的总体接受度不高,但近年来生效的 FTA 中包含 WTO-X 条款的平均数量在增加。

分条款看,不考虑是否具有法律约束力的情形下,"一带一路"沿线

167个FTA中,出现频率最高的4个条款依次为:竞争政策(70.7%)、知识产权(46.7%)、投资措施(43.1%)和资本流动(43.1%);出现频率介于20%～40%的条款包括:环境法、农业、经济政策对话、信息社会和区域合作,其他条款的出现频率均在20%以下。在考虑法律约束力的情形下,出现频率最高的4个条款是:竞争政策(44.9%)、资本流动(40.7%)、知识产权(36.5%)和投资措施(27.5%)。出现频率介于10%～30%的条款仅有统计条款(13.8%),其他条款的出现频率均在10%以下。

表2-3　"一带一路"沿线FTA中"WTO-X"条款的出现频率

条款/年份	出现频率（不论是否有法律约束力）			出现频率（仅考虑有法律约束力）		
	1958—2020年(167个)	2012年前(130个)	2013年后(37个)	1958—2020年(167个)	2012年前(130个)	2013年后(37个)
反腐败	9.6%	6.9%	18.9%	4.2%	3.8%	5.4%
竞争政策	70.7%	72.3%	64.9%	44.9%	53.8%	13.5%
环境法	28.7%	20.0%	59.5%	7.8%	5.4%	16.2%
知识产权	46.7%	40.8%	67.6%	36.5%	31.5%	54.1%
投资措施	43.1%	39.2%	56.8%	27.5%	23.8%	40.5%
劳动力市场监管	19.2%	9.2%	54.1%	8.4%	4.6%	21.6%
资本流动	43.1%	36.2%	67.6%	40.7%	33.8%	64.9%
消费者保护	14.4%	8.5%	35.1%	2.4%	0.8%	8.1%
数据保护	10.2%	4.6%	29.7%	3.0%	0.8%	10.8%
农业	24.6%	20.8%	37.8%	4.2%	3.1%	8.1%
立法趋同	8.4%	6.9%	13.5%	3.0%	1.5%	8.1%
视听	8.4%	6.9%	13.5%	0.6%	0.0%	2.7%
公民保护	1.8%	0.0%	8.1%	0.6%	0.0%	2.7%
创新政策	6.6%	3.8%	16.2%	0.6%	0.0%	2.7%
文化合作	10.8%	9.2%	16.2%	1.2%	0.8%	2.7%
经济政策对话	20.4%	18.5%	27.0%	1.2%	0.8%	2.7%
教育与培训	13.8%	13.8%	13.5%	1.8%	1.5%	2.7%

(续表)

条款/年份	出现频率（不论是否有法律约束力）			出现频率（仅考虑有法律约束力）		
	1958—2020年(167个)	2012年前(130个)	2013年后(37个)	1958—2020年(167个)	2012年前(130个)	2013年后(37个)
能源	15.6%	12.3%	27.0%	6.6%	2.3%	21.6%
财政援助	10.2%	9.2%	13.5%	2.4%	1.5%	5.4%
健康	8.4%	3.1%	27.0%	0.6%	0.0%	2.7%
人权	7.2%	6.9%	8.1%	1.2%	0.8%	2.7%
非法移民	6.0%	5.4%	8.1%	3.0%	2.3%	5.4%
非法药品	9.0%	6.9%	16.2%	1.2%	0.0%	5.4%
产业合作	16.8%	15.4%	21.6%	1.8%	1.5%	2.7%
信息社会	24.6%	14.6%	59.5%	1.2%	0.0%	5.4%
采矿	4.2%	1.5%	13.5%	1.2%	0.8%	2.7%
反洗钱	7.8%	5.4%	16.2%	1.8%	0.0%	8.1%
核安全	3.6%	2.3%	8.1%	0.6%	0.0%	2.7%
政治对话	10.8%	6.9%	24.3%	0.6%	0.0%	2.7%
公共管理	13.8%	7.7%	35.1%	7.8%	2.3%	27.0%
区域合作	20.4%	17.7%	29.7%	2.4%	1.5%	5.4%
研究与技术	16.8%	15.4%	21.6%	2.4%	2.3%	2.7%
中小企业	15.0%	13.1%	21.6%	1.8%	0.8%	5.4%
社会事务	10.8%	6.9%	24.3%	3.0%	3.1%	2.7%
统计	18.6%	20.0%	13.5%	13.8%	14.6%	10.8%
税收	11.4%	10.0%	16.2%	1.2%	0.0%	5.4%
恐怖主义	6.0%	3.1%	16.2%	1.8%	0.0%	8.1%
签证和庇护	18.6%	19.2%	16.2%	7.8%	8.5%	5.4%
WTO-X条款平均覆盖率	16.7%	13.7%	27.3%	6.7%	5.5%	10.7%

注：根据WTO-RTA数据库中与"一带一路"沿线国家有关的FTA本书条款梳理。

三、"一带一路"沿线国家参与 FTA 的规则深度差异明显

"一带一路"沿线国家的经济、社会、制度和法律水平差异显著,这决定了沿线国家 FTA 规则水平的差异。为反映"一带一路"沿线国家参与 FTA 规则的异质性,本书参考 Damuri(2012)的方法,在 FTA 所涉条款中遴选出 18 项最频繁出现的核心条款①,并根据每个条款的法律约束力情况进行量化测度,加总得到每个协定的深度得分,并将其标准化到[0,1]区间。由于每个沿线国家参与的协定数量不只 1 个(蒙古国和东帝汶除外),因此,我们选择每个国家已生效 FTA 中深度水平最高的协定进行量化测度及比较分析(见表 2-4)。

表 2-4　　　　沿线国家参与 FTA 的深度水平比较

"一带一路"国家	区域	目前生效深度最高的协定	深度水平	协定生效时间
爱沙尼亚	中东欧	欧盟(27 国)扩大	1.000	2007 年 1 月 1 日
保加利亚	中东欧	欧盟(27 国)扩大	1.000	2007 年 1 月 1 日
波兰	中东欧	欧盟(27 国)扩大	1.000	2007 年 1 月 1 日
捷克	中东欧	欧盟(27 国)扩大	1.000	2007 年 1 月 1 日
拉脱维亚	中东欧	欧盟(27 国)扩大	1.000	2007 年 1 月 1 日
立陶宛	中东欧	欧盟(27 国)扩大	1.000	2007 年 1 月 1 日
罗马尼亚	中东欧	欧盟(27 国)扩大	1.000	2007 年 1 月 1 日
斯洛伐克	中东欧	欧盟(27 国)扩大	1.000	2007 年 1 月 1 日
斯洛文尼亚	中东欧	欧盟(27 国)扩大	1.000	2007 年 1 月 1 日
希腊	中东欧	欧盟(27 国)扩大	1.000	2007 年 1 月 1 日
匈牙利	中东欧	欧盟(27 国)扩大	1.000	2007 年 1 月 1 日

---

① 注:18 个核心条款包括:工业产品减让、农业产品减让、海关程序、出口税、SPS、TBT、反倾销、反补贴、TRIMs、TRIPs 和资本自由流动等 11 项"边境间措施"和国有企业、政府援助、政府采购、GATS、竞争政策、投资和 IPR 等 7 项"边境后措施"。

（续表）

"一带一路"国家	区域	目前生效深度最高的协定	深度水平	协定生效时间
克罗地亚	中东欧	欧盟(28国)扩大	0.944	2013年7月1日
亚美尼亚	独联体	欧盟-亚美尼亚	0.944	2018年6月1日
菲律宾	东南亚	欧洲自由贸易联盟-菲律宾	0.917	2018年6月1日
马来西亚	东南亚	CPTPP	0.917	2018年12月30日
文莱达鲁萨兰国	东南亚	CPTPP	0.917	2018年12月30日
新加坡	东南亚	CPTPP	0.917	2018年12月30日
越南	东南亚	CPTPP	0.917	2018年12月30日
阿尔巴尼亚	中东欧	中欧自由贸易协定	0.889	2007年5月1日
白俄罗斯	独联体	欧亚经济联盟(EAEU)	0.889	2015年1月1日
波黑	中东欧	中欧自由贸易协定	0.889	2007年5月1日
俄罗斯	独联体	欧亚经济联盟(EAEU)	0.889	2015年1月1日
哈萨克斯坦	中亚	欧亚经济联盟(EAEU)	0.889	2015年1月1日
黑山共和国	中东欧	中欧自由贸易协定	0.889	2007年5月1日
北马其顿	中东欧	中欧自由贸易协定	0.889	2007年5月1日
摩尔多瓦共和国	独联体	中欧自由贸易协定	0.889	2007年5月1日
塞尔维亚	中东欧	中欧自由贸易协定	0.889	2007年5月1日
阿曼	西亚	美国-阿曼	0.861	2009年1月1日
乌克兰	独联体	欧洲自由贸易区-乌克兰	0.861	2012年6月1日
印度	南亚	韩国-印度	0.833	2010年1月1日
巴基斯坦	南亚	巴基斯坦-马来西亚	0.806	2008年1月1日
格鲁吉亚	独联体	欧洲自由贸易联盟-格鲁吉亚	0.806	2017年9月1日

(续表)

"一带一路"国家	区域	目前生效深度最高的协定	深度水平	协定生效时间
泰国	东南亚	泰国-澳大利亚	0.806	2005年1月1日
埃及	非洲	欧洲自由贸易联盟-埃及	0.778	2007年8月1日
柬埔寨	东南亚	东盟-澳大利亚-新西兰	0.778	2010年1月1日
老挝	东南亚	东盟-澳大利亚-新西兰	0.778	2010年1月1日
缅甸	东南亚	东盟-澳大利亚-新西兰	0.778	2010年1月1日
印度尼西亚	东南亚	东盟-澳大利亚-新西兰	0.778	2010年1月1日
吉尔吉斯斯坦	中亚	欧亚经济联盟(EAEU)-越南	0.750	2016年10月5日
蒙古国	东亚	日本-蒙古国	0.750	2016年6月7日
土耳其	西亚	土耳其-摩洛哥	0.722	2006年1月1日
以色列	西亚	欧盟-以色列	0.722	2000年6月1日
约旦	西亚	欧盟-约旦	0.722	2002年5月1日
巴林	西亚	美国-巴林	0.694	2006年8月1日
黎巴嫩	西亚	欧洲自由贸易联盟-黎巴嫩	0.667	2007年1月1日
阿塞拜疆	独联体	独立国家联合体(独联体)	0.611	1994年12月30日
巴勒斯坦	西亚	土耳其-巴勒斯坦	0.611	2005年6月1日
土库曼斯坦	中亚	独立国家联合体(独联体)	0.611	1994年12月30日
乌兹别克斯坦	中亚	独立国家联合体(独联体)	0.611	1994年12月30日
叙利亚	西亚	土耳其-叙利亚	0.556	2007年1月1日
阿拉伯联合酋长国	西亚	海湾合作委员会(GCC)-新加坡	0.500	2013年9月1日
卡塔尔	西亚	海湾合作委员会(GCC)-新加坡	0.500	2013年9月1日
科威特	西亚	海湾合作委员会(GCC)-新加坡	0.500	2013年9月1日

(续表)

"一带一路"国家	区域	目前生效深度最高的协定	深度水平	协定生效时间
沙特阿拉伯	西亚	海湾合作委员会(GCC)-新加坡	0.500	2013年9月1日
伊朗	西亚	欧亚经济联盟(EAEU)-伊朗	0.500	2019年10月27日
塔吉克斯坦	中亚	独联体成员国自由贸易区条约	0.444	2012年9月20日
孟加拉国	南亚	亚太贸易协定(APTA)	0.278	1976年6月17日
斯里兰卡	南亚	亚太贸易协定(APTA)	0.278	1976年6月17日
阿富汗	西亚	印度-阿富汗	0.167	2003年5月13日
不丹	南亚	南亚优惠贸易安排(SAPTA)	0.167	1995年12月7日
马尔代夫	南亚	南亚优惠贸易安排(SAPTA)	0.167	1995年12月7日
尼泊尔	南亚	南亚优惠贸易安排(SAPTA)	0.167	1995年12月7日
也门	西亚	泛阿拉伯自由贸易区(PAFTA)	0.111	1998年1月1日
伊拉克	西亚	泛阿拉伯自由贸易区(PAFTA)	0.111	1998年1月1日

注：根据WTO-RTA数据库中与"一带一路"沿线国家有关的FTA本书条款梳理；量化方法参考Hoffmann等(2017)。

从沿线国家参与FTA的深度水平来看，爱沙尼亚、保加利亚、波兰、捷克、拉脱维亚、立陶宛、罗马尼亚、斯洛伐克、斯洛文尼亚、希腊、匈牙利等11个中东欧国家，可接受的FTA规则水平最高；目前，11国已生效的深度最高的FTA为欧盟(27国)扩大协定，协定深度为"1"，这意味着该协定中包含了Damuri(2012)中界定的18个核心条款，且没有排除在争端解决机制之外。克罗地亚作为2013年加入的欧盟成员国，深度略低于中东欧11国水平，规则深度为0.944。此外，亚美尼亚作为独联体国家，因2018年6月1日生效的欧盟-亚美尼亚FTA，成为独联体国家中接受FTA规则水平最高的国家，规则深度为0.944。

菲律宾、马来西亚、文莱、新加坡和越南5个东南亚国家的已生效的FTA规则水平也相对较高，规则深度达到0.917。2018年6月1日已生效的欧洲自由贸易联盟-菲律宾FTA，成为目前菲律宾已生效最高深度的

FTA。而马来西亚、文莱、新加坡和越南则因为加入了国际高标准的CPTPP,从而大幅提高了其FTA的规则深度。

相对而言,部分南亚国家和西亚国家的FTA规则水平总体偏低。其中,孟加拉国和斯里兰卡等两个南亚国家目前已生效的最高深度的FTA为亚太贸易协定(APTA),规则深度仅为0.278;不丹、马尔代夫和尼泊尔等三个南亚国家目前已生效的最高深度的FTA为南亚优惠贸易安排(SAPTA),规则深度仅为0.167。也门和伊拉克两个西亚国家的FTA规则水平相对最低,代表其目前可接受的最高水平的协定是于1998年1月1日生效的泛阿拉伯自由贸易区(PAFTA),规则深度仅为0.111,基本上只局限于工业品和农产品关税减让等为数不多的几个WTO+条款领域。

第三节 主要经济体在"一带一路"的FTA比较

美国、欧盟、日本和俄罗斯等主要经济体在"一带一路"沿线的FTA规则上具有比较广泛的影响力。在货物贸易领域,尽管欧美日俄在"一带一路"沿线的FTA上有趋同性特征,但与俄罗斯相比,欧美日FTA在供应链贸易等新规则条款上有了重要进展;服务贸易方面,美国和日本在"一带一路"沿线FTA的规则深度要高于欧盟和俄罗斯。

一、欧美日俄在"一带一路"沿线FTA的总体情况

截至2020年12月底,美国、欧盟、日本和俄罗斯四大经济体与"一带一路"沿线国家共生效了53个FTA。其中,俄罗斯和欧盟与沿线国家签署并生效的FTA数量相对较多,分别为19个和18个;日本和美国与沿线国家签署并生效的FTA数量分别为11个和5个(见表2-5)。

表2-5　　欧美日俄在"一带一路"沿线FTA的区域分布情况

年份	状态	协定	涉及"一带一路"区域	主导国	类型
1985	生效	美国-以色列	西亚	美国	FTA
2001	生效	美国-约旦	西亚	美国	FTA & EIA
2004	生效	美国-新加坡	东南亚	美国	FTA & EIA
2006	生效	美国-巴林	西亚	美国	FTA & EIA

(续表)

年份	状态	协定	涉及"一带一路"区域	主导国	类型
2009	生效	美国-阿曼	西亚	美国	FTA & EIA
1977	生效	欧共体-叙利亚	西亚	欧盟	FTA
1996	生效	欧共体-土耳其	西亚	欧盟	CU
1997	生效	欧共体-巴勒斯坦	西亚	欧盟	FTA
2000	生效	欧共体-以色列	西亚	欧盟	FTA
2001	生效	欧共体-马其顿	中东欧	欧盟	FTA & EIA
2002	失效	欧共体-克罗地亚	中东欧	欧盟	FTA & EIA
2002	生效	欧共体-约旦	西亚	欧盟	FTA
2003	生效	欧共体-黎巴嫩	西亚	欧盟	FTA
2004	生效	欧共体-埃及	非洲	欧盟	FTA
2006	生效	欧共体-阿尔巴尼亚	中东欧	欧盟	FTA & EIA
2008	生效	欧共体-波黑	中东欧	欧盟	FTA
2008	生效	欧共体-黑山	中东欧	欧盟	FTA & EIA
2010	生效	欧盟-塞尔维亚	中东欧	欧盟	FTA & EIA
2014	生效	欧盟-格鲁吉亚	独联体	欧盟	FTA & EIA
2014	生效	欧盟-乌克兰	独联体	欧盟	FTA & EIA
2014	生效	欧盟-摩尔多瓦	独联体	欧盟	FTA & EIA
2018	生效	欧盟-亚美尼亚	独联体	欧盟	EIA
2019	生效	欧盟-越南	东南亚	欧盟	FTA & EIA
2019	生效	欧盟-新加坡	东南亚	欧盟	FTA & EIA
2002	生效	日本-新加坡	东南亚	日本	FTA & EIA
2006	生效	日本-马来西亚	东南亚	日本	FTA & EIA
2007	生效	日本-泰国	东南亚	日本	FTA & EIA
2008	生效	日本-东盟	东南亚	日本	FTA
2008	生效	日本-菲律宾	东南亚	日本	FTA & EIA

(续表)

年份	状态	协定	涉及"一带一路"区域	主导国	类型
2008	生效	文莱-日本	东南亚	日本	FTA & EIA
2008	生效	日本-印度尼西亚	东南亚	日本	FTA & EIA
2009	生效	日本-越南	东南亚	日本	FTA & EIA
2011	生效	印度-日本	南亚	日本	FTA & EIA
2016	生效	日本-蒙古国	东亚	日本	FTA & EIA
2018	生效	CPTPP	东南亚	日本	FTA & EIA
1993	失效	亚美尼亚-俄罗斯	独联体	俄罗斯	FTA
1993	失效	俄罗斯-摩尔多瓦	独联体	俄罗斯	FTA
1993	失效	俄罗斯-塔吉克斯坦	中亚	俄罗斯	FTA
1993	失效	俄罗斯-白俄罗斯	独联体	俄罗斯	FTA
1993	失效	吉尔吉斯-俄罗斯	中亚	俄罗斯	FTA
1993	失效	俄罗斯-哈萨克斯坦	中亚	俄罗斯	FTA
1993	失效	俄罗斯-乌兹别克斯坦	中亚	俄罗斯	FTA
1993	失效	俄罗斯-土库曼斯坦	中亚	俄罗斯	FTA
1993	生效	俄罗斯-阿塞拜疆	中亚	俄罗斯	FTA
1994	失效	俄罗斯-乌克兰	独联体	俄罗斯	FTA
1994	生效	格鲁吉亚-俄罗斯	独联体	俄罗斯	FTA
1997	生效	俄罗斯-白俄罗斯-哈萨克斯坦	独联体	俄罗斯	CU
2006	失效	俄罗斯-塞尔维亚	中东欧	俄罗斯	FTA
2015	生效	欧亚经济联盟(EAEU)	独联体	俄罗斯	CU & EIA
2015	生效	EAEU-吉尔吉斯共和国加入	独联体、中亚	俄罗斯	CU & EIA
2015	生效	EAEU-亚美尼亚加入	独联体	俄罗斯	CU & EIA
2016	生效	EAEU-越南	东南亚	俄罗斯	FTA & EIA
2019	生效	EAEU-伊朗	西亚	俄罗斯	FTA

注:原始数据来自WTO-RTA数据库,截止到2020年12月31日生效的FTA。

美国与沿线国家签署并生效了 5 个协定,主要集中于西亚和东南亚区域,西亚区域包括:以色列(1985 年)、约旦(2001 年)、巴林(2006 年)和阿曼(2009 年);此外,美国与东南亚地区的新加坡之间的 FTA 也于 2004 年生效。由此可见,美国与"一带一路"沿线国家之间的协定都是在 2010 年之前签署并生效的,而且区域相对集中。

与美国相比,欧盟与"一带一路"沿线生效的协定不仅数量上更多,而且涉及协定的区域范围更广。欧盟与"一带一路"沿线生效的 18 个协定分布于西亚、中东欧、独联体、东南亚和非洲等多个区域。其中,在西亚区域,欧盟与叙利亚、土耳其、巴勒斯坦、以色列、约旦、黎巴嫩等 6 个国家签署了 FTA;在中东欧区域,与马其顿、克罗地亚、阿尔巴尼亚、波黑、黑山、塞尔维亚等 6 国签署了 FTA;在东南亚区域,与越南和新加坡 2 个国家签署了 FTA;在非洲地区,与埃及签署了 FTA;此外,还与格鲁吉亚、乌克兰、摩尔多瓦和亚美尼亚等 4 个独联体国家签署了 FTA。从生效时间上看,2013 年中国提出"一带一路"倡议以后,欧盟与沿线国家共生效了 6 个 FTA。

日本与"一带一路"沿线生效的 FTA 数量共 11 个,主要集中在东南亚、东亚和南亚区域。由于日本与东南亚国家之间存在紧密的经贸联系,因此其加强了与这些国家之间的 FTA 签署,日本不仅与东盟签署了 FTA,而且与东盟国家中的 7 个国家(新加坡、马来西亚、泰国、菲律宾、文莱、印度尼西亚和越南)签署了双边 FTA;同时,日本还主导签署了 CPTPP,其中也包括新加坡、马来西亚、文莱、文莱和越南等 4 个东南亚国家。此外,日本还与东亚的蒙古国和南亚的印度签署了 FTA。从签署和生效时间看,日本在 2013 年以后与沿线国家签署并生效的协定有 2 个,分别是日本-蒙古国 FTA(2016 年)和 CPTPP(2018 年)。

俄罗斯与"一带一路"沿线生效的 FTA 数量达到 19 个,但目前仍然生效的数量仅为 11 个,主要集中于独联体国家、中亚等区域,包括俄罗斯-乌兹别克斯坦 FTA、俄罗斯-土库曼斯坦、俄罗斯-阿塞拜疆、格鲁吉亚-俄罗斯等,2015 年俄罗斯、白俄罗斯和哈萨克斯坦三国共同签署了欧亚经济联盟(EAEU),该协定成为俄罗斯推进区域一体化的新载体,之后,EAEU 吸收了亚美尼亚和吉尔吉斯斯坦两个新成员方。此外,EAEU 还先后与越南(2016 年)和伊朗(2019 年)签署并生效了 FTA。

二、欧美日俄在"一带一路"沿线 FTA 重点规则内容比较

(一) 货物贸易领域规则的比较

从全球 FTA 的发展趋势看,货物贸易领域的规则总体呈现趋同性

特征,这主要因为,WTO在货物贸易领域的规则协调上颇有建树,对促进全球货物贸易领域的自由化和便利化发挥了不可或缺的作用。在此基础上,全球范围内的自由贸易协定,不仅在货物贸易领域的规则框架上沿袭了WTO/GATT1994的规则体系,而且在具体规则条款的内容上,以对应的WTO规则条款为基准进行深化,由此延伸出WTO+条款(WTO深化条款),FTA中的WTO+条款大多集中于货物贸易领域(Horn等,2010)。

不过,随着全球生产分工的不断深入,中间品贸易和任务贸易成为跨境贸易的重要组成部分,FTA中的货物贸易规则中开始出现与"供应链贸易"相关的新条款。由于美欧跨国公司是全球贸易的发起者和主导者,而"供应链贸易"条款有助于促进整个供应链体系运行的效率提升,因此这些新条款率先在美国和欧盟主导的FTA中出现,典型的如修理或改变后再入境货物、再制造货物贸易、货物的临时入境等条款。此外,为支持FTA双边特定贸易领域的发展,FTA货物贸易规则领域中也出现了类似于药品贸易及相关权利、特殊经济区运营等新的规则条款(见表2-6)。

表2-6　美日欧俄与沿线国家生效FTA中的货物贸易新规则条款比较

条款领域	重点条款	主要内容	美国 美国-新加坡FTA等	日本 CPTPP等	欧盟 欧盟-越南FTA等	俄罗斯 EAEU等
供应链贸易	修理或改变后再入境的货物	出境维修返回关境免缴进口关税	是	是	是	否
	再制造货物	不得采用任何进出口限制措施	是	是	是	否
	货物的临时入境	相关货物临时免税入境	是	是	是	否
	价值可忽略的商业样品	商业样品免税入境	否	是	否	否
特定货物贸易领域	药品贸易及相关权利	给予外资企业药品进口及分销权	否	否	是	否
	特殊经济区的运营	框架性条款	否	否	否	是

注:课题组根据美国、日本、欧盟、俄罗斯与沿线国家的FTA文本整理。

1. 供应链贸易领域新条款

美国、日本和欧盟主导的"一带一路"沿线 FTA 中,都涉及供应链贸易相关的新条款,这些条款包括:修理或改变后再入境的货物、再制造货物、货物的临时入境和价值可忽略的商业样品等。

"修理或改变后再入境的货物"条款。早在 2004 年生效的美国与新加坡 FTA 中,就已纳入该条款。在美国-新加坡 FTA 中"第 2 章 国民待遇和商品市场准入"的"第 2.6 款 修理或改造后重新进口的货物(goods re-entered after repair or alteration)"中明确:"一缔约方不得对从其境内临时出口至另一方境内进行修理或改装后重新进入其境内的货物(无论其原产地为何)征收关税,无论该货物是否可以在其境内进行修理或改装;一缔约方不得对临时从另一方领土进口用于修理或改装的货物(不论其原产地)征收关税;就本条而言:(a) 修理或改装不得破坏货物的基本特性,或将其改变为不同的商业物品;(b) 将未完工产品转化为成品的操作不得视为修理或改造;(c) 部分或部分货物可能需要重新包装"①。之后,在美国-巴林 FTA、美国-阿曼 FTA 中也纳入了该条款,内容表述上高度相似。2018 年正式生效的 CPTPP 中几乎完全照搬了美式 FTA 中的"修理或改变后再入境的货物"条款。

在 CPTPP 生效之前,日本与沿线国家之间的 FTA 中均没有涉及"修理或改变后再入境的货物"条款,但在 CPTPP 中接受美式规则从而纳入该条款。俄罗斯在其 FTA 中没有纳入过该条款。与日本和俄罗斯不同的是,近年来,欧盟 FTA 中纳入了"维修货物"(repaired goods)条款,且在内容上与美式规则差异较小②,这在一定程度上反映了货物贸易领域新规则条款发展的趋同性。

"货物的临时入境"条款。美国与新加坡 FTA 中在货物贸易章节中纳入了"第 2.5 条:临时准入"(temporary admission)条款,该条款明确:"各方应给予由另一方居民进口或供另一方居民使用的下列货物免税临时入境许可:(a) 专业设备,包括软件、广播和电影设备,是根据进口国法律有资格临时入境的商人开展商业活动、贸易或职业所必需的;(b) 拟在展览会、交易会

---

① 美国-新加坡 FTA 文本,第 9 页。
② 欧盟-越南 FTA 文本,第 12-13 页。其中,与美式规则不同的是,在欧盟-越南 FTA 中提及"第 1 款(修理后重新进入其境内的货物免征关税)不适用于保税进口、进入自由贸易区或处于类似状态的货物,该货物出口用于维修,而不是保税再进口、进入自由贸易区或处于类似状态"。

或类似活动中展示或演示的货物,包括用于招揽订单的商业样品和广告片"①。该条款在之后生效的美国-巴林 FTA 中,进一步将"临时准入"的范围拓展到了"为体育目的准许入境货物"②。

类似的,俄罗斯在其 FTA 中没有纳入过该条款,日本在 CPTPP 生效之前签署的 FTA 中也没有出现过"货物临时入境条款"。与日本和俄罗斯不同的是,欧盟在其与沿线国家签署的 FTA 中纳入了"货物临时入境条款",例如在 2018 年生效的欧盟-亚美尼亚 FTA"货物贸易"(trade in goods)章的"第 119 条 货物临时准入",明确:"各方应根据对其具有约束力的临时进口货物国际协定规定的情况和程序,给予另一方临时进口货物的进口费用和关税豁免,该豁免应根据各方的法律法规适用③"。相比较看,欧盟在沿线 FTA 的"货物临时入境条款"的规则相对比较笼统,不如美式协定对应条款规定得那么细致。

"再制造货物"条款。美国在 2006 年生效的美国-巴林 FTA 中首次在货物进出口限制条款中提及"再制造货物"(remanufactured products),在该协定的"第 2.8 款 进出口限制"中,以脚注的形式明确进出口限制的相关措施也适用于再制造货物④。该条款在美式规则 CPTPP 中进一步提到细化,其中明确"为进一步明确,第 2.11 条(进口和出口限制)第 1 款适用于对再制造货物进口的禁止和限制。如一缔约方采取或维持措施禁止或限制已使用货物的进口,该缔约方不得将此类措施适用于再制造货物"。欧盟在 2018 年生效的欧盟-亚美尼亚 FTA 中纳入"再制造货物"条款,明确:"双方应给予再制造货物与新同类货物相同的待遇。一方当事人可以要求对再制造的商品贴上特定的标签,以防止欺骗消费者;为更明确起见,第 117 条第 1 款适用于对再制造货物的禁止和限制……"⑤。由此可见,欧式 FTA 和美式 FTA "再制造货物"条款在内容上有较高的相似性。相比之下,俄罗斯在其 FTA 中没有纳入过该条款,日本在 CPTPP 生效之前签署的 FTA 中也没有出现过"再制造货物"条款。

"价值可忽略的商业样品"条款。目前,在"一带一路"沿线 FTA 中,该条款仅在美式规则 CPTPP 中出现,CPTPP 中"第 2.7 条 价值可忽略的商业样品和印刷广告材料的免税入境"指出,"每一缔约方应允许自其他缔约方

---

① 美国-新加坡 FTA 文本,第 7-8 页。
② 美国-巴林 FTA 文本,第 2 章第 2 页。
③ 欧盟-亚美尼亚 FTA 文本,第 33 页。
④ 美国-巴林 FTA 文本,第 2 章第 4 页。
⑤ 欧盟-亚美尼亚 FTA 文本,第 32 页。

领土进口的价值可忽略的商业样品和印刷广告材料免税入境,无论其原产地,但可要求:(a) 此类样品的进口只是为提供自其他缔约方或非缔约方领土的货物或服务获得订单;或(b) 此类广告材料进口时每一包装所包含的每种材料不超过一份,且此类材料和包装均不是更大批量的一部分"①。相对而言,欧盟、日本(CPTPP除外)和俄罗斯均没有在沿线FTA中纳入该条款。

2. 特定货物贸易领域的新条款

围绕特定货物贸易领域的新条款主要出现于欧盟和俄罗斯与"一带一路"沿线生效的FTA中,如欧盟-越南FTA中的"药品贸易及相关权利"条款和欧亚经济联盟(EAEU)中的"特殊经济区运营"条款。

"药品贸易及相关权利"(trading rights and related rights for pharmaceuticals)条款。欧盟-越南FTA中在货物贸易章节中纳入了该条款(第2.15条),规定"越南应通过并保持适当的法律文书,允许外国制药公司设立外商投资企业,以进口已获得越南主管当局销售许可的药品。在不影响附件8-B(越南具体承诺清单)所列越南时间表的情况下,允许此类外商投资企业向有权在越南分销药品的分销商或批发商销售其合法进口的药品。其中的外商投资企业可以:(a)建立自己的仓库,储存根据卫生部或其继任者颁布的条例合法进口到越南的药品;(b) 根据卫生部或其继任者以及越南其他主管当局颁布的条例,向保健专业人员提供他们合法进口到越南的药品的相关信息;和(c)根据附件2-c(药品/医药产品和医疗器械)第3条(国际标准)以及卫生部或其继任者发布的法规进行临床研究和试验,确保他们合法进口到越南的药品适合国内消费"。欧盟-越南FTA中纳入该条款的原因在于,越南从欧盟的药品进口额占其药品进口额的近一半,欧盟药品在越南市场展占压倒性地位的原因是大多数从欧盟进口的药品都是难以代替的特别药物和越南企业没有能力生产的专利药品②。

"特殊经济区的设立与运营",即establishment and functioning of free (special) economic zones and free warehouses)条款。欧亚经济联盟(EAEU)在"第六节 关税同盟的运作第27款-自由(特别)经济区和自由仓库的建立和运作③"中明确,为促进成员国的社会和经济发展,吸引投资,建立和发展基于新技术的产业,发展运输基础设施,应在成员国自由(特别)经

---

① CPTPP文本,第5页。
② 《越南与欧盟自由贸易协定》生效,大量欧洲药品涌入越南,https://www.163.com/dy/article/G54VMB740544SCYR.html。
③ 欧亚经济联盟(EAEU)文本,第20页。

济区(SEZ)和自由仓库的领土内建立旅游和健康度假区及其他目的地,并发挥其功能。自由(特别)经济区和自由仓库的建立和运作条件由欧亚经济联盟框架内的国际协定规定。

(二) 服务贸易领域规则的比较

从全球FTA的内容来看,FTA中的服务贸易规则通常包括:架构、范围、受益方、核心义务、灵活规定、国内规制、组织条款和其他条款等八大领域(Latrille和Lee,2012)。服务贸易规则的架构(architecture),一般涉及承诺时间表、服务提供模式、投资章节与服务章节之间的联系和特定部门规则。服务贸易规则的范围(scope),通常包括增加承诺的部门和承诺排除的部门,以及增加和排除的措施和/或政策。服务贸易规则的受益方(beneficiaries),通过原产地规则、模式4条款和永久居留权规定等进行明确。服务贸易规则的核心义务(core obligations),涉及市场准入、国民待遇、业绩禁止、本地存在和高管董事会成员国籍、现状义务/棘轮义务等条款。服务贸易规则的放任条款/灵活条款(permissive provisions),包含最惠国待遇义务、紧急保障、保障国际收支的限制、促进发展规定等条款。服务贸易规则的国内规制(domestic regulation)涉及国内规制、透明度和提前通知、承认等三类条款。服务贸易规则的组织条款(institutional provisions)涉及专门委员会和小组委员会、其他创造性透明度条款、修改时间表的程序/未来谈判和争端解决机制条款。服务贸易规则的其他条款(other provisions),涉及一般例外、安全例外和跨境数据流动等条款(见表2-7)。

表2-7　　　　　　　　FTA中的服务贸易规则分类

领域	条款类别(1)	条款类别(2)	条款类别(3)	条款类别(4)
架构	承诺时间表	提供模式	投资章与服务章的联系	特定部门规则
范围	增加的部门	排除的部门	增加的措施和/或政策	排除的措施和/或政策
受益方	原产地规则	模式4条款	永久居留权规定	—
核心义务	市场准入	国民待遇	业绩禁止,本地存在和高管董事会成员国籍	现状义务/棘轮义务
灵活规定	最惠国待遇义务	紧急保障	保障国际收支的限制	促进发展规定

(续表)

领域	条款类别(1)	条款类别(2)	条款类别(3)	条款类别(4)
国内规制	国内规制	透明度和提前通知	承认	—
组织条款	专门委员会和小组委员会	其他创造性透明度条款	修改时间表的程序/未来谈判条款	争端解决
其他条款	一般例外	安全例外	跨境数据流动	—

注：在 Latrille P. 和 Lee J. (2012)基础上整理和修改。

与现有 GATS 相比，欧美日俄等国家在"一带一路"沿线主导的 FTA 中纳入了 GATS＋(GATS 深化)和 GAT-X(GATS 超越)条款，从而提升了"一带一路"沿线 FTA 在服务贸易规则的总体水平。以下将围绕服务贸易领域的几个重点条款对欧美日俄等国在"一带一路"的 FTA 进行比较(见表 2-8)。

1. 服务的核心义务：市场准入比较

服务的市场准入上，欧美日俄的 FTA 在内容上存在明显差异，可能遵循 GATS＋或 GATS-X 两种路径。首先，关于市场准入义务的界定，日本(CPTPP 除外)和俄罗斯与"一带一路"沿线的 FTA 中主要采用 GATS 的界定，即包含 6 项禁止的市场准入限制；美国与"一带一路"沿线的 FTA 中，采用 NAFTA 的界定，即采用 5 项禁止的市场准入限制措施口径，不包含外国股权限制；欧盟与"一带一路"沿线的 FTA 中，则采用其他的模式(既非 GATS 也非 NAFTA)。

其次，关于市场准入开放或保留采用的方式上，美国在"一带一路"沿线的 FTA 中对服务贸易采用了负面清单模式，日本在其双边签署的 FTA 中均采用正面清单模式，但 CPTPP 继承了美式规则，因此后者采用了负面清单模式。欧盟在"一带一路"沿线的 FTA 中都对服务贸易采用了正面清单模式。而俄罗斯在其主导的欧亚经济联盟中对服务贸易也采用了负面清单的模式。

最后，关于服务贸易市场准入的结构安排上，美国主导的协定中，关于跨境服务贸易的章节采用了 NAFTA 模式，即跨境服务包含服务贸易模式 M1、M2 和 M4，另外加上关于投资的一章(涉及 M3)和关于人员流动的其他附件/章节，CPTPP 作为美式规则的继承，也采用了该模式；日本签署的双边 FTA 中以及俄罗斯主导的欧亚经济联盟中，将所有四种服务提供模式都包含在一个独立的章节(加上 M4 的附件)，另外再附加一个的投资章节/协议；欧盟主导的协定中，将跨境服务贸易(M1 和 M2)、投资章节(M3)和人员流动章节(M4)置于同一个章节，但分别表述。

第二章 "一带一路"FTA规则的进展 | 059

表2-8 美欧日俄在"一带一路"FTA服务贸易领域规则比较

领域	条款内容	类型	US-Bahrain	US-Oman	US-Singapore	TPP	India-Japan	Japan-Mongolia	Japan-Viet Nam	EU-Georgia	EU-Ukraine	EU-Viet Nam	Eurasian Economic Union (EAEU)
市场准入	"市场准入义务是如何定义的?" A:根据《服务贸易总协定》的定义(参照6项禁止的市场准入限制);B:根据美国自由贸易协定定义,不包含外国股权限制;C:其他(没有关于市场准入的规定;或使用了不同的定义;或其他原因)	GAT+; GATS-X	B	B	B	B	A	A	A	C	A	C	A
市场准入	对于受计划/保留(即市场准入)约束的部门,遵循的方法是什么? A:正面清单(如《服务贸易总协定》);B:负面清单(如NAFTA);C:其他(包括根据纪律的不同,前几项的组合,例如对MA的肯定列表和NT的负面列表):如果C,请在评论中给出详细信息	GAT+; GATS-X	B	B	B	B	A	A	A	A	A	A	B
市场准入	本协议中的服务贸易结构如何: A:所有4种模式都包含在一个独立的章节(加上关于M4的附件,如GATS中所述)?B:所有4种模式包含在一个独立的章节(加上M4的附件)和一个附加的投资章节(协议中,C.关于跨境服务贸易的章节(如NAFTA中的M1、M2和M3),加上关于投资的一章(涉及M3)服务贸易的其他附件/章节。D.关于跨境服务贸易,加上投资章节(M1和M2),再加上人员流动章节(M3),再加上人员流动章节(M4)。	GAT+; GATS-X	C	C	C	C	B	B	B	D	D	D	B

(续表)

领域	条款内容	类型	US-Bahrain	US-Oman	US-Singapore	TPP	India-Japan	Japan-Mongolia	Japan-Viet Nam	EU-Georgia	EU-Ukraine	EU-Viet Nam	Eurasian Economic Union (EAEU)
最惠国待遇	协定/服务章节是否包含最惠国待遇条款?	GATS+	1	1	1	1	1	1	1	1	1	1	1
国民待遇	是否包含国民待遇义务?	GATS+	1	1	1	1	1	1	1	1	1	1	1
当地存在	该协议是否禁止当地存在的要求,作为跨境提供服务的先决条件?	GATS-X	1	1	1	1	NA	0	NA	NA	NA	NA	0
本地内容相关业绩要求	本协议是否包含不适用本地内容相关业绩要求的义务?	GATS-X	0	1	1	1	NA	NA	NA	NA	NA	NA	0
技术转让相关业绩要求	该协议是否包含不适用技术转让相关业绩要求的义务?请就具体行业提出意见	GATS-X	0	1	1	1	NA	NA	NA	NA	NA	NA	0
高管董事成员相关要求	高级管理人员和/或董事会成员是否有不要求国籍或居住要求的一般或行业特定义务?	GATS-X	0	1	1	1	NA	NA	NA	NA	NA	NA	0
争端解决	"请说明以下哪项争端解决条款适用于服务协议? A.国家争端解决;B.投资者和国家争端解决机构;C.两者	GATS-X	C	C	C	C	C	C	A	A	A	A	C
棘轮条款	该协议是否包含棘轮条款——意味着所有单边自由化都受到法律约束?	GATS-X	1	1	1	1	0	0	0	0	0	0	0

第二章 "一带一路"FTA规则的进展　061

（续表）

领域	条款内容	类型	US-Bahrain	US-Oman	US-Singapore	TPP	India-Japan	Japan-Mongolia	Japan-Viet Nam	EU-Georgia	EU-Ukraine	EU-Viet Nam	Eurasian Economic Union (EAEU)
国内规制	是否有规定要求缔约方主管当局将有关申请的决定通知申请人？	GATS+	1	1	1	1	1	1	1	1	1	1	1
国内规制	请说明上述纪律的性质：A.一般义务和强制性 B.受限制或保留的义务 C.一般义务，但最大努力性质 D.自愿义务	GATS+	A	A	A	A	A	A	A	A	A	A	A
国内规制	是否要求主管当局在一定期限内作出许可决定？	GATS-X	1	1	1	1	1	1	1	1	1	1	1
国内规制	请说明上述纪律的性质：A.一般义务和强制性 B.受限制或保留的义务 C.一般义务，但最大努力性质 D.自愿义务	GATS-X	A	A	A	A	A	A	A	A	A	A	A
国内规制	该协议是否包含有关资格、许可和技术标准的规定？	GATS+	1	1	1	1	1	1	1	1	1	1	0
国内规制	如果是，这些措施（资格，许可和技术标准）是否需要进行"必要性测试"？	GATS-X	1	1	0	0	0	0	1	1	0	1	A
国内规制	是否有规定要求缔约方主管当局提供有关申请状态的信息？	GATS+	1	1	1	1	1	1	1	1	1	1	1

（续表）

领域	条款内容	类型	US-Bahrain	US-Oman	US-Singapore	TPP	India-Japan	Japan-Mongolia	Japan-Viet Nam	EU-Georgia	EU-Ukraine	EU-Viet Nam	Eurasian Economic Union (EAEU)
国内规制	请说明上述纪律的性质：A.一般义务和强制性 B.受限制或保留的义务 C.一般义务,但最大努力性质 D.自愿义务	GATS+	A	A	A	A	A	A	A	A	A	A	A
承认	协议是否包含相互承认的条款？	GATS+	1	1	1	1	1	1	1	1	1	1	1
承认	请说明上述纪律的性质：A.一般义务和强制性 B.受限制或保留的义务 C.一般义务,但最大努力性质 D.自愿义务	GATS+	D	D	A	C	D	D	D	C	C	C	D
自然人流动附件	是否有明确自然人流动范围的具体规定（例如,关于商业人员临时流动的章节/附件）？	GATS+	0	0	1	1	1	1	1	1	1	1	0
自然人流动附件	如果是,关于自然人流动的章节/附件是否涵盖特定类别的专业人员？（例如建筑师,律师和会计师）？	GATS-X	NA	NA	1	1	0	0	0	0	1	1	0
垄断和专营服务	该协议是否包含约束垄断企业的条款？	GATS+	0	0	1	1	1	1	1	1	1	0	1
垄断和专营服务	如果是,它是否包含了 A.保护外国供应商的利益、B.保护消费者的利益？	GATS+	NA	NA	B	B	A	A	A	A	A	NA	A

（续表）

领域	条款内容	类型	US-Bahrain	US-Oman	US-Singapore	TPP	India-Japan	Japan-Mongolia	Japan-Viet Nam	EU-Georgia	EU-Ukraine	EU-Viet Nam	Eurasian Economic Union (EAEU)
组织条款	"协议是否包含要求采取必要监管措施以实现合法目标的条款？"A. 没有；B. 仅限于资格、许可和技术标准；C. 适用于所有类型的法规	GATS+	B	A	A	B	B	B	B	B	B	B	A
保障国际收支限制	是否有允许采取措施应对国际收支困难的规定？	GATS+	0	0	0	0	1	1	1	1	1	0	1
紧急措施保障	是否有允许在特定部门和/或模式下采取紧急措施的规定？	GATS+	0	0	0	0	0	1	1	0	1	0	0
金融、电信附件	是否有特定于行业的章节（如金融服务、电信）？请在评论中列出这些部门（请在后续问题中也考虑这些）。	GATS+	1	1	1	1	0	0	0	1	1	1	0
其他	协议是否包括一般例外情况？（GATS第十四条清单）如果是，请列出超出GATS第十四条清单的一般例外情况。	GATS+	1	1	1	1	1	1	1	1	1	1	1
其他	该协议是否允许安全例外？	GATS+	1	1	1	1	1	1	1	1	1	1	1
其他	是否有其他条款涵盖新问题（即跨境数据流）？	GATS-X	1	0	0	1	0	1	0	1	1	0	0

数据来源：根据世界银行 DEEP TRADE AGREEMENTS Data, Tools and Analysis 数据库，重新整理和更新。

2. 服务的其他核心义务比较

国民待遇条款(GTAS+)。美欧日俄在"一带一路"的 FTA 中均纳入服务的国民待遇条款,这些协定或重申了 GATS 下的国民待遇条款,或是在 GATS 国民待遇条款基础上进一步深化。根据 GATS 第 17 条"国民待遇"条款,"对于列入减让表的部门,在遵守其中所列任何条件和资格的前提下,每一成员在影响服务提供的所有措施方面给予任何其他成员的服务和服务提供者的待遇,不得低于其给予本国类似服务和服务提供者的待遇"。美式 FTA 和欧式 FTA 将国民待遇的适用,从"类似服务和类似服务提供者",拓展到"类似情况",适用情形明显扩大。例如,CPTPP 第 10.3 条"国民待遇"规定,"各缔约方应给予另一缔约方的服务和服务提供者不低于其在类似情况下给予本国服务和服务提供者的待遇"①;再如欧盟-越南 FTA 第 8.5 条"国民待遇"规定,"一方应给予另一方投资者及其企业在这些企业的经营方面不低于在类似情况下给予其本国投资者及其企业的待遇"②。

当地存在条款(GTAS-X)。当地存在(local presence)条款没有在 GATS 框架下纳入,因此属于超越 GATS 条款。该条款只在美式 FTA 中出现,如 CPTPP"第 10.6 条 当地存在"规定,"任何缔约方不得要求另一缔约方的服务提供者在其领土内设立或维持办事处或任何形式的企业或成为居民,作为跨境提供服务的条件"③;此外,美国-新加坡 FTA、美国-巴林 FTA 和美国-阿曼 FTA 中也纳入该条款,这充分反映了美国在数字服务出口领域的强大国际竞争力和利益诉求。

业绩要求条款(GTAS-X)。由于投资与服务的交叉性,业绩要求(performance requirements)条款一般被纳入到投资章节(如有),如在 CPTPP 第 9 章第 9.10 条业绩要求规定,"缔约方均不得对一缔约方或一非缔约方的投资者在其领土内的投资,在设立、获取、扩大、管理、经营、运营、出售或其他处置方面,强加或强制执行下列要求,或强制要求其进行下列承诺或保证:(a) 出口规定水平或比例的货物或服务;(f) 向其领土内的人员转让特定技术、生产方法或其他专有知识"④。类似的,美国-新加坡 FTA 和美国-阿曼 FTA 中也纳入了该条款。日本、欧盟和俄罗斯在"一带一路"沿线 FTA 中均没有纳入该条款。

---

① CPTPP 文本,第 4 页。
② 欧盟-越南 FTA 文本,第 50 页。
③ CPTPP 文本,第 5 页。
④ CPTPP 文本,第 12 页。

高管及董事会成员条款(GTAS-X)。高管及董事会成员(senior management and boards of directors)条款,一般也被纳入到投资章(如有)以及金融等特定章节,如在CPTPP投资章"第9.11条业绩要求"规定,"缔约方不得要求作为涵盖投资的该缔约方的企业任命具有特定国籍的自然人担任高级管理职务。一缔约方可要求作为涵盖投资的该缔约方的企业的董事会或董事会的任何委员会的多数人员具有特定国籍或为该缔约方领土内的居民,只要此要求不实质性损害该投资者控制其投资的能力";同时,在CPTPP金融服务章节中,也纳入"高管及董事会成员"条款(第11.9款)①。此外,美国-新加坡FTA和美国-阿曼FTA中也纳入该条款。但是,在日本(CPTPP除外)、欧盟②和俄罗斯主导的"一带一路"沿线FTA中没有专门设立该条款。

棘轮机制条款(GTAS-X)。棘轮机制(ratchet mechanism)条款,主要出现于美式协定中,一般与保留及不符措施共同出现,对一国监管框架的稳定性、预见性提出了更高的要求。例如,CPTPP投资章和金融服务章节的附件③中,提出了不符措施棘轮机制。此外,美国-新加坡FTA、美国-巴林FTA和美国-阿曼FTA中也纳入了该条款,体现了美式规则对服务监管政策可预见性的重点关注。

3. 服务争端解决的比较

服务的争端解决一般包括:国家争端解决(state-state dispute settlement);投资者-国家争端解决(investors-state dispute settlement)和同时纳入两者等三种模式。从美欧日俄等国主导的"一带一路"沿线FTA服务争端解决机制来看,美国签署的所有FTA以及日本在签署的部分FTA,对服务的争端解决采用了同时纳入国家争端解决和投资者-国家争端解决的模式。例如,美国-新加坡FTA,在第15章投资章中的C部分中纳入专门的投资-国家争端解决部分④;如日本-印度FTA,在第9章投资章第96款中纳入了投资-国家争端解决机制⑤。此外,俄罗斯主导的欧亚经济联盟(EAEU)中也采用了同时纳入国家争端解决和投资者-国家争端解决的模式。根据EAEU的文本附件16"服务贸易、机构、活动和投资议定书",其中

---

① CPTPP文本,第9页。
② 欧盟FTA中关于高管人员的表述,仅在自然人流动章节中涉及高管人员的入境及停留时间的规定。
③ CPTPP文本,第48页;第53页。
④ 美国-新加坡FTA文本,第166页。
⑤ 日本-新加坡FTA文本,第89页。

的"投资争端解决程序"部分中纳入了投资者-国家争端解决机制①。相对而言,欧盟在"一带一路"沿线的 FTA 中,针对投资和服务章节主要采用国家争端解决的模式。

4. 国内规制条款的比较

美欧日俄与"一带一路"生效的 FTA 在国内规制(domestic regulation)方面体现出高度的相似性,均包含"是否有规定要求缔约方主管当局将有关申请的决定通知申请人?""是否要求主管当局在一定期限内作出许可决定?""该协议是否包含有关资格、许可和技术标准的规定?""是否有规定要求缔约方主管当局提供有关申请状态的信息?"等主要条款,这表明"一带一路"沿线国家在服务贸易领域国内规制上呈现出一致性趋势。这种趋势与 WTO 框架下的服务贸易规则发展相吻合,2021 年 12 月 2 日,67 个 WTO 成员通过了《服务贸易国内监管联合倡议》(*Joint Initiative on Services Domestic Regulation*),旨在提高服务商在国外市场的业务透明度、可预测性和效率,其中涉及"一带一路"沿线的国家有 26 个,包括:阿尔巴尼亚、巴林、保加利亚、克罗地亚、捷克、爱沙尼亚、希腊、匈牙利、以色列、哈萨克斯坦、拉脱维亚、立陶宛、摩尔多瓦、黑山、北马其顿、菲律宾、波兰、罗马尼亚、俄罗斯、沙特、新加坡、斯洛伐克、斯洛文尼亚、泰国、土耳其、乌克兰②。

本 章 小 结

与全球 FTA 的发展路径相似,"一带一路"沿线国家自 20 世纪 90 年代后加快了签署 FTA 的步伐,特别是中东欧区域和东南亚区域国家在参与 FTA 的数量上明显超过其他沿线区域。

"一带一路"沿线国家不仅在参与 FTA 的数量上快速增加,而且在 FTA 规则的内容深度上不断提升。不管在 WTO＋条款还是 WTO-X 条款领域,沿线国家的条款覆盖领域和具有法律约束力的条款比重都在明显提高;不过,WTO＋条款的平均覆盖率仍然大大超过 WTO-X 条款。同时,65 个沿线国家已生效协定在规则深度上存在异质性。

美国、欧盟、日本和俄罗斯等主要经济体在"一带一路"沿线的 FTA 规则上具有比较广泛的影响力。在货物贸易领域,尽管欧美日俄在"一带一

---

① EAEU 文本,第 311 页。
② 参见:https://www.wto.org/english/tratop_e/serv_e/jsdomreg_e.htm#ftnte。

路"沿线的FTA上有趋同性特征,但与俄罗斯相比,欧美日FTA在供应链贸易等新规则条款上有了重要进展;服务贸易方面,美国和日本在"一带一路"沿线FTA的规则深度要高于欧盟和俄罗斯。

第三章

"一带一路"FTA网络结构特征及影响因素

"一带一路"沿线FTA网络从20世纪90年代的局域分散式简单网络，逐步演变成当今的全局交叠式复杂网络。欧盟所在子群成为在沿线FTA网络中处于绝对的核心地位，其与其他大多数子群均存在紧密联系，形成了"核心-边缘"结构，中国与东盟、日本、澳大利亚等经济体形成了紧密的子群关系。基于QAP的矩阵回归分析表明，地理距离、共同语言、经济规模差异和要素禀赋差异等是影响"一带一路"沿线FTA网络结构形成的重要因素。

第一节 "一带一路"沿线FTA网络的密度变化

近三十年来，"一带一路"沿线FTA网络的变化趋势与全球FTA网络演变趋势基本吻合，沿线国家通过参与双边FTA和区域经济一体化的形式逐步形成紧密的FTA网络体系。

一、"一带一路"沿线FTA网络的构建

"一带一路"本质上是一个开放的国际合作网络，为了便于研究，我们采用目前主流学界认可的"一带一路"沿线涵盖65国的口径。据此口径，"一带一路"沿线共生效了234个FTA（数据截至2020年1月1日）；其中涉及"一带一路"沿线内部国家之间的FTA共111个，涉及"一带一路"沿线与非"一带一路"沿线的国家共123个。"一带一路"沿线FTA网络中，总共涉及159个国家和地区，其中除东帝汶以外64个"一带一路"沿线国家都参与了FTA网络，涉及沿线外的国家和地区有95个。由于欧盟国家经济一体化程度较高，在签订FTA方面始终保持一致性，因此在后文的分析中，将把欧盟视为一个整体。

本书使用的各年份"一带一路"沿线FTA网络，是基于WTO-RTAs数据库构建的。原始数据主要包含FTA编号、FTA名称、FTA类型、生效时间、参与国等28个变量。在构建网络数据时，需要将每个FTA的参与国家

之间的双边关系进行组合,得到包含 FTA 编号、参与国 1、参与国 2、双边生效时间、双边失效时间等信息的双边关系数据库。根据需要,也可以通过 FTA 编号匹配将 FTA 深度赋予给该 FTA 产生的每一对双边关系。通过生效时间和生效时间便可以确定每一年的 FTA 网络所包含的节点和关系。

二、"一带一路"沿线 FTA 网络的密度变化

20 世纪 90 年代以后,随着"一带一路"沿线国家参与 FTA 数量的不断增加,"一带一路"沿线 FTA 网络结构逐步形成,且网络节点之间的 FTA 联系日益紧密,这可以通过网络密度指标的变化体现。网络密度是表示各节点成员联系紧密度的指标,网络密度越大,该网络对其中节点成员行为所产生的影响就越大(Wasserman 和 Faust,1994;Lusher 等,2014 等)。在一个包含 n 个节点的网络中,网络可能包含的关系总数理论上的最大值为 $n(n-1)/2$,假设实际上网络包含的关系数是 m,则该网络的密度是"实际关系数"除以"理论上最大的关系数",即 $2m/n(n-1)$。网络密度取值在 $[0,1]$,越接近于 1 表示网络密度越大,越接近于 0 表示网络密度越小。为了使每一年的 FTA 网络密度具有可比性,网络中的节点数 n 以 2021 年网络为基准。

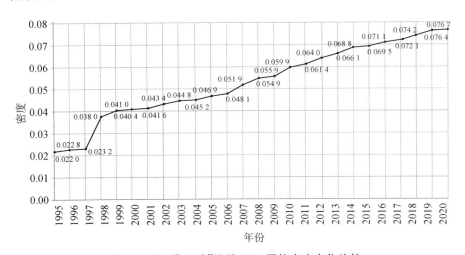

图 3-1 "一带一路"沿线 FTA 网络密度变化趋势

注:图中原始数据来自 WTO RTA 数据库,图片使用 Tableau10.5 绘制。

如图 3-1 所示,"一带一路"沿线 FTA 网络密度呈现逐年上升趋势。经笔者计算,1995 年,"一带一路"FTA 网络中存在 9 个 FTA,形成了 386 个双

边国家关系,网络密度为 0.022 0;2001 年共生效了 69 个 FTA,形成了 730 个双边国家关系,网络密度为 0.041 6;2012 年,沿线 FTA 网络更加紧密,共生效了 163 个 FTA,形成了 1 124 个双边国家关系,网络密度提高到 0.064 0;截至 2021 年 1 月 1 日,沿线累计生效 FTA 共 234 个,形成 1 346 个双边国家关系,网络密度达到 0.076 7。

为了更清楚地了解 FTA 网络整体结构特征及动态变化,本书使用网络可视化软件 Gephi 对 FTA 网络数据进行可视化处理。图 3-2、图 3-3 和图 3-4 分别展示了 2001 年、2012 年和 2020 年"一带一路"沿线 FTA 网络图。图中,圆点表示国家或地区。网络图的结构布局基于软件自带的"Fruchterman Reingold"布局自动生成,该布局可以很好地展现区域集聚和中心边缘结构。2001 年,"一带一路"沿线 FTA 整体网络还比较松散,东南

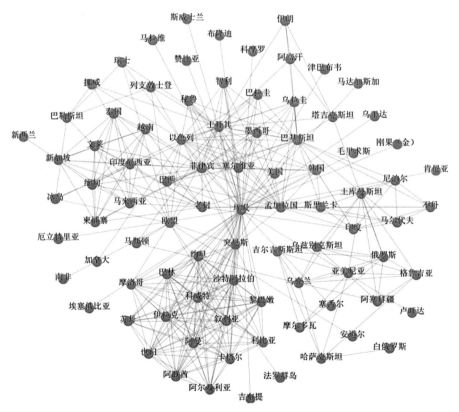

图 3-2　2001 年"一带一路"沿线 FTA 网络图

注:图中原始数据来自 WTO RTA 数据库,图片使用 Gephi0.9.2 绘制。

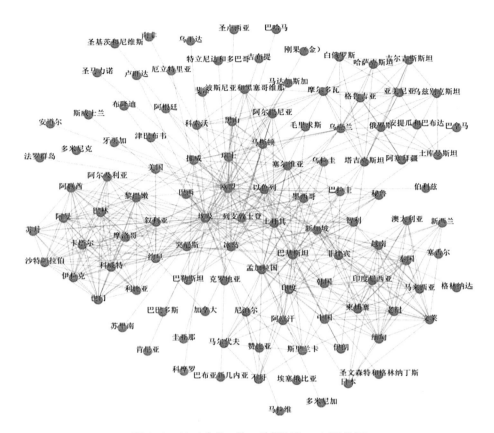

图 3-3 2012 年"一带一路"沿线 FTA 网络图

注：图中原始数据来自 WTO RTA 数据库，图片使用 Gephi0.9.2 绘制。

亚、中东和独联体国家各自形成了相对紧密的子群。2012 年，"一带一路"沿线 FTA 整体网络已基本形成，但是区域集群特征依然明显，欧盟、东盟、独联体和海合会等区域组织的内部联系显著大于"一带一路"沿线总体水平。在各区域子群之间，埃及、土耳其、韩国和塞尔维亚起到重要链接作用。到 2021 年初，"一带一路"沿线 FTA 整体网络更加紧密，其中埃及、新加坡、越南和欧盟国家更倾向于与沿线外国家或地区签订 FTA，逐步成为"一带一路"沿线 FTA 网络的中心，而独联体国家和海湾国家则更倾向与沿线内国家或地区达成协定，处于网络外围。

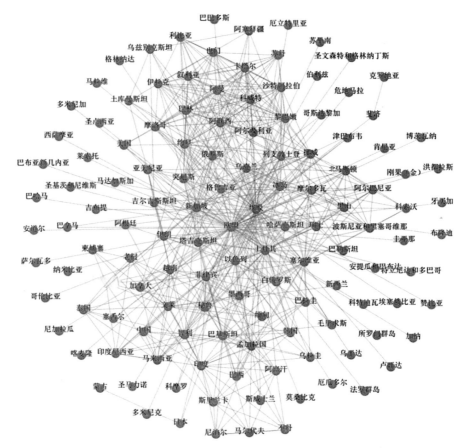

图 3-4　2020 年"一带一路"沿线 FTA 网络图

注：图中原始数据来自 WTO RTA 数据库，图片使用 Gephi0.9.2 绘制。

第二节　"一带一路"沿线 FTA 网络的凝聚子群分析

凝聚子群(cohesive subgroup)分析是反映网络结构的重要方法，其目的是揭示网络节点之间实际存在的或者潜在的关系。当网络中某些行动者之间的关系特别紧密，以至于结合成一个次级团体时，社会网络分析称这样的团体为凝聚子群。如果该网络存在凝聚子群，并且凝聚子群的密度较高，说明处于这个凝聚子群内部的这部分行动者之间联系紧密，在信息分享和合作方面交往频繁。

派系是基于互惠性考量的凝聚子群概念。在一个网络中,派系定义为至少包含三个网络节点的最大完备子群。在这个子群内任何两点之间都直接相连,并且子群外部不存在与每个内部节点都直接相连的点。由于基于互惠性的派系只能分析二值网络,为了获取更有价值的分析结果,本书以"一带一路"沿线 FTA 协定深度加权网络为基础,采用平均 FTA 规则深度 20 作为阈值①对上述网络作二值化处理。也就是说,只有国家之间签署的协定大于网络中的平均深度时,我们才认为这个关系是有效的。

派系分析结果显示,2001 年"一带一路"沿线 FTA 网络中一共形成了 5 个派系,具体构成如表 3-1 所示。

表 3-1　　　　　　2001 年"一带一路"沿线 FTA 网络派系构成

派系	国家或地区	大洲
派系 1	欧盟、以色列、列支敦士登、土耳其	欧洲、亚洲
派系 2	欧盟、以色列、挪威、土耳其	欧洲、亚洲
派系 3	欧盟、冰岛、以色列、土耳其	欧洲、亚洲
派系 4	阿塞拜疆、格鲁吉亚、土库曼斯坦、乌兹别克斯坦	亚洲
派系 5	瑞士、以色列、土耳其	欧洲、亚洲

注:表格内容由社会网络分析软件 Ucinet6 分析计算得到,并由笔者整理汇总。原始数据来自 WTO RTA 数据库。

其中,前三个派系形成是因为子群内国家签订了欧洲自由贸易区(EFTA)-土耳其、欧洲自由贸易区(EFTA)-以色列、欧洲经济区(EEA)、欧盟-土耳其、土耳其-以色列和欧盟-以色列 6 个自由贸易协定。值得注意的是,欧洲自由贸易区(EFTA)四个成员国不在一个子群的原因是欧洲自由贸易区(EFTA)协定本身并不算做"一带一路"沿线 FTA 网络。第五个派系中,瑞士作为欧洲自由贸易区的一员与以色列和土耳其签订了自由贸易协定,但是并没有参与欧洲经济区(EEA),因此在包含瑞士的派系中没有欧盟。派系 4 的形成是因为阿塞拜疆、格鲁吉亚、土库曼斯坦和乌兹别克斯坦是独立国家联合体(CIS)的最初签约国,并且该协定深度为 22,超过了沿线 FTA 网络的平均水平。

从参与派系的国家角度来看,以色列和土耳其分别参与 4 个派系,欧盟

---

① 注:此处的规则深度量化与第二章的口径相同,沿用 Damuri(2012)界定的 18 个核心条款的量化方法,采用是否覆盖该条款并考虑其是否具有法律力的方式进行量化。

参加3个派系,欧洲自由贸易联盟成员国和独联体成员国分别参与1个派系(见表3-2)。

表3-2　2001年"一带一路"沿线FTA网络中国家(或地区)参与派系情况

国家或地区	大洲	参与派系数量
以色列	亚洲	4
土耳其	亚洲	4
欧盟	欧洲	3
阿塞拜疆	亚洲	1
瑞士	欧洲	1
格鲁吉亚	亚洲	1
冰岛	欧洲	1
列支敦士登	欧洲	1
挪威	欧洲	1
土库曼斯坦	亚洲	1
乌兹别克斯坦	亚洲	1

注:表格内容由社会网络分析软件Ucinet6分析计算得到,并由笔者整理汇总。原始数据来自WTO RTA数据库。

2012年"一带一路"沿线FTA网络中一共形成了35个派系,派系具体构成如表3-3所示。

表3-3　　2012年"一带一路"沿线FTA网络派系构成

派系	国家或地区	大洲
派系1	阿塞拜疆、格鲁吉亚、土库曼斯坦、乌兹别克斯坦	亚洲
派系2	新加坡、文莱、日本	亚洲
派系3	新加坡、文莱、韩国	亚洲
派系4	新加坡、印度、韩国	亚洲
派系5	新加坡、印度、日本	亚洲
派系6	欧盟、阿尔巴尼亚、黑山、塞尔维亚、北马其顿、波黑	欧洲
派系7	欧盟、阿尔巴尼亚、黑山、塞尔维亚、北马其顿、挪威	欧洲

(续表)

派系	国家或地区	大洲
派系 8	欧盟、阿尔巴尼亚、黑山、塞尔维亚、列支敦士登、北马其顿	欧洲
派系 9	欧盟、阿尔巴尼亚、黑山、塞尔维亚、冰岛、北马其顿	欧洲
派系 10	阿尔巴尼亚、黑山、塞尔维亚、北马其顿、瑞士	欧洲
派系 11	阿尔巴尼亚、黑山、塞尔维亚、北马其顿、波黑、摩尔多瓦、科索沃	欧洲
派系 12	欧盟、阿尔巴尼亚、黑山、塞尔维亚、土耳其、波黑	欧洲、亚洲
派系 13	欧盟、阿尔巴尼亚、黑山、塞尔维亚、土耳其、挪威	欧洲、亚洲
派系 14	欧盟、阿尔巴尼亚、黑山、塞尔维亚、土耳其、冰岛	欧洲、亚洲
派系 15	欧盟、阿尔巴尼亚、黑山、塞尔维亚、土耳其、列支敦士登	欧洲、亚洲
派系 16	欧盟、土耳其、冰岛、以色列	欧洲、亚洲
派系 17	欧盟、土耳其、列支敦士登、以色列	欧洲、亚洲
派系 18	欧盟、土耳其、挪威、以色列	欧洲、亚洲
派系 19	欧盟、冰岛、约旦	欧洲、亚洲
派系 20	欧盟、列支敦士登、约旦	欧洲、亚洲
派系 21	欧盟、挪威、约旦	欧洲、亚洲
派系 22	欧盟、冰岛、黎巴嫩	欧洲、亚洲
派系 23	欧盟、列支敦士登、黎巴嫩	欧洲、亚洲
派系 24	欧盟、挪威、黎巴嫩	欧洲、亚洲
派系 25	白俄罗斯、哈萨克斯坦、俄罗斯、乌克兰	欧洲、亚洲
派系 26	阿尔巴尼亚、黑山、塞尔维亚、土耳其、瑞士	欧洲、亚洲
派系 27	土耳其、以色列、瑞士	欧洲、亚洲
派系 28	新加坡、文莱、智利	南美洲、亚洲
派系 29	新加坡、文莱、澳大利亚	大洋洲、亚洲
派系 30	新加坡、文莱、新西兰	大洋洲、亚洲
派系 31	欧盟、冰岛、埃及	非洲、欧洲
派系 32	欧盟、列支敦士登、埃及	非洲、欧洲

（续表）

派系	国家或地区	大洲
派系 33	欧盟、挪威、埃及	非洲、欧洲
派系 34	欧盟、土耳其、智利	南美洲、欧洲、亚洲
派系 35	欧盟、土耳其、摩洛哥	非洲、欧洲、亚洲

注：表格内容由社会网络分析软件 Ucinet6 分析计算得到，并由笔者整理汇总，原始数据来自 WTO RTA 数据库。

从区域角度来看，派系1到派系5都是亚洲国家形成的子群，2012年区域内生效的高标准协定主要有：独立国家联合体(CIS)、日本-新加坡、印度-新加坡、韩国-新加坡、日本-马来西亚、日本-泰国、巴基斯坦-马来西亚、日本-印度尼西亚、文莱-日本、东盟-日本、日本-菲律宾、中国-新加坡、日本-越南、东盟-韩国、韩国-印度和印度-日本。派系6到派系11都是欧洲国家形成的子群，2012年区域内生效的高标准协定主要有：欧洲自由贸易联盟-土耳其、欧洲经济区(EEA)、欧盟-土耳其、欧盟-北马其顿、欧洲自由贸易联盟-北马其顿、土耳其——波黑、共同经济区(CEZ)、欧盟-阿尔巴尼亚、中欧自由贸易区协定(CEFTA)、欧盟-黑山、土耳其-阿尔巴尼亚、欧盟-波黑、欧盟-塞尔维亚、土耳其-黑山、土耳其-塞尔维亚、欧洲自由贸易区-塞尔维亚、欧洲自由贸易区-阿尔巴尼亚、欧洲自由贸易区-乌克兰以及欧洲自由贸易联盟-黑山（见表3-4）。派系12到派系27都是亚洲国家和欧洲国家形成的子群，这也形成派系最多的区域。2012年欧洲和亚洲之间生效的高标准协定主要有：欧洲自由贸易区-以色列、土耳其-以色列、欧盟-以色列、欧盟-约旦、欧洲自由贸易区-约旦、欧洲自由贸易区-新加坡、欧盟-黎巴嫩、土耳其-巴勒斯坦、欧洲自由贸易联盟-黎巴嫩、土耳其-叙利亚以及欧盟-韩国。派系28到派系30都是亚洲国家和南美洲国家或大洋洲国家形成的子群，其中高标准协定有：新西兰-新加坡、新加坡-澳大利亚、泰国-澳大利亚、泰国-新西兰、跨太平洋战略经济伙伴关系、巴拿马-新加坡和秘鲁-新加坡。派系31到派系33都是欧洲国家和非洲国家形成的子群，其中高标准协定有：欧盟-突尼斯、欧盟-南非、欧盟-摩洛哥、欧盟-埃及、欧盟-阿尔及利亚、土耳其-摩洛哥以及欧洲自由贸易联盟-埃及。派系34涉及欧洲、亚洲和南美洲国家，这是由于智利和欧盟以及土耳其都签订了高标准的自由贸易协定。派系35涉及欧洲、亚洲和非洲国家，同样是因为摩洛哥和欧盟以及土耳其都签订了高标准的自由贸易协定。

表 3-4　2012 年"一带一路"沿线 FTA 网络中国家(或地区)参与派系情况

国家或地区	大洲	参与派系数量
欧盟	欧洲	22
阿尔巴尼亚	欧洲	11
黑山	欧洲	11
塞尔维亚	欧洲	11
土耳其	亚洲	11
新加坡	亚洲	7
冰岛	欧洲	6
列支敦士登	欧洲	6
北马其顿	欧洲	6
挪威	欧洲	6
文莱	亚洲	5
以色列	亚洲	4
波黑	欧洲	3
瑞士	欧洲	3
埃及	非洲	3
约旦	亚洲	3
黎巴嫩	亚洲	3
智利	南美洲	2
印度	亚洲	2
日本	亚洲	2
韩国	亚洲	2
澳大利亚	大洋洲	1
阿塞拜疆	亚洲	1
白俄罗斯	欧洲	1
格鲁吉亚	亚洲	1
哈萨克斯坦	亚洲	1
摩洛哥	非洲	1

(续表)

国家或地区	大洲	参与派系数量
摩尔多瓦	欧洲	1
新西兰	大洋洲	1
俄罗斯	欧洲	1
土库曼斯坦	亚洲	1
乌克兰	欧洲	1
乌兹别克斯坦	亚洲	1
科索沃	欧洲	1

注：表格内容由社会网络分析软件 Ucinet6 分析计算得到，并由笔者整理汇总。原始数据来自 WTO RTA 数据库。

从国家角度看，2012年参与"一带一路"沿线FTA网络中派系最多的主要是欧洲和亚洲国家。其中欧盟参与了22个派系，位列第一，阿尔巴尼亚、黑山和塞尔维亚各参与了11个派系。亚洲国家中，土耳其和新加坡分别参加了11个和7个派系。

2020年"一带一路"沿线FTA网络中一共形成了64个派系，派系具体构成如表3-5所示。

表3-5　　　　　2020年"一带一路"沿线FTA网络派系构成

派系	国家或地区	大洲
派系1	格鲁吉亚、阿塞拜疆、土库曼斯坦、乌兹别克斯坦	亚洲
派系2	新加坡、越南、文莱、马来西亚、菲律宾、印度尼西亚、柬埔寨、老挝、缅甸、泰国、日本	亚洲
派系3	新加坡、越南、文莱、马来西亚、菲律宾、印度尼西亚、柬埔寨、老挝、缅甸、泰国、韩国	亚洲
派系4	新加坡、越南、文莱、马来西亚、菲律宾、印度尼西亚、柬埔寨、老挝、缅甸、泰国、中国	亚洲
派系5	新加坡、韩国、印度	亚洲
派系6	新加坡、日本、印度	亚洲
派系7	欧盟、阿尔巴尼亚、波黑、冰岛、黑山、塞尔维亚、北马其顿	欧洲
派系8	欧盟、冰岛、乌克兰	欧洲

(续表)

派系	国家或地区	大洲
派系 9	欧盟、阿尔巴尼亚、波黑、列支敦士登、黑山、塞尔维亚、北马其顿	欧洲
派系 10	欧盟、列支敦士登、乌克兰	欧洲
派系 11	欧盟、阿尔巴尼亚、波黑、黑山、塞尔维亚、北马其顿、摩尔多瓦	欧洲
派系 12	欧盟、阿尔巴尼亚、波黑、黑山、挪威、塞尔维亚、北马其顿	欧洲
派系 13	欧盟、挪威、乌克兰	欧洲
派系 14	阿尔巴尼亚、波黑、黑山、塞尔维亚、北马其顿、瑞士	欧洲
派系 15	阿尔巴尼亚、波黑、黑山、塞尔维亚、北马其顿、摩尔多瓦、科索沃	欧洲
派系 16	欧盟、土耳其、阿尔巴尼亚、波黑、冰岛、黑山、塞尔维亚	欧洲、亚洲
派系 17	欧盟、土耳其、冰岛、以色列	欧洲、亚洲
派系 18	欧盟、新加坡、土耳其、冰岛	欧洲、亚洲
派系 19	欧盟、冰岛、格鲁吉亚	欧洲、亚洲
派系 20	欧盟、冰岛、约旦	欧洲、亚洲
派系 21	欧盟、冰岛、黎巴嫩	欧洲、亚洲
派系 22	欧盟、越南、亚美尼亚	欧洲、亚洲
派系 23	欧盟、新加坡、越南、日本	欧洲、亚洲
派系 24	欧盟、新加坡、土耳其、韩国	欧洲、亚洲
派系 25	欧盟、新加坡、越南、韩国	欧洲、亚洲
派系 26	欧盟、土耳其、阿尔巴尼亚、波黑、列支敦士登、黑山、塞尔维亚	欧洲、亚洲
派系 27	欧盟、土耳其、列支敦士登、以色列	欧洲、亚洲
派系 28	欧盟、新加坡、土耳其、列支敦士登	欧洲、亚洲
派系 29	欧盟、列支敦士登、格鲁吉亚	欧洲、亚洲
派系 30	欧盟、列支敦士登、黎巴嫩	欧洲、亚洲
派系 31	欧盟、列支敦士登、约旦	欧洲、亚洲

（续表）

派系	国家或地区	大洲
派系 32	欧盟、土耳其、阿尔巴尼亚、波黑、黑山、挪威、塞尔维亚	欧洲、亚洲
派系 33	欧盟、新加坡、土耳其、挪威	欧洲、亚洲
派系 34	欧盟、土耳其、挪威、以色列	欧洲、亚洲
派系 35	欧盟、挪威、约旦	欧洲、亚洲
派系 36	欧盟、挪威、格鲁吉亚	欧洲、亚洲
派系 37	欧盟、挪威、黎巴嫩	欧洲、亚洲
派系 38	越南、亚美尼亚、白俄罗斯、哈萨克斯坦、俄罗斯、吉尔吉斯斯坦	欧洲、亚洲
派系 39	乌克兰、白俄罗斯、哈萨克斯坦、俄罗斯	欧洲、亚洲
派系 40	土耳其、阿尔巴尼亚、波黑、黑山、塞尔维亚、瑞士	欧洲、亚洲
派系 41	土耳其、瑞士、以色列	欧洲、亚洲
派系 42	新加坡、土耳其、瑞士	欧洲、亚洲
派系 43	新加坡、菲律宾、瑞士	欧洲、亚洲
派系 44	新加坡、冰岛、菲律宾	欧洲、亚洲
派系 45	新加坡、列支敦士登、菲律宾	欧洲、亚洲
派系 46	新加坡、挪威、菲律宾	欧洲、亚洲
派系 47	新加坡、越南、文莱、马来西亚、墨西哥	北美洲、亚洲
派系 48	新加坡、越南、文莱、马来西亚、加拿大	北美洲、亚洲
派系 49	新加坡、越南、文莱、马来西亚、秘鲁	南美洲、亚洲
派系 50	新加坡、越南、文莱、马来西亚、智利	南美洲、亚洲
派系 51	新加坡、越南、文莱、马来西亚、菲律宾、印度尼西亚、柬埔寨、老挝、缅甸、泰国、澳大利亚	大洋洲、亚洲
派系 52	新加坡、越南、文莱、马来西亚、菲律宾、印度尼西亚、柬埔寨、老挝、缅甸、泰国、新西兰	大洋洲、亚洲
派系 53	欧盟、冰岛、埃及	非洲、欧洲
派系 54	欧盟、列支敦士登、埃及	非洲、欧洲
派系 55	欧盟、挪威、埃及	非洲、欧洲

(续表)

派系	国家或地区	大洲
派系56	欧盟、乌克兰、加拿大	北美洲、欧洲
派系57	欧盟、新加坡、越南、加拿大	北美、欧、亚洲
派系58	欧盟、新加坡、哥斯达黎加	北美、欧、亚洲
派系59	欧盟、新加坡、越南、墨西哥	北美、欧、亚洲
派系60	欧盟、新加坡、巴拿马	北美、欧、亚洲
派系61	欧盟、新加坡、土耳其、智利	南美、欧、亚洲
派系62	欧盟、新加坡、越南、智利	南美、欧、亚洲
派系63	欧盟、新加坡、越南、秘鲁	南美、欧、亚洲
派系64	欧盟、土耳其、摩洛哥	非洲、欧、亚洲

注：表格内容由社会网络分析软件Ucinet6分析计算得到，并由笔者整理汇总。原始数据来自WTO RTA数据库。

从区域角度来看，派系1到派系6都是亚洲国家形成的子群，2013年中国提出"一带一路"倡议之后区域内生效的高标准协定主要有：韩国-越南FTA和日本-蒙古国FTA。派系7到派系15都是欧洲国家形成的子群，新生效高标准协定主要有：欧洲经济区（EEA）、欧盟-土耳其、欧盟-波黑、欧盟-黑山、欧盟-塞尔维亚、欧盟-阿尔巴尼亚、欧盟-北马其顿、欧盟-乌克兰、欧盟-格鲁吉亚、欧盟-摩尔多瓦、欧洲自由贸易区——波黑、欧亚经济联盟（EAEU）、欧洲自由贸易联盟-格鲁吉亚、欧盟-亚美尼亚以及欧亚经济联盟（EAEU）-塞尔维亚（见表3-6）。派系16到派系46都是亚洲国家和欧洲国家形成的子群，这也形成派系最多的区域，新生效高标准协定主要有：韩国、土耳其、欧盟-以色列、欧盟-韩国、欧盟-黎巴嫩、欧盟-约旦、欧亚经济联盟（EAEU）-越南、土耳其-新加坡、中国-格鲁吉亚、欧洲自由贸易联盟-菲律宾、欧盟-日本、欧盟-新加坡以及欧盟-越南。派系47到派系52都是亚洲国家和南美洲国家、北美洲国家或大洋洲国家形成的子群，新生效高标准协定主要有：马来西亚-澳大利亚、哥斯达黎加-新加坡、全面与进步跨太平洋伙伴关系协定（CPTPP）、印度尼西亚-澳大利亚以及区域全面经济伙伴关系协定（RCEP）。派系53到派系55都是欧洲国家和非洲国家形成的子群，新生效高标准协定主要有：欧盟-摩洛哥、土耳其-毛里求斯、欧盟-埃及、欧盟-突尼斯、欧盟-阿尔及利亚、欧盟-南非以及科摩罗加入欧盟和东部和南部非洲国家的自由贸易协定。派系56是欧洲和北美洲形成的派系，这是由于加拿大和欧盟以及乌克兰签订了高标准自由贸易协定。派系 57 到派系 63 都是欧洲国家和亚洲国家与南北美洲国家形成的子群,新生效高标准协定主要有:欧盟-哥伦比亚和秘鲁、欧盟-智利、欧盟-加勒比国家论坛(CARIFORUM)以及欧盟-墨西哥。派系 64 是亚非欧三个大洲形成的子群,形成原因与 2012 年 FTA 网络中的派系 35 一致。

表 3-6　　2020 年"一带一路"沿线 FTA 网络中国家或地区参与派系情况

国家或地区	大洲	参与派系数量	国家或地区	大洲	参与派系数量
欧盟	欧洲	41	加拿大	北美洲	3
新加坡	亚洲	29	智利	南美洲	3
越南	亚洲	17	埃及	非洲	3
土耳其	亚洲	15	约旦	亚洲	3
阿尔巴尼亚	欧洲	10	日本	亚洲	3
波黑	欧洲	10	黎巴嫩	亚洲	3
冰岛	欧洲	10	亚美尼亚	亚洲	2
列支敦士登	欧洲	10	白俄罗斯	欧洲	2
黑山	欧洲	10	印度	亚洲	2
挪威	欧洲	10	哈萨克斯坦	亚洲	2
塞尔维亚	欧洲	10	摩尔多瓦	欧洲	2
文莱	亚洲	9	墨西哥	北美洲	2
马来西亚	亚洲	9	秘鲁	南美洲	2
菲律宾	亚洲	9	俄罗斯	欧洲	2
北马其顿	欧洲	6	澳大利亚	大洋洲	1
瑞士	欧洲	5	阿塞拜疆	亚洲	1
印度尼西亚	亚洲	5	中国	亚洲	1
柬埔寨	亚洲	5	哥斯达黎加	北美洲	1
老挝	亚洲	5	吉尔吉斯斯坦	亚洲	1
缅甸	亚洲	5	摩洛哥	非洲	1

(续表)

国家或地区	大洲	参与派系数量	国家或地区	大洲	参与派系数量
泰国	亚洲	5	新西兰	大洋洲	1
乌克兰	欧洲	5	巴拿马	北美洲	1
格鲁吉亚	亚洲	4	土库曼斯坦	亚洲	1
以色列	亚洲	4	乌兹别克斯坦	亚洲	1
韩国	亚洲	4	科索沃	欧洲	1

注：表格内容由社会网络分析软件 Ucinet6 分析计算得到，并由笔者整理汇总。原始数据来自 WTO RTA 数据库。

从参与方角度看，2020 年参与"一带一路"沿线 FTA 网络中派系最多的依然是欧盟，参与了 41 个派系。亚洲地区参与派系数量快速上升，其中新加坡参与了 29 个派系，位列第二，越南参与了 17 个派系，土耳其参与了 15 个派系。

第三节 "一带一路"沿线 FTA 网络的块模型分析

块模型是将社会网络中的节点基于结构对等性进行划分的分析方法，被用于研究网络中"聚类"或"块"的内部和相互之间的关系（White 等，1976）。在块模型的分析结果中分到同一个"块"中的节点具有结构对等性，也即这些节点与网络中其他节点之间的关系是相同的，块模型分析的目的就在于通过一定的算法将这些具有结构对等性的节点合并成一个子群，从而在"块"这一层面对网络进行分析。通过块模型分析可以更深入地理解"一带一路"沿线 FTA 网络的整体结构，以及结构形成的内在原因。本书使用 UCINET 软件的 CONCOR 方法对网络进行块模型分析，该方法通过对网络的初始相关系数矩阵进行多次迭代计算，得到一个最后仅由 1 和 -1 组成的相关系数矩阵，实现对网络中节点进行划分的目的。在此基础上，还需要进一步通过 α 密度准则将网络中各个"块"之间的密度表转化为由 1 和 0 构成的像矩阵，从而更清楚地看到分属不同子群的节点之间的关系。本书将分别对 2001 年、2012 年、2020 年的"一带一路"沿线 FTA 网络进行块模型分析，以从中深入了解和分析网络结构的变化趋势。

表 3-7 给出了 2001 年"一带一路"沿线 FTA 网络的块模型分析结果,为了避免二级子群的国家数少于 3 个而影响分析的效果,表中的 3、4 两个一级子群没有进一步划分。2001 年的网络共包括 87 个国家或地区,1-1 子群主要包括南亚和南美洲的一些发展中国家;1-2 子群主要包括欧盟、美国、加拿大、墨西哥和其余的一些欧洲国家;2-1 子群主要为独联体国家;2-2 子群主要为东盟国家;3 子群主要包括中东国家;4 子群均为非洲国家。总体来看,块模型对"一带一路"沿线 FTA 网络的划分结果表现出了明显的区域性,同一个子群中的节点基本都是地理上邻近且具有十分密切的经贸往来的国家,因此在 FTA 的签署上存在较为相似的行为模式。

表 3-7   2001 年"一带一路"沿线 FTA 网络块模型分析结果

一级子群	二级子群	国家或地区
1	1-1	阿富汗、孟加拉国、巴西、不丹、智利、印度、伊朗、韩国、老挝、斯里兰卡、马尔代夫、尼泊尔、巴基斯坦、秘鲁、菲律宾、巴拉圭、塞尔维亚、乌拉圭
	1-2	安道尔、加拿大、瑞士、欧盟、法罗群岛、冰岛、以色列、列支敦士登、墨西哥、北马其顿、挪威、巴勒斯坦、土耳其、美国、南非
2	2-1	亚美尼亚、阿塞拜疆、白俄罗斯、格鲁吉亚、哈萨克斯坦、吉尔吉斯斯坦、摩尔多瓦、俄罗斯、塔吉克斯坦、土库曼斯坦、乌克兰、乌兹别克斯坦
	2-2	文莱、印度尼西亚、柬埔寨、缅甸、马来西亚、新西兰、新加坡、泰国、越南
3	3	阿联酋、巴林、阿尔及利亚、埃及、伊拉克、约旦、科威特、黎巴嫩、利比亚、摩洛哥、阿曼、卡塔尔、沙特阿拉伯、苏丹、叙利亚、突尼斯、也门
4	4	布隆迪、刚果(金)、科摩罗、吉布提、厄立特里亚、埃塞俄比亚、肯尼亚、马达加斯加、毛里求斯、马拉维、卢旺达、斯威士兰、塞舌尔、乌干达、赞比亚、津巴布韦

注:表格内容由社会网络分析软件 Ucinet6 分析计算得到,并由笔者整理汇总。原始数据来自 WTO RTA 数据库。

为了进一步探究不同"块"内部及其相互之间的关系紧密程度,本书将块模型分析中得到的网络密度矩阵通过 α 密度准则转化为像矩阵。由于网络的平均密度为 0.639,因此网络密度矩阵中大于 0.639 的元素被转化为 1,低于 0.639 的元素转化为 0,像矩阵的计算结果如表 3-8 所示。矩阵对角线上的元素表示各子群内部关系的紧密程度,其他位置的元素表示各子群之间关系的紧密程度,1代表关系紧密,0代表关系松散。由像矩阵本书进一步绘制了块模型分析结果示意图,如图3-3所示。可以看到子群1-1、1-2、2-1、2-2、3的内部关系均十分紧密,除此之外各子群之间并无紧密的外部关系,这表明此时的"一带一路"沿线FTA网络仍处于各子群相对隔绝的状态,尽管子群内部的各国建立了较为密切的联系,但没有与外部发生进一步接触。

表3-8　　　　　　2001年"一带一路"沿线FTA网络块模型像矩阵

	1-1	1-2	2-1	2-2	3	4
1-1	1	0	0	0	0	0
1-2	0	1	0	0	0	0
2-1	0	0	1	0	0	0
2-2	0	0	0	1	0	0
3	0	0	0	0	1	0
4	0	0	0	0	0	0

注:表格内容由社会网络分析软件Ucinet6分析计算得到,并由笔者整理汇总。原始数据来自WTO RTA数据库。

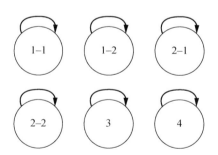

图3-3　2001年"一带一路"沿线FTA网络块模型分析结果示意图

注:每一个圆圈均代表一个子群,箭头表示子群间或子群内部存在紧密联系,下同。

表3-9给出了2012年"一带一路"沿线FTA网络的块模型分析结果。可以看到随着时间的推移,"一带一路"国家开始越来越多的与沿线国家或区域外国家签署FTA,使整个网络的规模有所扩大,节点数量增加至114个。2012年的FTA网络被划分为4个一级子群和8个二级子群,从具体构成来看,最明显的变化就是中国加入了FTA网络,并与美国及大量亚太地区国家同属1-2子群。欧盟和北美三国所处的子群发生了分离,与欧

洲的非欧盟成员国共同组成了一个二级子群,非洲和南美洲大量新加入 FTA 网络的国家构成了一个新的二级子群。

表 3-9　　　　　　2012 年"一带一路"沿线 FTA 网络块模型分析结果

一级子群	二级子群	国家或地区
1	1-1	阿富汗、阿根廷、孟加拉国、巴西、不丹、加拿大、伊朗、斯里兰卡、马尔代夫、尼泊尔、巴基斯坦、巴拉圭、乌拉圭
1	1-2	澳大利亚、文莱、中国、印度尼西亚、印度、日本、柬埔寨、韩国、老挝、缅甸、马来西亚、新西兰、巴拿马、秘鲁、菲律宾、新加坡、泰国、美国、越南
2	2-1	亚美尼亚、阿塞拜疆、白俄罗斯、哈萨克斯坦、吉尔吉斯斯坦、俄罗斯、塔吉克斯坦、土库曼斯坦、乌兹别克斯坦
2	2-2	布隆迪、刚果(金)、科摩罗、吉布提、厄立特里亚、埃塞俄比亚、肯尼亚、马拉维、卢旺达、斯威士兰、乌干达、赞比亚
3	3-1	阿尔巴尼亚、波黑、瑞士、欧盟、格鲁吉亚、冰岛、列支敦士登、摩尔多瓦、北马其顿、黑山、挪威、塞尔维亚、土耳其、乌克兰、科索沃
3	3-2	安道尔、安提瓜和巴布达、巴哈马、伯利兹、巴巴多斯、智利、多米尼克、多米尼加、阿尔及利亚、埃及、斐济、法罗群岛、格林纳达、圭亚那、克罗地亚、以色列、牙买加、约旦、圣基茨和尼维斯、黎巴嫩、圣卢西亚、摩洛哥、马达加斯加、墨西哥、毛里求斯、巴布亚新几内亚、巴勒斯坦、圣马力诺、苏里南、塞舌尔、特立尼达和多巴哥、突尼斯、圣文森特和格林纳丁斯、南非、津巴布韦
4	4-1	阿联酋、巴林、科威特、阿曼、卡塔尔、沙特阿拉伯
4	4-2	伊拉克、利比亚、苏丹、叙利亚、也门

注:表格内容由社会网络分析软件 Ucinet6 分析计算得到,并由笔者整理汇总。原始数据来自 WTO RTA 数据库。

进一步,本书将块模型分析中得到的网络密度矩阵转化为像矩阵,如表 3-10 所示,为了更清晰地呈现网络的整体结构,对子群的排列顺序进行了调整,同时由像矩阵绘制了块模型分析结果示意图,如图 3-5 所示。可以明显看到网络被划分成了几个相对独立的区域,首先是像矩阵左上角由子群 3-1、2-1、3-2 组成的集团,欧盟所在的子群 3-1 在该部分中处于中心地位,不仅内部关系十分密切,其同子群 2-1 和 3-2 的关系也十分紧密。由部分独联体国家构成的子群 2-1 内部成员关系密切,但由众多非洲和南美洲国家构成的子群 3-2 内部关系比较松散。除左上角由三个子群构成的集团外,像矩阵中部的子群 4-2 和 4-1 也形成了紧密的联系,这是因为这两个子群的成员均为中东地区的阿拉伯国家,在地缘、历史、宗教等层面都有着十分密切的关系。除此之外,由南亚及南美国家组成的子群 1-1 和中美所在的子群 1-2 虽然内部关系紧密,但没有与网络中的其他"块"产生进一步的互动。由非洲国家组成的子群 2-2 不仅没有与其他子群建立联系,其内部关系也不够紧密,反映出这一地区 FTA 签署的进程较为滞后。

表 3-10　　　　　　2012 年"一带一路"沿线 FTA 网络块模型像矩阵

	3-1	2-1	3-2	4-2	4-1	1-1	1-2	2-2
3-1	1	1	1	0	0	0	0	0
2-1	1	1	0	0	0	0	0	0
3-2	1	0	0	0	0	0	0	0
4-2	0	0	0	1	1	0	0	0
4-1	0	0	0	1	1	0	0	0
1-1	0	0	0	0	0	1	0	0
1-2	0	0	0	0	0	0	1	0
2-2	0	0	0	0	0	0	0	0

注:表格内容由社会网络分析软件 Ucinet6 分析计算得到,并由笔者整理汇总。原始数据来自 WTO RTA 数据库。

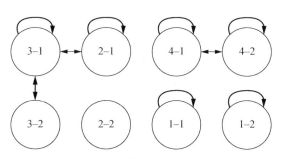

图 3-5　2012 年"一带一路"沿线 FTA 网络块模型分析结果示意图

表 3-11 给出了 2020 年"一带一路"沿线 FTA 网络的块模型分析结果。"一带一路"倡议提出后 FTA 网络规模进一步扩大,共包括 131 个国家或地区。美国不再与中国、日本、新加坡等亚太国家同属一个子群,而是加入了中东阿拉伯国家构成的子群,这可能是美国退出 TPP 的结果。独联体国家不再构成独立的子群,而是与南亚和中东的部分国家同时被划分到 1-1 子群。阿根廷、巴西、巴拉圭等南美洲国家加入以非洲国家为主的 2-2 子群,

同时墨西哥、秘鲁、智利、加拿大四个美洲国家与克罗地亚组成了一个新的二级子群。总体来看,块模型分析对网络中节点划分的区域性有所减弱,很多子群都同时包含全球多个区域的国家或地区,说明 FTA 的签署不再局限于地理距离的远近,已经进入了更为成熟的发展阶段。

表 3-11　　　　2020 年"一带一路"沿线 FTA 网络块模型分析结果

一级子群	二级子群	国家或地区
1	1-1	阿富汗、孟加拉国、白俄罗斯、不丹、伊朗、哈萨克斯坦、吉尔吉斯斯坦、斯里兰卡、马尔代夫、尼泊尔、俄罗斯、塔吉克斯坦
	1-2	澳大利亚、文莱、中国、印度尼西亚、印度、日本、柬埔寨、韩国、老挝、缅甸、蒙古国、马来西亚、新西兰、巴基斯坦、菲律宾、新加坡、泰国、越南等
2	2-1	阿联酋、巴林、伊拉克、科威特、利比亚、阿曼、卡塔尔、沙特阿拉伯、苏丹、美国、也门
	2-2	阿根廷、布隆迪、巴西、刚果(金)、科摩罗、吉布提、厄立特里亚、埃塞俄比亚、肯尼亚、马拉维、巴拉圭、卢旺达、土库曼斯坦、乌干达、乌拉圭、乌兹别克斯坦、赞比亚
3	3-1	阿尔巴尼亚、波黑、埃及、格鲁吉亚、黎巴嫩、北马其顿、黑山、巴勒斯坦、塞尔维亚、乌克兰
	3-2	阿塞拜疆、瑞士、欧盟、冰岛、列支敦士登、摩尔多瓦、挪威、土耳其、科索沃
4	4-1	安道尔、亚美尼亚、安提瓜和巴布达、巴哈马、伯利兹、巴巴多斯、博茨瓦纳、科特迪瓦、喀麦隆、哥伦比亚、哥斯达黎加、多米尼克、多米尼加、阿尔及利亚、厄瓜多尔、斐济、法罗群岛、加纳、格林纳达、危地马拉、圭亚那、洪都拉斯、以色列、牙买加、约旦、圣基茨和尼维斯、圣卢西亚、莱索托、摩洛哥、马达加斯加、莫桑比克、毛里求斯、纳米比亚、尼加拉瓜、巴拿马、巴布亚新几内亚、萨尔瓦多、圣马力诺、苏里南、斯威士兰、塞舌尔、叙利亚、特立尼达和多巴哥、突尼斯、圣文森特和格林纳丁斯、南非、津巴布韦
	4-2	加拿大、智利、克罗地亚、墨西哥、秘鲁

注:表格内容由社会网络分析软件 Ucinet6 分析计算得到,并由笔者整理汇总。原始数据来自 WTO RTA 数据库。

由 2020 年"一带一路"沿线 FTA 网络密度矩阵转化得到的像矩阵如表 3-12 所示,为了更清晰地呈现网络的整体结构,对子群的排列顺序进行了调整,同时本书进一步绘制了块模型分析结果示意图,如图 3-6 所示。可以看到欧盟所在的 3-2 子群在网络中处于绝对的核心地位,其与子群

1-2、4-2、3-1、4-1均存在紧密联系，形成了"核心-边缘"结构。中国及亚太地区国家构成的子群1-2不仅与欧盟所在的子群关系密切，同时也与4-2子群产生了紧密的联系。除以上子群外，俄罗斯及独联体国家所处的子群1-1也通过3-1子群同欧盟间接连接到了一起，进一步反映了欧盟所在子群的核心地位。美国和中东阿拉伯国家构成的子群2-1内部关系十分紧密，但没有与其他子群产生联系，说明美国在"一带一路"网络中的地位仍较为孤立。除4-1、4-2、2-2子群的内部关系比较松散外，其余子群均存在紧密的内部联系。

表 3-12　　2020年"一带一路"沿线 FTA 网络块模型像矩阵

	3-2	1-2	4-2	3-1	4-1	1-1	2-1	2-2
3-2	1	1	1	1	1	0	0	0
1-2	1	1	1	0	0	0	0	0
4-2	1	1	0	0	0	0	0	0
3-1	1	0	0	1	0	1	0	0
4-1	1	0	0	0	0	0	0	0
1-1	0	0	0	1	0	1	0	0
2-1	0	0	0	0	0	0	1	0
2-2	0	0	0	0	0	0	0	0

注：表格内容由社会网络分析软件Ucinet6分析计算得到，并由笔者整理汇总。原始数据来自WTO RTA数据库。

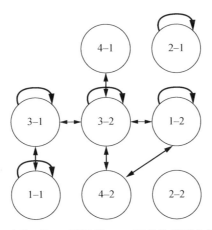

图 3-6　2020年"一带一路"沿线 FTA 网络块模型分析结果示意图

第四节 网络结构影响因素的实证检验:QAP 矩阵回归

一、关于 QAP 矩阵回归方法

QAP(quadratic assignment procedure,二次指派程序)是用来研究节点间"关系"同"关系"相关性的方法,是一种对两个矩阵或多个矩阵各个元素值的相似性进行比较,给出两个矩阵间的相关系数,同时对系数进行非参数检验(non-parametric test)。QAP 与 OLS 等常见回归分析方法不同的是,后者对于"关系"等观察值相互不独立的数据进行分析时,无法进行参数估计与统计检验,否则将得出不准确的标准差;而 QAP 方法属于随机化检验(randomization test)中的一种,也是基于重新抽样思维的一种分析方法,通常多频次反复抽样估计出统计量的标准误(standard errors),因而其在检验关系变量之间的关系时,相对于 OLS 等常规参数检验方法有明显的优势。

QAP 方法分为矩阵相关分析(QAP correlation)、矩阵关系页联表分析(QAP relational crosstabs)、矩阵回归分析(QAP regression)等三种方法。本书应用了矩阵相关分析和矩阵回归分析。矩阵相关分析主要研究两种"关系"是否相关,而矩阵回归分析的目的是研究多个矩阵和一个矩阵间的回归关系(刘军,2007)。具体做法是:第一步针对自变量矩阵和因变量矩阵对应的长向量进行常规的多元回归分析。第二步对因变量矩阵的行和相应的列同时进行随机置换,计算回归结果,重复该过程若干次,保留所有的系数值及判定系数 R^2 值,并估计出统计量的标准差。使用 UCINET 进行矩阵回归分析得到的结果主要有两部分:首先是模型的拟合情况,包括确定系数(R^2)、调整的确定系数(Adj R^2)以及随机置换产生的判定系数不小于实际观察到的判定系数的概率(占总的随机置换次数的比例),此处是一个单尾检验(one-tailed probability)。然后是截距项及各个自变量的非标准化回归系数、标准化回归系数和统计性检验的结果;此外还进行了一个双尾检验(two-tailed probability),包含随机置换产生的判定系数绝对值不小于观察到的判定系数的概率(proportion as large)以及随机置换产生的判定系数绝对值不大于观察到的判定系数的概率。

二、指标选取和理论预期

(一) 是否拥有共同官方语言(Lang)

已有文献中理论和实证上分析了共同语言对 FTA 形成的促进作用(Blonigen 和 Piger,2011;Bergstrand 和 Egger,2013 等),由于共同语言不仅有助于降低贸易成本,而且其背后代表了文化的共通性,因而拥有共同官方语言的国家之间更容易达成 FTA。从异质性规则的 FTA 来看,由于深度 FTA 涵盖投资、竞争政策、资本流动、劳工政策、环境政策等深度一体化条款,因而拥有共同语言的国家间更容易达成深度 FTA,且我们预期这种促进作用要超过其对是否达成 FTA 的影响。

(二) 是否陆地相邻(Adja)

陆地相邻的国家间拥有共同的陆地边境,从贸易成本角度看,两国间签署 FTA 将因贸易便利化水平的提升促进双边贸易的增长(WTO,2011 等),因而参与国更有动力与地域接壤的国家间签署 FTA,因此陆地相邻变量对 FTA 网络形成的影响预期符号为正。不过,正由于陆地相邻国家间的贸易便利化水平更高,贸易成本更低,这反而可能导致这些国家间缺乏签署深度 FTA 的动力(Bergstrand 和 Egger,2013),因而陆地相邻变量对深度 FTA 签署的影响预期是不确定的。

(三) 地理距离(Dist)

地理距离是引力模型中的关键变量,通常而言,两国的地理距离越远,越不容易达成 FTA,这是因为,地理距离不仅意味着微观上增加了企业的贸易和投资成本,而且也提高了政府间的沟通和协商成本。从深度规则的 FTA 来看,地理距离也会对参与国签署深度规则 FTA 产生负面影响。因此,预期地理距离对 FTA 签署和深度规则 FTA 签署的系数符号均为负。

(四) 经济规模差异(SGDP)

在引力模型中,经济规模差异通常是代表经济距离的重要变量。在 FTA 的签署的影响因素中,一般也认为经济规模越相似的经济体之间,因为这些伙伴国之间的市场规模相似从而使获益相对平等,从而越可能达成 FTA;同样,对于深度 FTA 而言,由于涉及边境内的规则,因而相似经济体之间因谈判力量比较对等,从而更容易达成深度规则的 FTA。所以,预期经济规模差异对 FTA 签署和深度规则 FTA 签署的系数符号均为负。

（五）要素禀赋差异(Factor)

比较优势理论和要素禀赋理论为不同国家之间开展国际分工和国际贸易提供了经典的理论依据。要素禀赋差异成为参与国签署 FTA 重要的经济动因，因要素禀赋差异形成的互补性产业结构，更容易促使这些国家签署 FTA，因而预期要素禀赋差异变量的系数符号为正。从深度规则的 FTA 签署来说，由于其同时会涉及许多非经济领域的边境后条款，因而预期其系数要比浅度规则 FTA 的回归系数要小。

三、样本选择、数据来源及说明

本书针对全球涉及"一带一路"国家的 FTA 建立 0-1 二值矩阵，这些 FTA 共涉及 75 个国家，每两国间若存在已签订的 FTA，这两国对应的矩阵元素值为 1，反之则为 0，依此建立的矩阵为 FTA 无权网络矩阵；在此基础上，视已签订 FTA 的规则深度确定矩阵元素值（赋值介于 0~1），依此确立的矩阵为 FTA 加权网络矩阵。

FTA 签署的数据来自 WTO-RTA 数据库；双边是否有共同官方语言(0 和 1 表示)和双边是否接壤(0 和 1 表示)的原始数据来自法国 CEPII-BACI 数据库；双边地理距离变量采用两国中心城市之间的距离，原始数据来自法国 CEPII-BACI 数据库；经济规模差异数据采用 2000 年 GDP 不变价格为基准计算，原始数据来自世界银行 WDI 数据库；要素禀赋差异变量，采用各国的资本/劳动要素比例为代理变量，数据来自世界银行 WDI 数据库。

以上述数据为基础，根据语言相同与否变量与陆地相邻与否变量建立 0-1 二值矩阵，建立方法可类比于 FTA 二值矩阵的构建；将国家的中心距离作为要素直接填入矩阵；对于经济发展水平、生产要素禀赋结构，由于以单个国家的属性变量为解释变量会造成信息的损失，本书所建立的矩阵均为属性变量的差异矩阵，并采用极差标准化法（极差标准化法即指将各国具有的属性变量依次计算差值，并标准化为 0~1 的数值，将该数值作为要素填入矩阵)进行处理。

为初步确立各解释变量是否与被解释变量之间存在显著的相关关系，一般先对单变量的两两矩阵进行相关性分析。基于 2016 年 FTA 无权和加权网络数据，运用 UCINET 软件，选择 5 000 次随机置换进行 QAP 矩阵相关性分析，结果如表 3-13 所示，不管是无权还是加权网络下，各影响因素的符号都与理论预期相符，且在 1%、5% 或 10% 的不同统计水平下显著；因此，考虑将五个解释变量均纳入其后的 QAP 矩阵回归分析模型。

表 3-13　无权/加权网络与各影响因素间的 QAP 相关分析结果

影响因素	FTA 无权网络					FTA 加权网络				
	相关系数	显著水平	标准差	最小值	最大值	相关系数	显著水平	标准差	最小值	最大值
Lang	0.076	0.005	0.025	−0.075	0.089	0.162	0	0.023	−0.061	0.14
Adja	0.221	0	0.02	−0.057	0.098	0.179	0	0.02	−0.049	0.096
Dist	−0.221	0	0.034	−0.122	0.106	−0.177	0	0.029	−0.113	0.101
SGDP	0.066	0.09	0.046	−0.092	0.212	0.06	0.063	0.037	−0.076	0.132
Factor	0.078	0.031	0.04	−0.129	0.17	0.085	0.008	0.033	−0.1	0.115

注：表中是基于 2016 年的数据进行的两两矩阵相关分析，其中最小值和最大值是指矩阵随机置换结果中所得的相关系数最小值和最大值。

四、QAP 矩阵回归分析

鉴于 2000 年以后，全球和"一带一路"沿线生效的 FTA 协定数量大幅增长，进而逐步形成高度密集的 FTA 网络，因此选取 2001—2016 年的数据进行 QAP 矩阵回归，在此基础上，建立以语言二值矩阵、陆地相邻二值矩阵、国家中心距离矩阵、经济发展水平差异矩阵、生产要素禀赋差异矩阵为解释变量，FTA 无权网络和 FTA 加权网络为被解释变量的 75×75 维的 1-mode QAP 回归模型，选择 5 000 次的随机置换，矩阵 QAP 回归结果如表 3-14 和表 3-15 所示。

总体而言，基于 2001—2016 年跨度 16 年的矩阵 QAP 结果中，不论是无权 FTA 网络还是有权 FTA 网络，其回归结果的总体拟合程度和解释变量的显著性和系数值都基本一致，未发生明显变化和大幅波动，因而矩阵回归结果总体比较稳健。从无权 FTA 网络和有权 FTA 网络回归系数绝对值的横向比较看，不同类型解释变量系数大小有所差异，反映了决定"一带一路"沿线深度 FTA 和浅度 FTA 的各项影响因素的重要程度有所不同，这与本书前述理论预期相符。以下分别对各变量的回归结果进行汇报和阐释。

语言 0-1 矩阵网。从无权 FTA 网络矩阵回归看，2001—2005 年是否拥有共同语言的系数显著为正，表明在 21 世纪初期，拥有共同官方语言显著促进了"一带一路"沿线 FTA 的签署；2006 年后，是否拥有共同语言的回归系数不显著，表明随着"一带一路"沿线 FTA 的不断盛行，FTA 网络形成后带

表 3-14　无权 FTA 网络影响因素的 QAP 回归结果（规则同质）

影响因素	2001 年	2002 年	2003 年	2004 年	2005 年	2006 年	2007 年	2008 年
语言 0-1 矩阵（Lang）	0.032** (0.048)	0.029* (0.041)	0.030** (0.042)	0.035** (0.049)	0.028* (0.037)	0.020 (0.025)	0.015 (0.018)	0.007 (0.008)
陆地相邻 0-1 矩阵（Adja）	0.188*** (0.185)	0.184*** (0.177)	0.180*** (0.170)	0.161*** (0.153)	0.200*** (0.177)	0.227*** (0.195)	0.241*** (0.204)	0.248*** (0.199)
国家中心距离（Dist）	−0.021*** (−0.156)	−0.021*** (−0.164)	−0.022*** (−0.169)	−0.021*** (−0.166)	−0.023*** (−0.174)	−0.019*** (−0.165)	−0.020*** (−0.167)	−0.025*** (−0.173)
经济规模差异（SGDP）	−0.008 (−0.009)	−0.001 (−0.002)	0.002 (0.002)	0.006 (0.006)	0.010 (0.009)	0.024 (0.022)	0.032 (0.028)	0.046 (0.038)
要素禀赋差异（Factor）	0.025 (0.034)	0.040** (0.053)	0.047** (0.055)	0.036** (0.043)	0.055* (0.054)	0.066* (0.054)	0.101** (−0.070)	0.063 (0.047)
样本体积	5 550	5 550	5 550	5 550	5 550	5 550	5 550	5 550
R^2	0.083	0.083	0.082	0.074	0.086	0.089	0.096	0.093
Adj-R^2	0.082	0.082	0.081	0.073	0.086	0.089	0.095	0.092

(续表)

影响因素	2009年	2010年	2011年	2012年	2013年	2014年	2015年	2016年
语言0-1矩阵 (Lang)	0.009 (0.011)	0.000 (0.000)	0.004 (0.004)	0.001 (0.001)	0.000 (0.000)	−0.003 (−0.003)	0.004 (0.004)	0.003 (0.003)
陆地相邻0-1矩阵 (Adja)	0.247*** (0.195)	0.239*** (0.174)	0.237*** (0.171)	0.234*** (0.167)	0.242*** (0.171)	0.256*** (0.179)	0.250*** (0.173)	0.249*** (0.172)
国家中心距离 (Dist)	−0.017*** (−0.164)	−0.020*** (−0.177)	−0.020*** (−0.177)	−0.021*** (−0.178)	−0.018*** (−0.172)	−0.017*** (−0.171)	−0.019*** (−0.174)	−0.018*** (−0.177)
经济规模差异 (SGDP)	0.046 (0.038)	0.052 (0.041)	0.026 (0.020)	0.054 (0.044)	0.043 (0.034)	0.058 (0.046)	0.056 (0.044)	0.057 (0.044)
要素禀赋差异 (Factor)	0.052 (0.033)	0.088** (0.077)	0.086 (0.058)	0.095** (0.082)	0.092*** (0.081)	0.100** (0.079)	0.101** (0.080)	0.117** (0.086)
样本体积	5 550	5 550	5 550	5 550	5 550	5 550	5 550	5 550
R^2	0.087	0.085	0.08	0.083	0.081	0.085	0.085	0.087
Adj-R^2	0.086	0.085	0.08	0.082	0.08	0.085	0.085	0.086

注：***、**和*分别表示在1%、5%和10%的统计水平上显著；括号内为标准化回归系数。

表 3-15　有权 FTA 网络影响因素的 QAP 回归结果（规则异质）

影响因素	2001 年	2002 年	2003 年	2004 年	2005 年	2006 年	2007 年	2008 年
语言 0-1 矩阵 (Lang)	0.049*** (0.164)	0.047*** (0.155)	0.048*** (0.158)	0.051*** (0.164)	0.051*** (0.163)	0.048*** (0.147)	0.047*** (0.142)	0.044*** (0.129)
陆地相邻 0-1 矩阵 (Adja)	0.066** (0.149)	0.064*** (0.142)	0.063*** (0.138)	0.059*** (0.131)	0.062*** (0.134)	0.073*** (0.151)	0.075*** (0.156)	0.076*** (0.153)
国家中心距离 (Dist)	−0.012*** (−0.087)	−0.014*** (−0.096)	−0.015*** (−0.099)	−0.015*** (−0.095)	−0.015*** (−0.100)	−0.017*** (−0.096)	−0.016*** (−0.098)	−0.018*** (−0.100)
经济规模差异 (SGDP)	0.003 (0.007)	0.001 (0.004)	0.002 (0.005)	0.005 (0.012)	0.006 (0.014)	0.016 (0.037)	0.018 (0.039)	0.024* (0.048)
要素禀赋差异 (Factor)	0.014* (0.042)	0.017** (0.053)	0.020** (0.054)	0.016* (0.045)	0.021** (0.050)	0.020 (0.040)	0.002 (0.004)	0.014 (0.025)
样本体积	5 550	5 550	5 550	5 550	5 550	5 550	5 550	5 550
R^2	0.079	0.078	0.078	0.076	0.079	0.08	0.08	0.076
Adj-R^2	0.079	0.077	0.077	0.076	0.079	0.08	0.08	0.076

(续表)

影响因素	2009 年	2010 年	2011 年	2012 年	2013 年	2014 年	2015 年	2016 年
语言 0-1 矩阵（Lang）	0.047*** (0.136)	0.043*** (0.103)	0.044*** (0.105)	0.043*** (0.102)	0.043*** (0.100)	0.040*** (0.093)	0.050*** (0.111)	0.050*** (0.110)
陆地相邻 0-1 矩阵（Adja）	0.076*** (0.150)	0.068*** (0.111)	0.068*** (0.110)	0.066*** (0.106)	0.068*** (0.110)	0.076*** (0.120)	0.082*** (0.125)	0.082*** (0.124)
国家中心距离（Dist）	−0.018*** (−0.100)	−0.018*** (−0.112)	−0.019*** (−0.115)	−0.016*** (−0.117)	−0.015*** (−0.114)	−0.017*** (−0.117)	−0.017*** (−0.122)	−0.015*** (−0.124)
经济规模差异（SGDP）	0.021 (0.043)	0.019 (0.033)	0.004 (0.007)	0.019 (0.034)	0.015 (0.026)	0.026 (0.046)	0.020 (0.035)	0.021 (0.035)
要素禀赋差异（Factor）	0.031* (0.050)	0.041*** (0.080)	0.044** (0.066)	0.040** (0.078)	0.039** (0.078)	0.045** (0.080)	0.048*** (0.083)	0.056*** (0.091)
样本体积	5 550	5 550	5 550	5 550	5 550	5 550	5 550	5 550
R^2	0.078	0.059	0.056	0.057	0.057	0.062	0.07	0.072
Adj-R^2	0.077	0.058	0.055	0.057	0.056	0.062	0.07	0.071

注：***、**和*分别表示在 1%、5% 和 10% 的统计水平上显著；括号内为标准化回归系数。

来相互传染效应(contagion effects)，是否拥有共同官方语言不再成为决定FTA签署的影响因素。然而，有权FTA网络回归呈现出不同的结果，拥有共同官方语言在所有年份的加权网络矩阵回归中的系数都显著为正(0.05左右)，这表明拥有共同官方语言显著促进"一带一路"沿线深度FTA的签署，由于语言的背后是文化，文化共通性有利于高标准规则FTA的签署。

陆地相邻0-1矩阵网。不论是无权FTA网络还是有权FTA网络，陆地相邻的回归系数都显著为正。不过，陆地相邻变量在无权FTA网络中的系数值(介于0.16~0.26)要明显大于在有权FTA网络中的系数值(介于0.06~0.09)。这表明，陆地相邻不仅会促进"一带一路"沿线国家FTA的签署(是否签署FTA)，而且有助深度规则的FTA签署(是否签署深度FTA)；但相对而言，陆地相邻对前者的促进作用要大于后者，可能的原因在于，深度FTA规则涉及边境内规则，而陆地相邻国家间相对更易产生领土纠纷，因而陆地相邻对深度FTA签署的促进作用会有所下降。

地理距离差值网。地理距离是引力模型中的关键解释变量，其也是FTA网络形成的影响因素之一。回归结果显示，不论在FTA无权网络还是FTA加权网络中，地理距离变量的系数都显著为负值，但无权网络中的系数绝对值要明显大于加权网络中的系数绝对值。这表明，地理距离越远越不容易达成FTA，同时也越不容易形成深度的FTA，这与前述理论预期相符；相对而言，地理距离对FTA加权网络的影响小于其对FTA无权网络的影响。

经济规模差值网。从经济规模的差异看，不论在无权FTA网络还是有权FTA网络中，经济规模差异变量的系数都不显著，这表明经济规模差异大小不必然对"一带一路"FTA网络形成产生影响。可能的原因在于，"一带一路"沿线经济体的经济、政治和社会形态差异巨大，美国、欧盟、俄罗斯、日本等经济体在"一带一路"有广泛的影响力，且这些经济体深度参与"一带一路"沿线国家的FTA(彭羽、沈玉良，2017)，从而这种复杂的格局降低了经济规模差异对"一带一路"FTA网络形成的影响程度。

要素禀赋差值网。绝大多数年份中，无权FTA网络和有权FTA网络下的要素禀赋差值变量系数都显著为正，从系数的绝对值来看，无权FTA网络中的要素禀赋差值系数(介于0.04~0.12)要明显大于有权FTA网络(介于0.01~0.06)。这表明，"一带一路"沿线FTA网络的形成，与伙伴国之间的生产要素互补性高度相关，寻求经济互补是一带一路沿线国家签署FTA的重要动因。不过，要素禀赋差异对伙伴国是否达成FTA的影响更大,而对深度规则 FTA 达成的影响程度相对更小,主要原因在于浅度规则的 FTA 主要关注关税进一步减让等关境间条款,这主要来源于参与国寻求经济合作互补的动因;而深度规则 FTA 涉及的边境后条款,则基于要素互补的经济动因弱化。

本 章 小 结

近三十年来,"一带一路"沿线 FTA 网络的变化趋势与全球 FTA 网络演变趋势基本吻合,沿线国家通过参与双边 FTA 和区域经济一体化的形式逐步形成紧密的 FTA 网络体系。本章采用社会网络分析方法,分析了"一带一路"FTA 的网络结构特征,并采用 QAP 矩阵回归对网络结构影响因素进行实证检验。

第一,"一带一路"沿线 FTA 网络从 21 世纪初的局域分散式简单网络,逐步演变成当今的全局交叠式复杂网络。第二,凝聚子群分析结果显示,派系分类的来源国中大部分为跨洲际的经济体,这表明沿线 FTA 网络中来自不同洲际区域的经济体之间也拥有紧密的内部联系;从单个经济体的参与派系看,2001 年沿线网络中参与派系最多的经济体依次为:以色列、土耳其、欧盟;2020 年,参与派系最多的经济体则转变为:欧盟、新加坡、越南。第三,块模型分析结果表明,近年来主要经济体在块模型中的子群分类上没有明显变化,欧盟所在子群成为在沿线 FTA 网络中处于绝对的核心地位,其与其他大多数子群均存在紧密联系,形成了"核心-边缘"结构;中国与东盟、日本、澳大利亚等亚太区国家形成了紧密的子群关系。第四,地理距离差值网对"一带一路"沿线 FTA 无权网络形成产生显著的负向影响,但要素禀赋差值网和陆地接壤则对其产生显著的正向影响,这表明除受其他外部因素(地理距离、是否接壤等)影响外,沿线 FTA 无权网络形成的背后有较强的经济互补动因;第五,与无权网络相比,在考虑规则异质的有权 FTA 网络下,要素禀赋差值网的影响系数明显降低,而语言矩阵网对有权 FTA 网络的影响则显著为正,这说明,经济互补动因对深度 FTA 规则网络形成的影响程度相对弱化,而以拥有共同语言为表征的共同文化和价值观成为促进沿线深度 FTA 规则网络形成的重要驱动因素。

第四章

"一带一路"FTA 网络中的国家地位测度

本章基于 Sopranzetti(2017)、Pauwelyn 等(2014)等文献的方法,采用度数中心性、接近中心性、中介中心性和特征向量中心性等四个社会网络分析法指标从不同角度,对各国在"一带一路"沿线 FTA 网络中的地位进行全面分析和比较。

第一节 沿线 FTA 网络的国家地位测度:无权网络

FTA 网络可以分为无权网络(unweighted network)和加权网络(weighted network)。无权网络中,所有存在 FTA 关系的节点连接之间没有关系的强弱之分,节点之间的连线表达同样的含义。而在加权网络中,节点之间的连线,不仅表示两者之间存在 FTA 关系,而且还对其关系进行了加权(如以两个节点之间 FTA 的规则深度为加权),节点连线根据加权变量值的大小表示关系的强弱。

一、FTA 无权网络中的国家地位测度方法

节点中心性(node centrality)是反映 FTA 网络节点地位的关键指标,意大利学者 Sopranzetti 将社会网络分析法中的节点中心性指标引入全球 FTA 网络分析,并首次提出了 FTA 网络国家地位(the position of a country in the FTAs network)的概念。节点中心性指标旨在揭示各节点在网络中所处的位置,与其他节点交往的密切程度、可达性,控制信息的能力和在网络中的重要性或领导力等。

具体地,本书在参考 Sopranzetti(2017)、Pauwelyn 等(2014)等文献的基础上,采用度中心性、接近中心性、中介中心性和特征向量中心性四个指标从不同方面对各国的所处网络地位进行全方位考察。

度中心性(degree centrality)。度中心性主要反映 FTA 网络中各参与国对应节点在网络中与其他节点的连接次数,一个国家签订的 FTA 越多

(形成的双边 FTA 关系越多),那么它的度中心性也会越高,度中心性的计算公式是:

$$C'_D(n_i) = d(n_i)/g - 1 \qquad (4-1)$$

其中,$d(n_i)$ 是与被测度节点 i 直接相连的节点数目,g 为网络中节点总数。

接近中心性(closeness centrality)。接近中心性主要反映 FTA 网络中各参与国对应节点与其他所有节点的亲密程度,强调信息可达性,接近中心性的计算公式是:

$$C'_C(n_i) = (g-1)C_C(n_i) \qquad (4-2)$$

$$C_C(n_i) = \left[\sum_{j=1}^{g} d(n_i, n_j)\right]^{-1}$$

其中,$C_C(n_i)$ 即表示该节点与其他节点距离之和的倒数。

中介中心性(betweenness centrality)。中介中心性主要反映 FTA 网络中参与国对应节点作为桥梁或者中介连接关系相对松散的两个或多个区域的作用,强调参与国对信息的控制和调节能力,中介中心性的计算公式是:

$$C'_B(n_i) = C_B(n_i)/[(g-1)(g-2)/2] \qquad (4-3)$$

$$C_B(n_i) = \sum_{j<k} g_{jk}(n_i)/g_{jk}$$

其中,g 为网络中的节点总数,$C_B(n_i)$ 是被测度节点 i 参与到任意其他两个节点联络的概率之和,g_{jk} 表示节点 j、k 之间的最短路径数量,$g_{jk}(n_i)$ 表示被测度节点 i 参与的 j、k 之间的最短路径数量。

特征向量中心性(eigenvector centrality)。特征向量中心性主要反映 FTA 网络中各参与国对应节点的相邻节点的数量和重要性,即强调"邻居"(FTA 关系意义上)的地位高低对该节点的影响。特征向量中心性的计算公式为:

$$x_v = \frac{1}{\lambda}\sum_{t \in M(v)} x_t = \frac{1}{\lambda}\sum_{t \in G} a_{v,t} x_t \qquad (4-4)$$

其中,$M(v)$ 表示 v 相邻节点的集合,v 和 t 相邻 $a_{v,t}$ 取 1,否则取 0;λ 为常数。变形后得到:$Ax = \lambda x$,λ 为最大特征值时,对应特征向量 x 中的 n 个数字分别为各节点对应的特征向量中心性。

二、无权网络中的经济体地位测度结果

本书选择三个时间节点对各经济体在"一带一路"沿线 FTA 无权网络中经济体地位变化进行比较。三个时间节点分别是：一是 21 世纪初的 2001 年；二是"一带一路"倡议提出的前一年，即 2012 年；三是数据可获取的较新年份，2020 年。

1. 2001 年的测度结果

2001 年，各经济体在"一带一路"沿线 FTA 无权网络中的各项中心性指标以及排名情况如表 4-1 所示。为了方便排序比较，本书将综合中心性（四个中心性指标值的加总）的值作为当年国家或地区排序依据。从综合中心性来看，埃及的值达到 100.35，排名首位；突尼斯（51.92）和叙利亚（49.23）分列第二和第三位。

表 4-1　2001 年"一带一路"沿线 FTA 无权网络中国家或地区地位排名

排名	国家或地区	度数中心性	接近中心性	中介中心性	特征向量中心性	综合中心性
1	埃及	34.09	2.11	19.40	44.75	100.35
2	突尼斯	14.39	2.10	2.94	32.49	51.92
3	叙利亚	12.88	2.09	0.86	33.39	49.23
4	约旦	12.88	2.08	0.28	33.01	48.25
5	阿联酋	12.12	2.08	0.01	32.82	47.03
6	巴林	12.12	2.08	0.01	32.82	47.03
7	伊拉克	12.12	2.08	0.01	32.82	47.03
8	科威特	12.12	2.08	0.01	32.82	47.03
9	黎巴嫩	12.12	2.08	0.01	32.82	47.03
10	阿曼	12.12	2.08	0.01	32.82	47.03
11	卡塔尔	12.12	2.08	0.01	32.82	47.03
12	沙特阿拉伯	12.12	2.08	0.01	32.82	47.03
13	也门	12.12	2.08	0.01	32.82	47.03
14	土耳其	17.42	2.10	8.46	15.55	43.53
15	菲律宾	17.42	2.10	7.74	15.16	42.42
16	巴基斯坦	16.67	2.10	5.58	15.16	39.50

(续表)

排名	国家或地区	度数中心性	接近中心性	中介中心性	特征向量中心性	综合中心性
17	摩洛哥	9.85	2.09	0.54	26.71	39.19
18	阿尔及利亚	9.09	2.08	0.00	26.10	37.27
19	利比亚	9.09	2.08	0.00	26.10	37.27
20	苏丹	9.09	2.08	0.00	26.10	37.27
21	以色列	15.91	2.10	3.62	15.28	36.91
22	孟加拉国	15.15	2.10	1.91	15.00	34.16
23	欧盟	11.36	2.09	4.92	9.51	27.88
24	塞尔维亚	10.61	2.09	0.05	13.82	26.57
25	韩国	7.58	2.09	0.53	9.37	19.57
26	墨西哥	6.06	2.09	0.38	9.26	17.79
27	老挝	9.85	2.08	0.51	4.15	16.58
28	巴西	5.30	2.09	0.00	8.65	16.04
29	智利	5.30	2.09	0.00	8.65	16.04
30	秘鲁	5.30	2.09	0.00	8.65	16.04
31	巴拉圭	5.30	2.09	0.00	8.65	16.04
32	乌拉圭	5.30	2.09	0.00	8.65	16.04
33	俄罗斯	8.33	2.06	5.38	0.17	15.94
34	塔吉克斯坦	3.79	2.08	5.91	2.27	14.05
35	新加坡	7.58	2.07	0.98	2.26	12.89
36	乌克兰	6.82	2.06	2.82	0.13	11.83
37	印度	6.06	2.08	0.10	3.56	11.80
38	斯里兰卡	6.06	2.08	0.10	3.56	11.80
39	文莱	6.82	2.07	0.00	2.25	11.14
40	印度尼西亚	6.82	2.07	0.00	2.25	11.14
41	柬埔寨	6.82	2.07	0.00	2.25	11.14
42	缅甸	6.82	2.07	0.00	2.25	11.14
43	马来西亚	6.82	2.07	0.00	2.25	11.14

(续表)

排名	国家或地区	度数中心性	接近中心性	中介中心性	特征向量中心性	综合中心性
44	泰国	6.82	2.07	0.00	2.25	11.14
45	越南	6.82	2.07	0.00	2.25	11.14
46	北马其顿	2.27	2.08	3.51	1.62	9.48
47	不丹	4.55	2.07	0.00	2.75	9.37
48	马尔代夫	4.55	2.07	0.00	2.75	9.37
49	尼泊尔	4.55	2.07	0.00	2.75	9.37
50	瑞士	3.03	2.08	0.10	2.67	7.88

注：各中心性指标根据 UCINET 指标计算，综合中心性指标为四个分项指标值的加总；数据截止到 2001 年 12 月 31 日；2001 年沿线 FTA 网络共有 87 个经济体，限于篇幅仅列出排名前 50 位的经济体。

从各项中心性指标来看，埃及的度数中心性以及中介中心性比其他国家高很多，这意味着埃及与更多国家达成协定，同时也连接了多个区域子群，扮演了"桥梁"的角色。截至 2001 年底，埃及共签订了三个 FTA，分别是 1973 年的贸易谈判协议（PTN），1998 年的泛阿拉伯自由贸易区（PAFTA），以及 1999 年埃及加入东部和南部非洲共同市场（COMESA）。具体来看，贸易谈判协议（PTN）的成员包括埃及、孟加拉国、巴西、智利、以色列、韩国、墨西哥、巴基斯坦、巴拉圭、秘鲁、菲律宾、突尼斯、土耳其、乌拉圭、塞尔维亚等 15 个国家，该协定跨越了西亚、南美洲、中东、东亚、北美洲、非洲和欧洲。泛阿拉伯自由贸易区（PAFTA）的成员基本来自非洲和中东地区，包括巴林、伊拉克、约旦、科威特、黎巴嫩、利比亚、摩洛哥、阿曼、卡塔尔、沙特阿拉伯、苏丹、叙利亚、阿联酋、突尼斯、埃及和也门。东部和南部非洲共同市场（COMESA）于 1993 年成立，埃及在 1999 年加入，现有成员包括布隆迪、科摩罗、刚果民主共和国、埃塞俄比亚、厄立特里亚、吉布提、肯尼亚、利比亚、马达加斯加、马拉维、毛里求斯、卢旺达、塞舌尔、津巴布韦、苏丹、埃斯瓦蒂尼、乌干达、埃及和赞比亚共 19 个非洲国家。由此可见，埃及通过这些大型区域协定连接了亚、非、欧、美等多个大洲国家，占据了"一带一路"沿线 FTA 网络的重要位置。

同样的，突尼斯是贸易谈判协议（PTN）和泛阿拉伯自由贸易区（PAFTA）的成员；而叙利亚是泛阿拉伯自由贸易区（PAFTA）和东部和南部非洲共同市场（COMESA）的成员，叙利亚和欧盟于 1977 年签订了自由贸易协定,因此这两个国家的综合中心性指标也较高。2001年,"一带一路"沿线FTA网络的另一个特点是,各参与国的接近中心性基本一致,数值都在2以上,这说明沿线FTA网络基本完善,大多数参与国都通过直接或间接的关系相连。此外,1998年1月1日正式生效的泛阿拉伯自由贸易区(PAFTA),使得叙利亚、约旦、阿联酋、巴林、伊拉克、科威特等中东国家在沿线FTA网络中的地位要相对排名靠前。需要指出的是,由于中国最早生效的协定是于2015年生效的中国-东盟FTA,因此在2001年时,中国尚未有任何已生效的FTA,因此没有进入当年的沿线FTA网络中(见图4-1)。

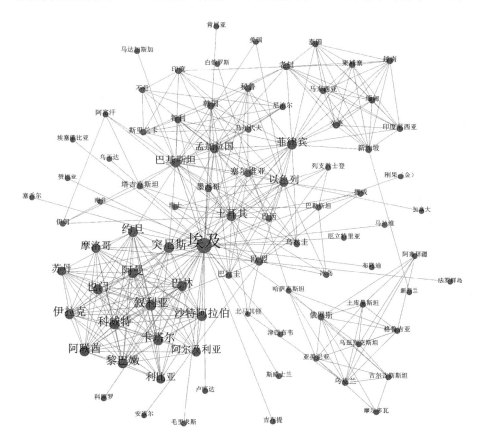

图4-1 2001年"一带一路"沿线FTA无权网络图

注:图中原始数据来自WTO RTA数据库,图片由网络分析软件Gephi生成。图中圆点代表国家或地区,圆点大小则由相应年份各经济体的综合中心性决定,中心性越高则相应节点越大。图中连线代表FTA关系。

2. 2012年的测度结果

2012年,埃及的综合中心性仍然处于沿线网络的首位(见表4-2)。2001—2012年间,埃及新生效的协定包括:2004年生效的埃及-欧盟自由贸易协定和2007年生效的埃及-土耳其自由贸易协定、埃及-欧洲自由贸易联盟(EFTA)自由贸易协定以及阿加迪尔协议(Agadir Agreement)。埃及签署FTA的对象均是区域一体化组织,具体来看,2012年的欧盟有27个欧洲成员国(克罗地亚2013年7月1日加入欧盟)。欧洲自由贸易联盟(EFTA)则有挪威、列支敦士登、瑞士、冰岛4个北欧成员国。阿加迪尔协议是由摩洛哥、约旦、埃及、突尼斯四个非洲及中东国家签署的一项有关四国在经贸领域进行合作的协定。

欧盟的综合中心性为93.72,位居第二;大大超过其后的土耳其(64.45)、菲律宾(57.41)等国。尤其是欧盟的中介中心性达到27.03,位居首位,大幅超过网络中的其他国家。欧盟之所以拥有最高的中介中心性,得益于其签署了覆盖亚、非、拉美等多个大洲的协定,使得其中介桥梁作用非常明显。截至2012年,欧盟共签订自由贸易协定22个,包括欧盟-安道尔、欧盟-智利、欧盟-法罗群岛、欧盟-以色列、欧盟-约旦、欧盟-墨西哥、欧盟-摩洛哥、欧盟-北马其顿、欧盟-巴勒斯坦、欧盟-圣马力诺、欧盟-突尼斯、欧盟-南非、欧盟-瑞士-列支敦士登、欧盟-冰岛、欧盟-土耳其、欧盟-阿尔巴尼亚、欧盟-阿尔及利亚、欧盟-埃及、欧盟-黎巴嫩、欧盟-挪威、欧盟-叙利亚以及欧洲经济区(EEA),涉及北美洲、大洋洲、东亚、非洲、南美洲、欧洲、中东、中美洲以及加勒比地区的48个国家或地区。

中国自2005年参与的第一个协定中国-东盟FTA生效后开始进入沿线FTA网络。中国在沿线FTA网络114个国家中排名第41位,在网络中处于中等靠前的地位。这主要因为,2005—2012年,除中国-东盟FTA生效外,还有中国-巴基斯坦(2007年生效)和中国-新加坡(2009年生效)等与沿线国家的协定相继生效。

表4-2   2012年"一带一路"沿线FTA无权网络中国家或地区地位排名

排名	国家或地区	度数中心性	接近中心性	中介中心性	特征向量中心性	综合中心性
1	埃及	37.88	4.87	21.98	42.14	106.86
2	欧盟	34.85	4.85	27.03	26.99	93.72
3	土耳其	23.48	4.85	6.79	29.33	64.45
4	菲律宾	21.21	4.79	4.33	27.07	57.41

(续表)

排名	国家或地区	度数中心性	接近中心性	中介中心性	特征向量中心性	综合中心性
5	约旦	18.94	4.81	2.96	29.51	56.22
6	塞尔维亚	19.70	4.84	5.25	24.57	54.35
7	巴基斯坦	18.94	4.79	3.81	21.91	49.46
8	突尼斯	14.39	4.81	1.86	27.02	48.08
9	黎巴嫩	15.91	4.77	0.94	26.32	47.94
10	以色列	16.67	4.82	2.83	22.50	46.81
11	新加坡	18.18	4.75	4.13	19.52	46.58
12	韩国	14.39	4.81	4.92	21.14	45.27
13	孟加拉国	16.67	4.78	2.12	21.15	44.71
14	印度	18.94	4.71	1.46	18.60	43.71
15	叙利亚	13.64	4.77	0.66	24.60	43.67
16	巴林	12.88	4.71	0.10	21.90	39.59
17	阿曼	12.88	4.71	0.10	21.90	39.59
18	也门	12.12	4.71	0.01	21.54	38.37
19	阿联酋	12.12	4.71	0.01	21.54	38.37
20	伊拉克	12.12	4.71	0.01	21.54	38.37
21	科威特	12.12	4.71	0.01	21.54	38.37
22	卡塔尔	12.12	4.71	0.01	21.54	38.37
23	沙特阿拉伯	12.12	4.71	0.01	21.54	38.37
24	摩洛哥	10.61	4.77	0.45	20.27	36.09
25	阿尔及利亚	9.85	4.74	0.31	18.58	33.48
26	马来西亚	12.88	4.70	0.25	14.72	32.55
27	老挝	12.88	4.69	0.16	14.20	31.94
28	智利	9.09	4.80	1.25	16.24	31.39
29	瑞士	9.85	4.81	1.46	15.22	31.33
30	冰岛	9.85	4.81	1.46	15.22	31.33
31	列支敦士登	9.85	4.81	1.46	15.22	31.33

(续表)

排名	国家或地区	度数中心性	接近中心性	中介中心性	特征向量中心性	综合中心性
32	挪威	9.85	4.81	1.46	15.22	31.33
33	利比亚	9.09	4.70	0.00	17.02	30.81
34	苏丹	9.09	4.70	0.00	17.02	30.81
35	文莱	12.12	4.69	0.12	13.52	30.45
36	印度尼西亚	11.36	4.69	0.06	12.64	28.74
37	柬埔寨	11.36	4.69	0.06	12.64	28.74
38	缅甸	11.36	4.69	0.06	12.64	28.74
39	泰国	11.36	4.69	0.06	12.64	28.74
40	越南	11.36	4.69	0.06	12.64	28.74
41	中国	10.61	4.66	0.12	12.75	28.14
42	乌克兰	12.12	4.68	3.63	5.49	25.92
43	北马其顿	9.85	4.74	0.60	10.59	25.78
44	阿尔巴尼亚	9.09	4.74	0.31	10.29	24.42
45	黑山	9.09	4.74	0.31	10.29	24.42
46	墨西哥	6.06	4.79	0.21	12.42	23.48
47	秘鲁	6.06	4.76	0.07	11.99	22.87
48	日本	8.33	4.64	0.00	9.84	22.81
49	巴西	6.06	4.76	0.05	11.94	22.81
50	巴拉圭	6.06	4.76	0.05	11.94	22.81

注：各中心性指标根据UCINET指标计算，综合中心性指标为四个分项指标值的加总；数据截止到2012年12月31日；2012年沿线FTA网络共有114个经济体，限于篇幅仅列出排名前50位的经济体。

3. 2020年的测度结果

2020年，欧盟的综合中心性超越了埃及，以210.47的总值位居第一（见表4-3）。2012—2020年，欧盟生效了欧盟-黑山、欧盟-韩国、欧盟-东部和南部非洲、欧盟-波黑、欧盟-加勒比国家论坛、欧盟-中美洲、欧盟-哥伦比亚和秘鲁、欧盟-塞尔维亚、欧盟-太平洋国家、欧盟-喀麦隆、欧盟-乌克兰、欧盟-格鲁吉亚、欧盟-摩尔多瓦、欧盟-科特迪瓦、欧盟-南共体(SADC)、欧盟-加纳、欧盟-加拿大、欧盟-哥伦比亚和秘鲁（厄瓜多尔加入）、欧盟-亚美尼亚、欧盟-

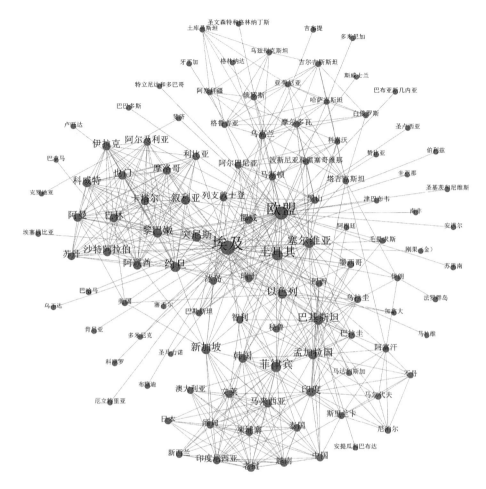

图 4-2　2012 年"一带一路"沿线 FTA 无权网络图

注：图中原始数据来自 WTO RTA 数据库，图片由网络分析软件 Gephi 生成。图中圆点代表国家或地区，圆点大小则由相应年份各经济体的综合中心性决定，中心性越高则相应节点越大。图中连线代表 FTA 关系。

太平洋国家（萨摩亚加入）、欧盟-日本、欧盟-新加坡、欧盟-东部和南部非洲（科摩罗加入）、欧盟-越南和欧盟-太平洋国家（所罗门群岛加入）25 个自由贸易协定，涉及来自北美洲、大洋洲、东亚、独联体、非洲、加勒比海地区、南美洲、欧洲和中美洲的 53 个国家或地区。至此，欧盟的 FTA 伙伴总共达到 79 个。数量众多且分布广泛的伙伴使得欧盟拥有最高的度数中心性和中介中心性，这意味着欧盟与"一带一路"沿线 FTA 网络中的各个国家有着紧密联系，并且有着强大的信息控制能力（见图 4-3）。同时，欧盟的接近中心性也超越了其他国家,使得欧盟国家可以更便捷地获取国际市场信息以及进入其他国家市场。

2020年,中心性排名上升较快的还有新加坡、菲律宾等东盟国家。东南亚国家联盟(ASEAN)于1967年8月8日在泰国曼谷成立,1993年协定生效,共有10个成员国:文莱、柬埔寨、印度尼西亚、老挝、马来西亚、菲律宾、新加坡、泰国、缅甸、越南。截至2020年,东盟签订了东盟-中国(2005年生效)、东盟-日本(2008年生效)、东盟-澳大利亚-新西兰(2010年生效)、东盟-韩国(2010年生效)、东盟-印度(2010年生效)和区域全面经济伙伴关系协定(RCEP)8个自由贸易协定。可以看出,东盟的FTA伙伴主要集中在东亚和西亚,跨区域能力不如欧盟。在东盟国家中,新加坡的综合中心性最高,总排名第三。截至2020年,新加坡共签订了新西兰-新加坡、日本-新加坡、欧洲自由贸易联盟(EFTA)-新加坡、新加坡-澳大利亚、印度-新加坡、约旦-新加坡、韩国-新加坡、跨太平洋战略经济伙伴关系(TPP)、巴拿马-新加坡、中国-新加坡、秘鲁-新加坡、哥斯达黎加-新加坡、海湾合作委员会(GCC)-新加坡、全面与进步跨太平洋伙伴关系协定(CPTPP)、美国-新加坡、土耳其-新加坡、欧盟-新加坡等18个自由贸易协定。FTA伙伴遍布中美洲、东亚、欧洲、中东、北美洲、大洋洲、南美洲和西亚。

此外,中国在2020年"一带一路"沿线FTA网络中的综合中心性排名为第45位,与2012年相比略有下降。主要原因在于,2013—2020年,中国仅新增一个与沿线国家的FTA,即2018年正式生效的中国-格鲁吉亚FTA[①]。由于无权FTA网络不考虑规则的深度,因此中国-新加坡FTA升级版、中国-东盟FTA升级版等协定的生效,无法体现在无权网络的中心性变化上。

表4-3 2020年"一带一路"沿线FTA无权网络中国家或地区地位排名

排名	国家或地区	度数中心性	接近中心性	中介中心性	特征向量中心性	综合中心性
1	欧盟	56.06	68.39	54.57	31.44	210.47
2	埃及	38.64	59.46	21.23	35.72	155.04
3	新加坡	28.03	54.55	7.80	30.65	121.02
4	土耳其	26.52	57.14	5.29	29.25	118.20

① 虽然中国-马尔代夫FTA于2017年签署,但该协定没有正式生效,因此不进入2020年的沿线FTA网络。

(续表)

排名	国家或地区	度数中心性	接近中心性	中介中心性	特征向量中心性	综合中心性
5	菲律宾	25.00	48.71	2.83	28.44	104.98
6	塞尔维亚	19.70	54.77	2.71	22.49	99.67
7	约旦	18.94	52.17	1.48	26.09	98.68
8	冰岛	16.67	53.23	1.37	22.82	94.07
9	列支敦士登	16.67	53.23	1.37	22.82	94.07
10	挪威	16.67	53.23	1.37	22.82	94.07
11	越南	19.70	51.97	4.25	17.91	93.82
12	以色列	16.67	52.59	1.68	20.36	91.30
13	突尼斯	14.39	51.97	1.19	22.12	89.67
14	韩国	14.39	52.80	2.42	19.01	88.63
15	巴基斯坦	19.70	46.81	3.01	18.60	88.11
16	黎巴嫩	15.91	48.35	0.76	22.49	87.51
17	叙利亚	13.64	48.53	0.73	19.81	82.71
18	巴林	15.91	44.30	0.32	21.96	82.49
19	阿曼	15.91	44.30	0.32	21.96	82.49
20	阿联酋	15.15	44.15	0.22	21.67	81.18
21	科威特	15.15	44.15	0.22	21.67	81.18
22	卡塔尔	15.15	44.15	0.22	21.67	81.18
23	沙特阿拉伯	15.15	44.15	0.22	21.67	81.18
24	智利	11.36	51.97	1.02	16.72	81.07
25	孟加拉国	16.67	45.36	1.95	17.00	80.98
26	瑞士	12.12	51.97	0.63	16.19	80.91
27	印度	18.94	42.58	1.84	16.60	79.95
28	马来西亚	16.67	43.42	0.35	17.71	78.14

(续表)

排名	国家或地区	度数中心性	接近中心性	中介中心性	特征向量中心性	综合中心性
29	摩洛哥	10.61	47.83	0.43	16.69	75.56
30	墨西哥	9.09	51.36	0.50	14.45	75.41
31	秘鲁	9.09	51.36	0.50	14.45	75.41
32	乌克兰	14.39	47.14	2.69	10.03	74.26
33	格鲁吉亚	12.12	48.53	2.64	10.44	73.74
34	阿尔及利亚	9.85	46.98	0.38	15.21	72.42
35	文莱	15.15	41.64	0.16	15.40	72.35
36	日本	9.85	48.53	2.37	11.48	72.22
37	印度尼西亚	13.64	41.64	0.11	14.49	69.87
38	摩尔多瓦	12.88	46.32	1.56	9.10	69.86
39	老挝	13.64	41.25	0.20	13.88	68.96
40	伊拉克	12.12	39.52	0.01	16.88	68.53
41	也门	12.12	39.52	0.01	16.88	68.53
42	北马其顿	9.85	46.32	0.16	11.36	67.69
43	黑山	9.85	46.32	0.16	11.36	67.69
44	泰国	12.88	41.12	0.05	13.59	67.64
45	中国	11.36	41.77	0.37	12.48	65.99
46	阿尔巴尼亚	9.09	45.83	0.15	10.87	65.94
47	波黑	9.09	45.83	0.15	10.87	65.94
48	柬埔寨	12.12	40.99	0.04	12.78	65.93
49	缅甸	12.12	40.99	0.04	12.78	65.93
50	加拿大	6.06	48.00	0.24	8.60	62.90

注：各中心性指标根据 UCINET 指标计算，综合中心性指标为四个分项指标值的加总；数据截至 2020 年 12 月 31 日。2020 年沿线 FTA 网络共有 133 个经济体，限于篇幅仅列出排名前 50 位的经济体。

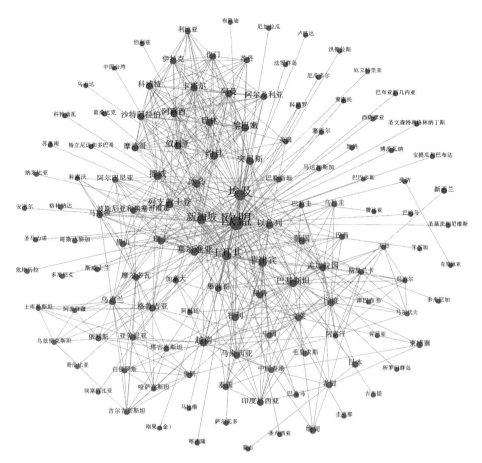

图 4-3　2020 年"一带一路"沿线 FTA 无权网络图

注：图中原始数据来自 WTO RTA 数据库，图片由网络分析软件 Gephi 生成。图中圆点代表国家或地区，圆点大小则由相应年份各经济体的综合中心性决定，中心性越高则相应节点越大。图中连线代表 FTA 关系。

第二节　沿线 FTA 网络的国家地位测度：加权网络

在"一带一路"沿线 FTA 无权网络中的国家地位的测度中，本书将所有 FTA 关系视为同质的。但现实中，"一带一路"沿线国家 FTA 之间的规则深度各有不同。沿线各国在经济发展、制度环境、对外政策等方面均存在不同的利益诉求,各国签订的不同协定之间的规则深度差异往往较大,因而在FTA网络中形成了规则异质性的显著特征(Kohl 等,2016;Andreas 等,2014 等)。这一部分,本书将从 FTA 规则异质性视角,度量加权的"一带一路"沿线 FTA 网络以捕捉更贴近 FTA 现实的信息。

一、FTA加权网络中心性指标的测量方法

对各国在 FTA 加权网络中的中心性指标的测量,首先要对每一个网络中的 FTA 进行规则量化,然后,在 FTA 深度量化基础上,将其作为加权变量纳入 FTA 网络中心性指标的测度。

(一) 对 FTA 规则进行量化

本书根据 Damuri(2012)提出的核心条款口径确定纳入规则深度测量的条款范围。Damuri(2012)扩展了 Horn 等(2010)的研究,采用多维排列法从52 个 FTA 条款中遴选出影响贸易投资最显著的 18 项核心条款,包括:工业产品减让、农业产品减让、海关程序、出口税、动植物卫生检疫措施(SPS)、技术性贸易壁垒(TBT)、反倾销、反补贴、与贸易有关的投资措施(TRIMs)、与贸易有关的知识产权协定(TRIPs)和资本自由流动 11 项"边境内措施"和国有企业、政府援助、政府采购、服务贸易总协定(GATS)、竞争政策、投资和知识产权保护(IPR)7 项"边境后措施"。

在确定以上 18 个核心条款范围的基础上,本书在协定条款的量化评分上参考 Hofmann 等(2017)的做法,基于每个条款的覆盖面和是否具有法律约束力来综合度量 FTA 的深度。具体来说,假设 FTA 已经覆盖某一条款,但由于法律用语不明确或措辞含蓄,所涵盖的领域可能仍无法在法律上强制执行。一般说来,如果使用的语言足够精确,而且没有被排除在争端解决机制之外,则该 FTA 在该条款领域被视为可在法律上强制执行。从量化角度来说,如果 FTA 中没有提到该条款,或者没有在法律上要求强制执行该条款,则该项得 0 分;如果提到该条款,并在法律上强制执行,但明确排除在争端解决机制以外,则该项得 1 分;如果该条款被提及并在法律上可强制执行,则该项得 2 分。

(二) 加权网络中心性指标的测量

加权网络中心性的测度主要包括:强度中心性和流中介中心性两个指标。其中,强度中心性是度数中心性在加权网络中的应用扩展,反映 FTA网络中各参与国对应节点在网络中与其他节点的连接强度,一个国家签订

的 FTA 越多或者签订 FTA 的深度越高,它的强数中心性就会越高。与度数中心性的计算公式类似,强度中心性的计算公式如下:

$$C_D'(n_i) = d(n_i)/g - 1 \quad (4-5)$$

其中,$d(n_i)$ 是被测度节点 i 与其直接相连节点的连接强度总和(即条款深度之和),g 为网络中节点总数。

流中介中心性测度(flow betweenness centrality)是中介中心性在加权网络中的应用扩展。与无权网络中类似,它主要反映 FTA 网络中参与国对应节点作为桥梁或者中介连接关系相对松散的两个或多个区域的作用。两者的区别在于,流中介中心性更加强调被测度节点对于流量的控制能力,即网络中有多少流量必须流经该节点(Freeman,1991)。流中介中心性计算公式是:

$$C_F'(x_i) = \frac{C_F(x_i)}{\sum \sum m_{jk}} \quad (4-6)$$

$$C_F(x_i) = \sum \sum m_{jk}(x_i)$$

式(4-6)中 $C_F(x_i)$ 是指除被测度节点 x_i 以外的其他任意两个节点 j、k 之间必须经过节点 x_i 传递信息流量的数量,该数值受三个因素影响:(1)j、k 之间发送和接收信息的能力;(2)通过被测度节点 x_i 传递信息的能力;(3)其他途径的传递能力。$C_F'(x_i)$ 是指被测度节点 x_i 标准化后的流中介中心性,$\sum \sum m_{jk}$ 是指网络中被测度节点 x_i 不作顶点的最大信息流量。流中介中心性的思想符合目前全球经济的现状,两个国家之间的信息交流或是国际贸易不会只依赖两国之间的直接渠道,而会寻找各种间接渠道来完成信息交流或国际贸易。所谓间接渠道即两国之间的信息或贸易至少通过一个其他国家来传递。在加权 FTA 网络中流中介中心性就是度量一国处于别国间接渠道位置的中介能力。

二、FTA 加权网络中心性的测度结果

基于以上量化方法,本书在世界银行首席专家 Hofmann 等(2017)的 FTA 深度数据库基础上[①],进一步量化了最新生效的协定,最终得到了以协定深度加权的"一带一路"沿线 FTA 网络,并计算了各国在相应年份的中心性指标。

---

① 由于 Hofmann 等(2017)发布的数据库仅更新到 2015 年,笔者按照同样的评分方法对 2015 年以后生效的沿线国家 FTA 进行量化,得到了截至 2020 年 12 月 31 日的完整数据库。

(一) 2001 年的测度结果

2001 年,"一带一路"沿线 FTA 规则深度加权网络中国家地位情况与无权网络相比,欧盟的排名上升非常明显,这是因为欧盟签订的欧洲经济区(EEA)、欧盟-土耳其、欧盟-突尼斯、欧盟-墨西哥、欧盟-摩洛哥、欧盟-以色列和欧盟-北马其顿都是高标准的自由贸易协定,深度都达到 20 以上,所有与沿线国家签订的 FTA 的平均深度也达到 19.2。而同时期埃及生效协定的平均深度只有 5。高标准规则意味着欧盟能够控制的信息流量更大,带来的贸易效应也更大,因此,欧盟的强度中心性超越了埃及。但是埃及 FTA 网络的跨区域特征使得埃及的流中介中心性达到 15.13,这意味着埃及的跨区域交流能力更强,在网络中扮演重要的"桥梁"角色(见表 4-4 和图 4-4)。

表 4-4　2001 年"一带一路"沿线 FTA 规则深度加权网络中国家或地区地位排名

排名	国家或地区	强度中心性	流中介中心性	综合中心性	排名	国家或地区	强度中心性	流中介中心性	综合中心性
1	埃及	5.21	15.13	20.35	18	列支敦士登	2.14	0.02	2.16
2	欧盟	7.4	3.53	10.93	19	挪威	2.14	0.02	2.16
3	以色列	5.08	2.12	7.2	20	巴勒斯坦	2.03	0.11	2.14
4	土耳其	5.08	1.16	6.24	21	乌兹别克斯坦	2.09	0.03	2.13
5	俄罗斯	2.67	3.09	5.76	22	土库曼斯坦	2.09	0.03	2.13
6	乌克兰	1.96	3.67	5.63	23	阿塞拜疆	1.92	0.02	1.94
7	北马其顿	1.43	3.85	5.27	24	叙利亚	1.63	0.26	1.89
8	巴基斯坦	2.41	1.17	3.57	25	印度	1.43	0.38	1.8
9	孟加拉国	2.5	0.89	3.39	26	斯里兰卡	1.43	0.38	1.8
10	塔吉克斯坦	0.8	2.45	3.26	27	摩洛哥	1.6	0.17	1.77
11	菲律宾	1.65	1.3	2.95	28	塞尔维亚	1.25	0.48	1.73
12	新加坡	0.98	1.53	2.51	29	阿联酋	1.43	0.26	1.68
13	老挝	1.38	1.02	2.4	30	巴林	1.43	0.26	1.68
14	突尼斯	2.14	0.21	2.35	31	伊拉克	1.43	0.26	1.68
15	格鲁吉亚	2.23	0.05	2.27	32	科威特	1.43	0.26	1.68
16	约旦	1.69	0.49	2.18	33	黎巴嫩	1.43	0.26	1.68
17	冰岛	2.14	0.02	2.16	34	阿曼	1.43	0.26	1.68

（续表）

排名	国家或地区	强度中心性	流中介中心性	综合中心性	排名	国家或地区	强度中心性	流中介中心性	综合中心性
35	卡塔尔	1.43	0.26	1.68	43	利比亚	1.14	0.17	1.31
36	沙特阿拉伯	1.43	0.26	1.68	44	苏丹	1.14	0.17	1.31
37	也门	1.43	0.26	1.68	45	阿尔及利亚	1.07	0.17	1.24
38	瑞士	1.65	0.03	1.68	46	哈萨克斯坦	1.07	0.14	1.21
39	吉尔吉斯斯坦	1.43	0.25	1.67	47	泰国	0.49	0.65	1.14
40	韩国	1.43	0.2	1.63	48	文莱	0.4	0.63	1.03
41	亚美尼亚	1.34	0.19	1.53	49	印度尼西亚	0.4	0.63	1.03
42	墨西哥	1.45	0.04	1.49	50	柬埔寨	0.4	0.63	1.03

注：各中心性指标根据 UCINET 指标计算，综合中心性指标为两个分项指标值的加总；数据截至 2001 年 12 月 31 日；规则深度加权基于 Damuri(2012)提出的 18 个核心条款的口径。

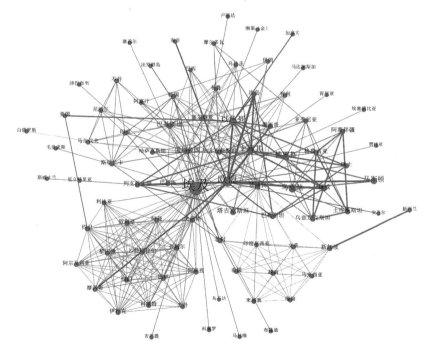

图 4-4　2001 年"一带一路"沿线 FTA 规则深度加权网络图

注：图中原始数据来自 WTO RTA 数据库，FTA 规则深度来自 Hofmann 等(2017)数据库以及作者整理。图片由网络分析软件 Gephi 生成。图中圆点代表国家或地区，圆点大小则由相应年份各国的综合中心性决定，国家中心性越高则相应节点越大。图中连线代表 FTA 关系，连线的粗细对应 FTA 深度的高低。

(二) 2012年的测度结果

与2001年相比,2012年沿线FTA规则深度加权网络中的国家地位测算结果中,新加坡和印度的排名变化最大。其中,新加坡的排名从2001年的第12位上升到2012年的第3位,印度的排名从2001年的第25位上升到2012年的第5位。

新加坡排名大幅上升的原因在于,2001—2012年,新加坡生效了许多规则深度较高的FTA,如新加坡-新西兰FTA(2001年生效)、日本-新加坡FTA(2002年生效)、澳大利亚-新加坡FTA(2003年生效)、欧洲自由贸易联盟(EFTA)-新加坡FTA(2003年生效)、美国-新加坡FTA(2004年生效)、印度-新加坡FTA(2005年生效)、约旦-新加坡FTA(2005年生效)、巴拿马-新加坡FTA(2006年生效)、韩国-新加坡FTA(2006年生效)、秘鲁-新加坡FTA(2009年生效)等协定的深度,均明显超过沿线其他FTA的平均深度水平。这使新加坡的强度中心性快速上升,同时也拉高了其总体排名。

类似地,印度在2001—2012年大幅加快了FTA参与的步伐,12年间共生效了12个协定,包括:印度-斯里兰卡FTA(2001年生效)、印度-阿富汗FTA(2003年生效)、印度-泰国FTA(2004年生效)、印度-新加坡FTA(2005年生效)、印度-不丹FTA(2006年生效)、智利-印度FTA(2007年生效)、印度-尼泊尔FTA(2009年生效)、印度-南方共同市场FTA(2009年生效)、东盟-印度FTA(2010年生效)、韩国-印度FTA(2010年生效)、印度-日本FTA(2011年生效)、印度-马来西亚FTA(2011年生效)。其中,印度与新加坡、智利、韩国、日本、马来西亚等贸易伙伴生效的FTA均属于深度较高的协定。

中国在2012年的沿线规则深度加权的FTA网络综合中心性指标上位列第49位,与同期中国在无权FTA网络中的排名(第41位)相比相对落后,这表明,中国在同期签署的协定深度上,与沿线FTA网络其他节点生效FTA规则的平均水平相比更低(见表4-5和图4-5)。

表4-5　2012年"一带一路"沿线FTA规则深度加权网络中国家或地区地位排名

排名	国家或地区	强度中心性	流中介中心性	综合中心性	排名	国家或地区	强度中心性	流中介中心性	综合中心性
1	欧盟	24.51	27.93	52.44	3	新加坡	9.69	2.25	11.94
2	埃及	8.65	17.33	25.97	4	土耳其	10.25	1.43	11.68

(续表)

排名	国家或地区	强度中心性	流中介中心性	综合中心性	排名	国家或地区	强度中心性	流中介中心性	综合中心性
5	印度	7.89	2.19	10.08	28	文莱	4.23	0.21	4.44
6	塞尔维亚	9.05	0.52	9.57	29	科索沃	4.28	0.08	4.36
7	乌克兰	7.71	0.77	8.48	30	阿曼	3.45	0.82	4.28
8	韩国	7.71	0.68	8.39	31	巴林	3.32	0.79	4.11
9	以色列	6.06	2.26	8.32	32	老挝	3.74	0.29	4.03
10	摩尔多瓦	7.62	0.65	8.27	33	哈萨克斯坦	3.48	0.36	3.84
11	北马其顿	7.66	0.16	7.82	34	格鲁吉亚	3.25	0.5	3.75
12	黑山	7.44	0.16	7.6	35	塔吉克斯坦	3.03	0.64	3.67
13	阿尔巴尼亚	7.22	0.15	7.37	36	白俄罗斯	3.3	0.33	3.62
14	冰岛	7.13	0.22	7.35	37	孟加拉国	2.67	0.88	3.55
15	列支敦士登	7.13	0.22	7.35	38	泰国	3.36	0.15	3.51
16	挪威	7.13	0.22	7.35	39	智利	3.41	0.1	3.51
17	新西兰	6.31	0.62	6.93	40	越南	3.3	0.14	3.44
18	澳大利亚	6.31	0.62	6.93	41	阿联酋	2.76	0.64	3.4
19	瑞士	6.64	0.23	6.87	42	科威特	2.76	0.64	3.4
20	日本	5.97	0.51	6.49	43	卡塔尔	2.76	0.64	3.4
21	约旦	5.33	0.98	6.31	44	沙特阿拉伯	2.76	0.64	3.4
22	波黑	5.28	0.1	5.38	45	印度尼西亚	3.25	0.14	3.39
23	巴基斯坦	3.7	1.62	5.31	46	柬埔寨	3.21	0.14	3.34
24	俄罗斯	4.59	0.6	5.19	47	缅甸	3.21	0.14	3.34
25	菲律宾	4.43	0.47	4.91	48	亚美尼亚	2.85	0.33	3.18
26	马来西亚	4.37	0.24	4.61	49	中国	2.79	0.27	3.05
27	黎巴嫩	4.01	0.46	4.47	50	吉尔吉斯斯坦	2.72	0.31	3.03

注：各中心性指标根据 UCINET 指标计算，综合中心性指标为两个分项指标值的加总；数据截至 2012 年 12 月 31 日；规则深度加权基于 Damuri(2012)提出的 18 个核心条款的口径。

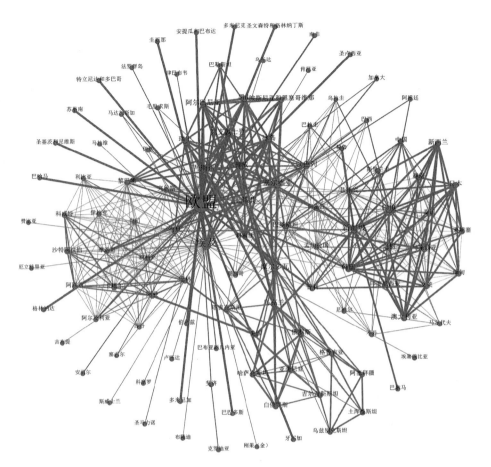

图 4-5　2012 年"一带一路"沿线 FTA 规则深度加权网络图

注:图中原始数据来自 WTO RTA 数据库,FTA 规则深度来自 Hofmann 等(2017)数据库以及作者整理。图片由网络分析软件 Gephi 生成。图中圆点代表国家或地区,圆点大小则由相应年份各国的综合中心性决定,国家中心性越高则相应节点越大。图中连线代表 FTA 关系,连线的粗细对应 FTA 深度的高低。

(三) 2020 年的测度结果

与 2012 年相比,2020 年"一带一路"沿线 FTA 规则深度加权网络中的排名前三位没有变化,依次为:欧盟、埃及和新加坡。但是,部分东盟国家的网络地位上升很快,如越南、马来西亚、菲律宾、文莱、印度尼西亚、泰国等(见表 4-6 和图 4-6)。

表 4-6　　2020 年"一带一路"沿线 FTA 规则深度加权网络中国家或地区地位排名

排名	国家或地区	强度中心性	流中介中心性	综合中心性	排名	国家或地区	强度中心性	流中介中心性	综合中心性
1	欧盟	37.66	49	86.66	26	北马其顿	7.66	0.23	7.89
2	埃及	9	19.04	28.05	27	波黑	7.6	0.23	7.83
3	新加坡	21.59	3.61	25.2	28	阿尔巴尼亚	7.22	0.22	7.44
4	越南	16.04	0.79	16.83	29	以色列	6.06	1.37	7.43
5	马来西亚	13.37	0.64	14.01	30	澳大利亚	6.71	0.08	6.78
6	土耳其	12.28	1.63	13.9	31	俄罗斯	6.13	0.64	6.77
7	菲律宾	12.46	0.54	12.99	32	新西兰	6.68	0.08	6.76
8	文莱	12.3	0.54	12.84	33	中国	6.55	0.21	6.76
9	乌克兰	9.14	0.65	9.79	34	约旦	5.33	0.6	5.92
10	印度	7.89	1.85	9.74	35	亚美尼亚	5.41	0.44	5.86
11	日本	8.07	1.58	9.64	36	智利	5.73	0.08	5.8
12	塞尔维亚	9.05	0.52	9.57	37	哈萨克斯坦	5.01	0.41	5.42
13	冰岛	9.09	0.38	9.47	38	白俄罗斯	4.84	0.4	5.23
14	列支敦士登	9.09	0.38	9.47	39	巴基斯坦	3.79	1.08	4.87
15	挪威	9.09	0.38	9.47	40	阿曼	3.85	0.85	4.71
16	老挝	8.78	0.38	9.16	41	吉尔吉斯斯坦	4.26	0.41	4.67
17	摩尔多瓦	8.53	0.54	9.07	42	加拿大	4.57	0.05	4.62
18	印度尼西亚	8.78	0.27	9.04	43	巴林	3.72	0.81	4.53
19	泰国	8.73	0.26	8.99	44	黎巴嫩	4.01	0.48	4.49
20	瑞士	8.6	0.38	8.98	45	墨西哥	4.39	0.07	4.46
21	柬埔寨	8.33	0.23	8.56	46	科索沃	4.28	0.14	4.42
22	缅甸	8.33	0.23	8.56	47	秘鲁	4.19	0.05	4.24
23	韩国	8.11	0.26	8.37	48	阿联酋	3.16	0.66	3.83
24	格鲁吉亚	7.44	0.65	8.09	49	科威特	3.16	0.66	3.83
25	黑山	7.8	0.23	8.03	50	卡塔尔	3.16	0.66	3.83

注:各中心性指标根据 UCINET 指标计算,综合中心性指标为两个分项指标值的加总;数据截至 2020 年 12 月 31 日;规则深度加权基于 Damuri(2012)提出的 18 个核心条款的口径。

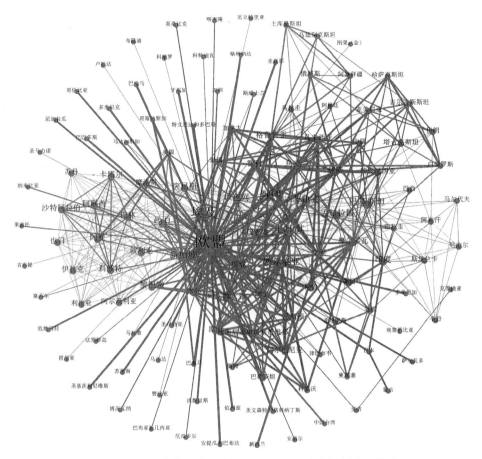

图 4-6　2020 年"一带一路"沿线 FTA 规则深度加权网络图

注:图中原始数据来自 WTO RTA 数据库,FTA 规则深度来自 Hofmann 等(2017)数据库以及作者整理。图片由网络分析软件 Gephi 生成。图中圆点代表国家或地区,圆点大小则由相应年份各国的综合中心性决定,国家中心性越高则相应节点越大。图中连线代表 FTA 关系,连线的粗细对应 FTA 深度的高低。

其中,越南、马来西亚和文莱分别从 2012 年的第 40 位、第 26 位和第 28 位,上升到 2020 年的第 4 位、第 5 位和第 8 位。其主要原因在于,2013—2020 年,这几个东盟国家参与了若干高标准的规则协定。例如,2018 年生效的国际高标准协定 CPTPP 就包含了越南、马来西亚、文莱和新加坡等 4 个东盟成员国;同期,越南还参与了欧盟-越南 FTA(2020 年生效)、韩国-越南 FTA(2015 年生效)、智利-越南 FTA(2014 年生效)等高标准协定;马来西亚还签署了澳大利亚-马来西亚 FTA(2013 年生效)等高标准协定。因此,总体上看,东盟国家在"一带一路"沿线FTA规则深度加权网络中的地位在明显提升。

与2012年相比,中国在2020年沿线FTA规则深度加权网络中的地位也有了明显提升,从2012年的第49位上升到2020年的第33位。其主要原因在于,2013年"一带一路"倡议提出以来,中国明显加快了与沿线国家FTA签署的步伐,期间中国不仅新签署了中国-格鲁吉亚FTA(2018年生效),还推动了中国-东盟FTA升级议定书(2019年生效)、中国-新加坡FTA升级议定书(2019年生效)、中国-巴基斯坦FTA第二阶段议定书(2019年生效)等协定升级版签署并生效。

第三节 沿线FTA网络的结构洞测度

为了进一步探究"一带一路"沿线FTA网络中各节点在多大程度上充当了"中间人"的角色,也即占据网络中的"信息优势",本书分别针对2001年、2012年、2020年的FTA网络进行结构洞分析。结构洞是用于描述节点之间非冗余联系的指标,其最早由Burt(1992)提出,指的是当网络中的一些节点不能直接连接,而只能通过其他节点间接相连时,网络中就出现了某种"洞穴",此时作为"中间人"的节点所拥有的关系就是非冗余的。

结构洞分析共包括有效规模(effective size)、效率(efficiency)、限制度(constraint)、等级度(hierarchy)四个常用指标,本书将分别使用上述四个指标对"一带一路"沿线FTA网络进行分析。所谓有效规模,指的是一个节点的个体网规模减去网络的冗余度(redundancy),也即网络中的非冗余因素,该指数越大,说明节点所拥有的非冗余信息越多。效率等于节点的有效规模与个体网实际规模之比,其意义与有效规模相近。限制度描述的是节点在网络中利用结构洞的能力,等于该节点受到其他节点的直接限制和间接限制之和,限制度指数越小,节点受到的限制越少。等级度是用于衡量限制性在多大程度上集中在同一个节点上的指标,等级度越小,该点受到限制的集中程度越低。总体来看,节点在结构洞分析中排名越靠前,其具有的网络异质性就越强。对于"一带一路"沿线FTA网络来说,结构洞指数排名较高的国家的FTA伙伴国更多元,这使其同时与不同地理区域的国家产生联系,从而在FTA网络中扮演了"中间人"的角色。本书分别对2001年、2012年、2020年的"一带一路"沿线FTA网络进行结构洞分析,以充分识别网络中各国地位随时间发生的变化。

表 4-7 给出了 2001 年"一带一路"沿线 FTA 网络的结构洞分析结果，限于篇幅，本书在此仅列出有效规模排名前 20 位的国家或地区，2012 年、2020 年的结果作同样处理。可以看到埃及在 FTA 网络中拥有最高的有效规模和效率，这说明在"一带一路"沿线 FTA 网络发展的初始阶段，埃及作为阿拉伯世界的核心国家，拥有十分重要的战略地位。其限制度和等级度也非常低，这说明埃及具有很强的跨越结构洞的能力，受到其他节点的限制程度较低。土耳其的有效规模仅次于埃及，但其较高的限制度和等级度说明该国受到的限制较强，对网络的控制能力较弱。菲律宾、以色列、巴基斯坦、孟加拉国分列第 3～6 位，欧盟位居第 7 位，欧盟的效率达到了 0.869 9，仅次于埃及，这说明欧盟在其个体网中拥有绝对的中心地位，但未在整体网中建立更加多元化的联系。总体来看，2001 年"一带一路"沿线 FTA 网络中结构洞指数位居前列的国家集中在中东、东南亚、欧洲的部分地区，此时中国尚未加入网络。

表 4-7　　2001 年"一带一路"沿线 FTA 网络结构洞分析结果

排序	国家或地区	有效规模	效率	限制度	等级度
1	埃及	40.356 8	0.896 8	0.045 5	0.014 8
2	土耳其	18.638 9	0.810 4	0.210 5	0.351 7
3	菲律宾	17.191 4	0.747 5	0.137 8	0.082 9
4	以色列	16.802 3	0.800 1	0.193 7	0.320 4
5	巴基斯坦	16.548 2	0.752 2	0.148 3	0.073 9
6	孟加拉国	13.932 2	0.696 6	0.179 8	0.118 3
7	欧盟	13.048 4	0.869 9	0.169 8	0.151 8
8	突尼斯	12.374 9	0.651 3	0.148 2	0.250 8
9	老挝	8.508 5	0.654 5	0.258 6	0.226 7
10	塞尔维亚	8.465 4	0.604 7	0.195 4	0.059 4
11	俄罗斯	8.236 0	0.748 7	0.258 0	0.025 8
12	约旦	7.568 9	0.445 2	0.175 1	0.019 6
13	新加坡	7.393 9	0.739 4	0.406 5	0.689 1
14	叙利亚	6.948 7	0.408 7	0.189 9	0.013 7
15	摩洛哥	6.327 4	0.486 7	0.215 8	0.281 8

(续表)

排序	国家或地区	有效规模	效率	限制度	等级度
16	乌克兰	5.841 6	0.649 1	0.301 5	0.009 7
17	韩国	5.658 0	0.565 8	0.254 8	0.163 9
18	阿联酋	5.425 6	0.339 1	0.209 7	0.004 0
19	巴林	5.425 6	0.339 1	0.209 7	0.004 0
20	伊拉克	5.425 6	0.339 1	0.209 7	0.004 0

注:限于篇幅仅列出排名前20个经济体,表中根据"有效规模"指标值进行排序。

表4-8进一步给出了2012年"一带一路"沿线FTA网络的结构洞分析结果。可以看到埃及的有效规模依旧保持了第一,但欧盟显著缩小了与埃及的差距,同时在效率上排名第一。这说明欧盟不仅在其个体网中处于绝对的中心地位,在"一带一路"沿线FTA整体网中的地位也快速提升。此外欧盟的限制度是所有国家或地区中最低的,等级度较2001年也显著下降,这说明欧盟在网络中受到的限制很小,是FTA规则的制定者。土耳其、巴基斯坦、菲律宾分列第3~5位,与2001年的排名相差不大。印度由2001年的第45位升至第6位,限制度和等级度也较低,说明2001—2012年印度参与FTA的积极性和多元化程度非常高,显著提升了其在网络中的地位。新加坡由第13位升至第7位,韩国由第17位升至第12位,是高收入经济体中进步最大的两个国家,新加坡的限制度仅高于埃及和欧盟,等级度仅高于乌克兰和伊拉克,说明其有很强的跨越结构洞的能力,掌握着FTA规则制定的主动权。中国位居第17位,说明我国在"一带一路"沿线FTA网络中的非冗余关系较少,这一方面是因为与我国签署FTA的国家或地区异质性较低,另一方面也是由于我国签署的FTA数量仍较为稀少。

表4-8　　　　2012年"一带一路"沿线FTA网络结构洞分析结果

排序	国家或地区	有效规模	效率	限制度	等级度
1	埃及	45.207 4	0.904 1	0.077 3	0.296 1
2	欧盟	43.359 4	0.942 6	0.043 4	0.082 7
3	土耳其	25.488 0	0.822 2	0.112 7	0.161 7
4	巴基斯坦	21.575 8	0.863 0	0.121 6	0.194 5
5	菲律宾	20.649 3	0.737 5	0.167 1	0.192 1
6	印度	20.639 4	0.825 6	0.121 1	0.146 8

(续表)

排序	国家或地区	有效规模	效率	限制度	等级度
7	新加坡	20.121 7	0.838 4	0.094 9	0.054 5
8	约旦	19.350 5	0.774 0	0.130 0	0.183 8
9	塞尔维亚	19.334 0	0.743 6	0.171 0	0.213 5
10	以色列	18.644 7	0.847 5	0.105 4	0.155 1
11	孟加拉国	17.850 2	0.811 4	0.137 4	0.135 6
12	韩国	16.417 4	0.864 1	0.112 5	0.146 0
13	黎巴嫩	16.258 1	0.774 2	0.147 5	0.222 4
14	突尼斯	14.133 1	0.743 8	0.148 5	0.273 7
15	乌克兰	12.366 8	0.772 9	0.150 5	0.041 6
16	叙利亚	12.191 4	0.677 3	0.177 1	0.152 0
17	中国	11.834 2	0.845 3	0.138 3	0.139 5
18	阿曼	11.156 1	0.656 2	0.237 0	0.210 1
19	巴林	11.021 5	0.648 3	0.239 7	0.200 4
20	伊拉克	10.777 8	0.673 6	0.186 0	0.021 2

注：限于篇幅仅列出排名前20个经济体，表中根据"有效规模"指标值进行排序。

表4-9给出了2020年"一带一路"沿线FTA网络的结构洞分析结果。可以看到欧盟的有效规模和效率均超越了埃及，跃居第1位，且限制度也是所有国家或地区中最低的，这说明欧盟在"一带一路"沿线FTA网络中已居于绝对的核心地位，扮演着沟通不同区域国家或地区的"中间人"的角色。埃及的有效规模及效率仅次于欧盟，限制度仅高于欧盟，表明其对网络依旧保持着较强的控制力。新加坡由2012年的第7位升至第3位，拥有较高的有效规模和效率，以及较低的限制度，体现出其在"一带一路"中所具有的枢纽作用。土耳其、菲律宾、巴基斯坦、约旦、塞尔维亚等国保持了较高的有效规模和效率，分列第4～8位。印度由2012年的第6位下降至第12位，这可能是因为2012年之后印度几乎没有新增的FTA，而"一带一路"沿线FTA网络的规模仍在不断扩大，因此其原有的网络地位被弱化了。中国由2012年的第17位下滑至第38位，其原因可能在于中国在2012年之后新增的FTA并不是非冗余关系，此外"一带一路"沿线FTA数量的增加也使原有关系的冗余程度上升，因此中国的结构洞指数排名大幅降低。这说明我

国在"一带一路"沿线FTA网络中的控制力和地位仍较低,受到其他节点的限制较大,对FTA规则制定的影响力不足。

表4-9　　2020年"一带一路"沿线FTA网络结构洞分析结果

排序	国家或地区	有效规模	效率	限制度	等级度
1	欧盟	67.814 8	0.955 1	0.030 1	0.101 2
2	埃及	45.934 4	0.900 7	0.073 1	0.290 7
3	新加坡	29.318 0	0.792 4	0.085 8	0.083 4
4	土耳其	27.953 0	0.798 7	0.098 1	0.131 7
5	菲律宾	23.258 8	0.704 8	0.119 6	0.125 8
6	巴基斯坦	21.244 0	0.817 1	0.119 3	0.215 6
7	约旦	18.537 8	0.741 5	0.127 3	0.192 3
8	塞尔维亚	18.375 9	0.706 4	0.167 2	0.205 7
9	以色列	18.051 5	0.820 5	0.099 3	0.134 4
10	孟加拉国	17.619 8	0.800 9	0.127 6	0.127 1
11	越南	17.350 2	0.667 3	0.122 6	0.056 8
12	印度	16.843 1	0.673 7	0.123 4	0.097 5
13	黎巴嫩	16.336 9	0.777 9	0.137 9	0.226 6
14	突尼斯	14.245 9	0.749 8	0.142 6	0.286 9
15	乌克兰	14.172 9	0.745 9	0.126 1	0.043 7
16	马来西亚	12.708 1	0.577 6	0.150 6	0.070 8
17	格鲁吉亚	12.638 6	0.789 9	0.120 3	0.048 8
18	叙利亚	12.334 8	0.685 3	0.170 1	0.161 2
19	瑞士	12.117 2	0.757 3	0.109 7	0.023 8
20	阿曼	11.883 4	0.660 2	0.226 1	0.208 6

注:限于篇幅仅列出排名前20个经济体,表中根据"有效规模"指标值进行排序。

本 章 小 结

本章基于 Sopranzetti(2017)、Pauwelyn 等(2014)等文献的基础上,采用度数中心性、接近中心性、中介中心性和特征向量中心性四个指标从不同角度,对各国在"一带一路"沿线 FTA 网络中的地位进行全面分析。

在 2020 年的"一带一路"沿线 FTA 无权网络中,在综合中心性指标上,欧盟、埃及、新加坡、土耳其和菲律宾分列网络中的前五位,这些国家或地区成为沿线 FTA 无权网络中的节点枢纽。中国在 2020 年沿线 FTA 网络中的综合中心性排名第 45 位,排名低于印度(第 27 位)、日本(第 36 位)等其他主要大国。

在 2020 年的"一带一路"沿线 FTA 加权网络中,在综合中心性指标上,欧盟、埃及、新加坡、越南和马来西亚是处于网络中排名前五位的国家或地区。新加坡、越南、马来西亚等三个东盟国家,同时也是高标准协定 CPTPP 的成员方,因此三者在规则深度加权的沿线 FTA 网络中排名靠前。近年来,中国在沿线 FTA 规则深度加权网络中的地位也有了明显提升,从 2012 年的第 49 位上升到 2020 年的第 33 位。

为反映不同经济体在"一带一路"沿线 FTA 网络中有多大程度充当了"中间人"角色,本书采用的结构洞指标分析表明,与其他网络中心性指标类似,欧盟、埃及和新加坡是 2020 年沿线 FTA 网络中结构洞指数排名前三位的国家或地区,反映了这三个国家或地区在网络中具有强大的"信息优势"。中国在沿线 FTA 网络中的结构洞指数排名相对靠后,位于第 38 位,这说明中国在沿线 FTA 网络中的控制力相对较低,受到其他节点的限制较大。

第五章

"一带一路"FTA 网络国家地位对出口流量的影响

本章在采用社会网络分析法对"一带一路"沿线 FTA 网络中的国家地位进行量化测度的基础上,基于 1995—2018 年 61 个沿线出口来源国和 190 个出口目标国的面板数据,采用固定效应模型估计方法就 FTA 网络国家地位对沿线国家出口贸易流量的影响进行实证分析。

第一节 "一带一路"沿线国家的出口贸易

进入 21 世纪以来,"一带一路"沿线国家不同程度地嵌入了全球产业链,沿线国家出口占全球出口贸易的比重总体呈现上升趋势。沿线国家经济产业的差异性决定了这些国家出口贸易类型的异质性,大致可以分为:中高技术产品出口国、低技术产品出口国和初级产品或资源型产品出口国三种贸易类型。

一、"一带一路"沿线国家的出口总量和占比变化

2020 年,"一带一路"沿线国家累计出口金额为 41 942.81 亿美元[①],较 2001 年的 10 397.79 亿美元提升了 3 倍,占世界总出口比重也从 2001 年的 16.78% 上升至 23.81%。从具体国家来看,俄罗斯、新加坡的出口一直保持较大份额,稳定在 2%~3%。越南出口增长最快,从 2001 年的 150.29 亿美元上升至 2020 年的 2 827.25 亿美元,扩大近 18 倍,占世界比重也从 0.24% 增加到 1.60%。沿线国家中,出口增长较快的还有土耳其、阿联酋、波兰、捷克等国。2020 年,"一带一路"沿线国家中有 9 个国家的出口额占世界总出口比重超过 1%,分别是:新加坡、俄罗斯、阿联酋、越南、印度、波兰、马来西亚、泰国和捷克,具体如表 5-1 所示。

---

① 数据来自 WTO 商品贸易统计数据库,2020 年统计口径为沿线 64 国,缺少巴勒斯坦的贸易数据。

表 5-1　　"一带一路"沿线主要国家出口额及占世界比重(前 20 位)

国家	2001 年		2012 年		2020 年	
	出口额(亿美元)	占世界比重	出口额(亿美元)	占世界比重	出口额(亿美元)	占世界比重
新加坡	1 217.51	1.96%	4 083.93	2.21%	3 625.34	2.06%
俄罗斯	1 018.84	1.64%	5 292.56	2.86%	3 322.27	1.89%
阿联酋	484.14	0.78%	3 597.28	1.94%	3 192.78	1.81%
越南	150.29	0.24%	1 145.29	0.62%	2 827.25	1.60%
印度	433.61	0.70%	2 968.28	1.60%	2 763.02	1.57%
波兰	359.98	0.58%	1 853.74	1.00%	2 710.59	1.54%
马来西亚	879.69	1.42%	2 275.38	1.23%	2 341.27	1.33%
泰国	649.68	1.05%	2 291.06	1.24%	2 314.68	1.31%
捷克	333.24	0.54%	1 570.41	0.85%	1 920.57	1.09%
沙特阿拉伯	680.64	1.10%	3 884.01	2.10%	1 738.54	0.99%
土耳其	313.34	0.51%	1 524.62	0.82%	1 696.51	0.96%
印度尼西亚	573.61	0.93%	1 900.32	1.03%	1 633.06	0.93%
匈牙利	304.36	0.49%	1 035.7	0.56%	1 203.11	0.68%
斯洛伐克	125.95	0.20%	807.21	0.44%	861.04	0.49%
罗马尼亚	113.94	0.18%	578.41	0.31%	707.21	0.40%
菲律宾	321.5	0.52%	520.99	0.28%	637.67	0.36%
伊朗	256.89	0.41%	1 083.41	0.59%	535.43	0.30%
卡塔尔	108.71	0.18%	1 329.62	0.72%	515.04	0.29%
以色列	290.48	0.47%	631.91	0.34%	497.63	0.28%
乌克兰	162.65	0.26%	685.3	0.37%	492.2	0.28%
沿线总计	10 397.79	16.78%	47 343.1	25.57%	41 942.81	23.81%

注：原始数据来自 WTO 统计数据库。由于数据缺失，沿线总计仅统计了存在数据记录的沿线国家。2001 年数据缺失塞尔维亚、黑山、东帝汶和巴勒斯坦。2012 年和 2020 年数据缺失巴勒斯坦。

从"一带一路"沿线内部来看,2001年,新加坡和俄罗斯两大出口国的出口额分别为1 217.51亿美元和1 018.84亿美元,占沿线国家比重分别为11.71%和9.80%。同期,马来西亚、沙特阿拉伯、泰国和印度尼西亚的出口额占比在5%以上。2020年,"一带一路"沿线各国的出口额分布与2001年相比更加平均,出口额占比在5%以上的国家有8个,其中前3名为:新加坡出口3 625.34亿美元,占比8.64%;俄罗斯出口3 322.27亿美元,占比7.92%;阿联酋出口3 192.78亿美元,占比7.61%。其他还有越南、印度、波兰、马来西亚和泰国(见表5-2)。这表明,近年来沿线国家的贸易增长并不主要集中在某几个国家,而是体现了出口增长的普遍性。

表5-2 "一带一路"沿线主要出口国家出口总量和占沿线比重情况

国家	2001年 出口额(亿美元)	占沿线比重	2012年 出口额(亿美元)	占沿线比重	2020年 出口额(亿美元)	占沿线比重
新加坡	1 217.51	11.71%	4 083.93	8.63%	3 625.34	8.64%
俄罗斯	1 018.84	9.80%	5 292.56	11.18%	3 322.27	7.92%
阿联酋	484.14	4.66%	3 597.28	7.60%	3 192.78	7.61%
越南	150.29	1.45%	1 145.29	2.42%	2 827.25	6.74%
印度	433.61	4.17%	2 968.28	6.27%	2 763.02	6.59%
波兰	359.98	3.46%	1 853.74	3.92%	2 710.59	6.46%
马来西亚	879.69	8.46%	2 275.38	4.81%	2 341.27	5.58%
泰国	649.68	6.25%	2 291.06	4.84%	2 314.68	5.52%
捷克	333.24	3.20%	1 570.41	3.32%	1 920.57	4.58%
沙特阿拉伯	680.64	6.55%	3 884.01	8.20%	1 738.54	4.15%
土耳其	313.34	3.01%	1 524.62	3.22%	1 696.51	4.04%
印度尼西亚	573.61	5.52%	1 900.32	4.01%	1 633.06	3.89%
匈牙利	304.36	2.93%	1 035.7	2.19%	1 203.11	2.87%
斯洛伐克	125.95	1.21%	807.21	1.71%	861.04	2.05%
罗马尼亚	113.94	1.10%	578.41	1.22%	707.21	1.69%
菲律宾	321.5	3.09%	520.99	1.10%	637.67	1.52%
伊朗	256.89	2.47%	1 083.41	2.29%	535.43	1.28%

(续表)

国家	2001年		2012年		2020年	
	出口额（亿美元）	占沿线比重	出口额（亿美元）	占沿线比重	出口额（亿美元）	占沿线比重
卡塔尔	108.71	1.05%	1 329.62	2.81%	515.04	1.23%
以色列	290.48	2.79%	631.91	1.33%	497.63	1.19%
乌克兰	162.65	1.56%	685.3	1.45%	492.2	1.17%

注：原始数据来自WTO统计数据库。由于数据缺失，沿线总计仅统计了存在数据记录的沿线国家。2001年数据缺失塞尔维亚、黑山、东帝汶和巴勒斯坦。2012年和2020年数据缺失巴勒斯坦。

二、"一带一路"沿线国家的出口贸易类型

(一) 基于Lall(2000)产品出口分类方法

由于"一带一路"沿线国家无论在资源禀赋还是经济发展水平方面都参差不齐，因此各沿线国家的出口结构也会存在巨大差异。为了验证这一差异性的存在，本书采用Lall(2000)的产品技术水平分类方法对"一带一路"沿线国家的出口结构进行进一步研究。Lall(2000)结合Pavitt(1984)和OECD(1994)的方法，从进入壁垒、"研究与开发"比重、规模经济、学习效应等方面考虑技术在产品竞争优势中的作用，通过SITC三位码按照技术含量将产品分为11个类别：初级产品(primary products)、资源型产品：以农业为基础(resource-based manufactures：agro-based)、资源型产品：其他(resource-based manufactures：other)、低技术产品：纺织、服装和鞋类(low technology manufactures：textile, garment and footwear)、低技术产品：其他(low technology manufactures：other)、中技术产品：自动化产品(medium technology manufactures：automotive)、中技术产品：加工工业产品(medium technology manufactures：process)、中技术产品：机械产品(medium technology manufactures：engineering)、高技术产品：电子及电器(high technology manufactures：electronic and electrical)、高技术产品：其他(high technology manufactures：other)和未分类产品(unclassified products)。本书进一步对11个类别进行归纳，将产品分为三个大类，初级/资源型产品、低技术产品和中高技术产品。

由于Lall(2000)的产品分类按照国际贸易标准分类(standard international trade classification, SITC)进行编码，而CEPII BACI数据库中

的产品以国际商品统一分类制度(harmonized system，HS)进行编码。本书通过联合国经济和社会事务部统计司提供的对应表①，将两个数据库进行匹配，最终获得各年份各国出口不同类型产品的贸易额数据。

(二)"一带一路"沿线国家出口的不同产品金额和比重

2001年，"一带一路"沿线主要的中高技术产品出口国大致可分为两类，第一类包括菲律宾、马来西亚和泰国等，它们都位于全球价值链最密集的东南亚地区，且都是高端产品零部件的主要代工国家。第二类，包括匈牙利、捷克、斯洛伐克、波兰、以色列和新加坡等，它们属于科学技术较发达的国家，主要从事先进科技产品的生产。低技术产品生产国主要有孟加拉国、柬埔寨和巴基斯坦等，这些国家经济发展水平较低，国内基础设施和营商环境也不如马来西亚和泰国等，只能生产技术含量较低的产品。初级/资源型产品出口国包括伊拉克、沙特阿拉伯、卡塔尔、阿联酋、阿塞拜疆和伊朗等国，这些国家都是能源生产大国，竞争优势主要来自资源禀赋(见表5-3)。

表5-3　　2001年"一带一路"沿线主要出口国家不同类别产品出口占比情况

国家/地区	中高技术产品	低技术产品	初级/资源型产品	国家/地区	中高技术产品	低技术产品	初级/资源型产品
新加坡	75.05%	5.53%	18.31%	保加利亚	25.84%	35.18%	35.56%
俄罗斯	19.50%	5.59%	73.97%	埃及	14.75%	25.70%	58.49%
马来西亚	70.38%	8.94%	20.19%	斯里兰卡	7.69%	62.68%	29.46%
沙特阿拉伯	6.84%	1.40%	91.69%	克罗地亚	40.91%	25.14%	33.02%
泰国	51.90%	19.75%	28.21%	立陶宛	27.21%	27.69%	43.53%
印度尼西亚	24.75%	22.85%	51.53%	爱沙尼亚	34.63%	21.81%	42.73%
阿联酋	10.51%	5.97%	81.99%	文莱	4.95%	12.00%	83.04%
印度	20.44%	37.88%	41.28%	也门	0.76%	0.26%	98.81%
波兰	42.74%	28.49%	27.61%	乌兹别克斯坦	9.80%	13.14%	69.40%
捷克	56.76%	23.64%	18.14%	土库曼斯坦	0.88%	4.77%	94.32%
菲律宾	77.46%	11.52%	10.37%	缅甸	1.06%	35.69%	63.21%
土耳其	31.90%	44.48%	23.26%	阿塞拜疆	4.80%	1.34%	93.61%

① 匹配表来源：https://unstats.un.org/unsd/trade/classifications/correspondence-tables.asp。

(续表)

国家/地区	中高技术产品	低技术产品	初级/资源型产品	国家/地区	中高技术产品	低技术产品	初级/资源型产品
匈牙利	68.52%	14.07%	16.88%	约旦	38.22%	27.18%	33.50%
以色列	46.49%	12.16%	40.80%	拉脱维亚	12.24%	23.13%	63.75%
伊朗	3.22%	4.30%	92.25%	柬埔寨	1.39%	84.04%	5.64%
乌克兰	37.09%	24.39%	37.82%	北马其顿	17.98%	49.68%	32.20%
科威特	6.11%	0.89%	93.33%	黎巴嫩	19.23%	28.45%	44.14%
越南	10.84%	39.62%	49.43%	波黑	11.24%	38.35%	48.95%
伊拉克	0.14%	0.02%	100.00%	尼泊尔	12.92%	59.45%	26.83%
斯洛伐克	50.58%	24.47%	23.72%	塔吉克斯坦	3.25%	13.56%	82.52%
希腊	24.25%	23.94%	50.51%	摩尔多瓦	12.23%	36.05%	51.59%
罗马尼亚	27.41%	49.53%	21.95%	蒙古国	2.10%	40.04%	57.47%
阿曼	10.10%	3.64%	86.37%	吉尔吉斯斯坦	15.55%	3.89%	25.45%
卡塔尔	5.53%	4.07%	90.52%	亚美尼亚	16.20%	13.00%	60.76%
斯洛文尼亚	50.46%	27.20%	20.30%	老挝	10.05%	44.15%	45.71%
巴基斯坦	9.39%	76.08%	14.44%	格鲁吉亚	20.89%	2.55%	71.85%
哈萨克斯坦	11.02%	5.76%	82.00%	阿尔巴尼亚	13.37%	65.54%	20.38%
白俄罗斯	43.53%	19.54%	36.59%	马尔代夫	1.43%	72.71%	25.81%
孟加拉国	2.51%	90.29%	7.16%	不丹	34.51%	12.33%	53.12%
巴林	9.35%	13.18%	77.38%	阿富汗	12.63%	15.60%	71.02%
叙利亚	2.23%	9.01%	88.07%	—			

注：国家出口总额数据来自 WTO 统计数据库；国家出口产品层面数据来自 CEPII BACI 数据库。

2019年，从出口结构来看，主要的中高技术产品的出口国包括捷克、新加坡、菲律宾、匈牙利、斯洛伐克等国，这几个国家的中高技术产品出口占比均超过60%。低技术产品的出口国主要有孟加拉国、柬埔寨和巴基斯坦，孟加拉国总出口393.37亿美元，其中低技术产品占比为95.68%；柬埔寨出口148.25亿美元，其中低技术产品出口占比71.69%；巴基斯坦总出口

233.29亿美元，低技术产品出口占60.45%，这些国家主要出口纺织服装等劳动密集型产品。典型的初级/资源型产品出口国有俄罗斯、沙特、卡塔尔、阿曼等国，它们的初级/资源型产品出口占比都达到80%以上（见表5-4）。

表5-4　　2019年"一带一路"沿线主要出口国家不同类别产品出口占比情况

国家/地区	中高技术产品	低技术产品	初级/资源型产品	国家/地区	中高技术产品	低技术产品	初级/资源型产品
俄罗斯	14.37%	3.05%	80.40%	阿塞拜疆	2.31%	0.68%	95.43%
新加坡	61.45%	4.95%	29.31%	塞尔维亚	40.45%	20.40%	37.36%
阿联酋	26.31%	10.27%	55.00%	巴林	7.58%	8.97%	80.56%
印度	33.94%	21.44%	43.73%	缅甸	5.56%	35.32%	58.85%
波兰	49.61%	22.40%	27.01%	克罗地亚	40.84%	19.28%	36.75%
越南	49.64%	33.64%	16.32%	爱沙尼亚	44.32%	14.87%	39.11%
沙特阿拉伯	14.75%	0.93%	84.16%	拉脱维亚	35.31%	13.60%	48.21%
泰国	55.73%	10.67%	30.08%	柬埔寨	5.81%	71.69%	8.55%
马来西亚	57.72%	9.93%	31.73%	乌兹别克斯坦	8.14%	13.21%	40.31%
捷克	68.39%	17.20%	13.26%	斯里兰卡	10.61%	58.87%	30.54%
土耳其	40.91%	31.45%	26.18%	土库曼斯坦	2.84%	2.64%	94.17%
印度尼西亚	25.08%	15.84%	56.22%	约旦	32.74%	30.54%	33.91%
匈牙利	71.08%	9.92%	18.33%	蒙古国	1.49%	1.18%	84.78%
斯洛伐克	70.18%	14.69%	13.79%	北马其顿	62.57%	19.18%	17.43%
伊拉克	0.04%	0.04%	96.88%	文莱	6.43%	0.95%	92.59%
罗马尼亚	58.57%	17.77%	23.02%	波黑	21.85%	42.92%	29.93%
卡塔尔	6.54%	1.46%	91.97%	老挝	15.38%	7.67%	52.85%
菲律宾	73.20%	7.85%	17.12%	黎巴嫩	8.30%	27.36%	32.08%
伊朗	22.14%	2.50%	75.20%	格鲁吉亚	26.49%	10.84%	58.74%
科威特	10.55%	0.70%	88.57%	摩尔多瓦	22.75%	33.22%	43.88%
以色列	54.32%	8.79%	36.33%	阿尔巴尼亚	12.83%	56.57%	28.18%

(续表)

国家/地区	中高技术产品	低技术产品	初级/资源型产品	国家/地区	中高技术产品	低技术产品	初级/资源型产品
哈萨克斯坦	9.64%	1.74%	88.54%	亚美尼亚	13.60%	10.33%	60.67%
乌克兰	26.41%	14.45%	58.01%	吉尔吉斯斯坦	7.68%	6.62%	29.78%
斯洛文尼亚	59.89%	16.53%	22.04%	也门	4.16%	0.36%	89.11%
孟加拉国	1.23%	95.68%	3.05%	塔吉克斯坦	0.82%	9.80%	64.36%
阿曼	12.59%	3.05%	84.09%	尼泊尔	4.60%	49.29%	45.69%
希腊	24.55%	11.60%	62.95%	阿富汗	0.71%	1.26%	54.67%
保加利亚	36.23%	18.70%	43.19%	不丹	68.71%	0.53%	30.68%
立陶宛	37.10%	19.02%	42.90%	叙利亚	4.39%	9.61%	84.87%
白俄罗斯	35.65%	14.26%	49.53%	黑山	27.11%	10.14%	59.93%
埃及	22.81%	15.41%	53.68%	马尔代夫	2.41%	1.08%	96.50%
巴基斯坦	11.23%	60.45%	27.88%	—	—	—	—

注：国家出口总额数据来自 WTO 统计数据库；国家出口产品层面数据来自 CEPII BACI 数据库。

3. 沿线国家的出口贸易分类

为了在实证部分进一步探究网络传导效应对于出口不同产品的国家是否具有差异性影响，本书参照沈玉良和孙立行（2019），根据"一带一路"沿线国家的出口产品类别的差异将其分为三种出口类型，即上文提到的中高技术产品出口国、低技术产品出口国和初级产品或资源型产品出口国。具体分类方法如下：首先，将"一带一路"沿线国家在样本区间内各类产品出口值加总，并计算出每一类产品占总出口比例。其次，分别计算"一带一路"沿线国家出口各类产品占比。最后，将各国占比和"一带一路"沿线国家平均占比进行比较，选择占比超过平均水平最多的那一类产品，确定该国为该类产品出口类型国家。

分类结果如表5-5所示，61个有数据的沿线国家中，有14个国家属于中高技术产品出口国，主要以中东欧和东南亚国家为主；16个为低技术产品出口国，主要以南亚和东南欧国家为主；31个国家属于初级产品或资源型产品出口国，分布于中东、中亚、东南亚等多个区域。

表 5-5　　　　　"一带一路"沿线国家按出口贸易类型划分

出口贸易类型	国家数量	国家
中高技术产品出口国	14	匈牙利、克罗地亚、立陶宛、斯洛文尼亚、新加坡、菲律宾、马来西亚、罗马尼亚、白俄罗斯、保加利亚、波兰、捷克、斯洛伐克、泰国
低技术产品出口国	16	阿尔巴尼亚、巴基斯坦、乌克兰、波黑、柬埔寨、马尔代夫、北马其顿、不丹、孟加拉国、摩尔多瓦、尼泊尔、斯里兰卡、土耳其、印度、约旦、越南
初级产品或资源型产品出口国	31	阿富汗、阿联酋、阿曼、阿塞拜疆、埃及、巴林、俄罗斯、哈萨克斯坦、卡塔尔、科威特、缅甸、沙特、塔吉克斯坦、土库曼斯坦、文莱、乌兹别克斯坦、叙利亚、也门、伊拉克、伊朗、爱沙尼亚、格鲁吉亚、拉脱维亚、老挝、黎巴嫩、蒙古国、希腊、亚美尼亚、以色列、吉尔吉斯斯坦、印度尼西亚

注：表格由作者整理，缺少黑山、塞尔维亚、东帝汶和巴勒斯坦数据。

第二节　FTA 网络地位对出口影响的理论机制

21 世纪以来，全球范围内生效的自由贸易协定（FTA）数量快速增长，"一带一路"沿线国家亦广泛参与了双边和区域层面的自由贸易协定，并形成复杂的 FTA 网络。在"一带一路"沿线 FTA 网络中，参与国的出口不仅受其签署的双边或区域 FTA 实施带来的直接影响（Baier 和 Bergstrand，2004、2007；Kohl 等，2016），而且也受到网络中其他第三方国家签署 FTA 带来的间接影响（Baier 等，2014）。因此，不同国家在"一带一路"FTA 网络中所处的地位及变动，对其出口影响带来动态变化。

由于沿线国家的经济发展水平和政治制度差异显著，"一带一路"沿线 FTA 网络的分布并非均质，而是呈现较为明显的网络子群现象（彭羽等，2019），如东盟国家子群、独联体国家子群、中东国家子群和中东欧国家子群，这些子群内部的 FTA 关系联系紧密，子群之间的关系则相对稀疏。这就造成了各子群之间在经济意义上的疏远。不过，有些国家因为同时与多个不同网络子群成员签署 FTA，从而可以借助 FTA 中更高水平的投资贸易自由化以更低的贸易成本进入多个区域市场。在 2020 年的"一带一路"沿线 FTA 网络中，新加坡、埃及和印度等国家因同时连接多个网络子群而成为网络中的重要节点。例如，新加坡同时连接了东盟国家子群、中东国家子群网络,南亚国家子群网络和中东欧国家子群网络,埃及同时连接了中东欧子群和中东国家子群,印度同时连接了南亚国家子群、东亚国家子群和东盟国家子群,这些国家在沿线 FTA 网络中发挥了"中介桥梁"作用,其国内产品更容易出口到网络中的其他国家市场。

一、文献回顾

(一) FTA 双边视角的贸易效应:协定同质与协定异质

国内外关于 FTA 双边贸易效应的研究经历了从"协定同质性"假设到纳入"协定异质性"的变化。21 世纪以来 FTA 快速发展的背景下,学界关于 FTA 贸易效应的实证研究文献逐渐增多,具体包括:FTA 对双边总体贸易流量的效应(Baier 和 Bergstrand,2004、2007;谢建国和谭利利,2014 等);不同类型 FTA 对贸易流量影响的差异化(Baier 等,2014);FTA 对不同参与国类型的差异化效应(Anderson 等,2016)等。不过,以上文献都是用二元哑变量来描述 FTA,即假定所有协定同质。事实上,不同国家签署 FTA 的规则内容和深度都存在显著差异。

鉴于此,Kohl 等(2016)和 Andreas 等(2014)在分析 FTA 贸易效应时纳入了协定异质性因素,前者通过构建三个衡量协定异质性的指标,分析发现 WTO+条款促进了贸易增长,而 WTO-X 条款则对贸易产生抑制作用;后者在构建 FTA 规则量化测度(0~7 分评分法)的基础上,通过实证分析表明 FTA 虽然整体上促进了贸易增长,但这种促进作用主要来自深度一体化 FTA。Orefice 和 Rocha(2014)和 Laget 等(2020)通过构建与前述文献大致类似的规则深度指标并进行贸易效应的实证分析,得出了基本相似的结论,即与浅度规则条款相比,深度规则条款对贸易总体产生的促进作用更大。

(二) FTA 局部网络视角的贸易效应:"轮轴国"和"辐条国"的差异影响

当一个国家先后签订多个 FTA 时,FTA 伙伴的贸易创造和贸易转移效应会相互重叠并且竞争,使平均贸易效应变得复杂。此时,FTA 贸易效应的研究视角便从双边扩展到关系的结构特征层面,"轮轴-辐条"(Hub-and-Spoke)模型成为基于"三国模式"的局部网络结构下研究不同地位国家 FTA 贸易效应的重要分支。"轮轴-辐条"模型最早由 Wonnacott(1975)提出并作出简单定义,"轮轴-辐条"结构包括一个处于结构中心的轮轴国家和围绕着轮轴国家的多个辐条国家,轮轴对应的国家与每一个辐条对应国家签订

FTA,而辐条国家之间则没有签订 FTA。之后,多数研究认为,"轮轴国"企业能以更优惠的待遇进入"辐条国"市场,从而获取更大的福利效应(Deltas 等,2006;东艳,2006;何剑和孙玉红,2008;Alba 等,2010),也有少数学者认为,从长期来看,FTA 的"轮轴-辐条"结构对参与国总体是不利的,即使对"轮轴国"的福利效应也不确定(Lloyd 和 MacLaren,2004;Benedictis 和 Tajoli,2011)。

(三) FTA 全局网络视角的贸易效应:国家网络中心性地位的差异影响

"轮轴-辐条"模型属于典型的 FTA 网络局部结构,随着全球 FTA 重叠带来的"意大利面碗"现象的不断盛行(Bhagwati,2003;Baldwin,2006 等),不同国家和不同区域之间的 FTA 交叉现象日益普遍,这种相互影响带来的贸易效应无法从"轮轴-辐条"模型中得到解释。为此,Baier 等(2014)首次提出了"FTA 自效应"("own-FTA" effect)和"FTA 交叉效应"("cross-FTA" effect),将 FTA 相互依存关系从局部的个体网络结构扩展到了整体网络结构;其中,"FTA 自效应"表示某国其他已存在 FTA 对该国新 FTA 的贸易效应,"FTA 交叉效应"是指相对某国的世界其他国家(ROW)已存在的 FTA 对该国新 FTA 的贸易效应,并从实证上证实了两个维度的贸易促进效应同时存在。

最近,已有极少较新文献开始采用社会网络分析法(social network analysis, SNA)从交叉学科视角,对 FTA 网络的贸易效应进行探索性研究。Sopranzetti(2017)认为,现有的"轮轴-辐条"模型中无法解释和分析两个或多个"轮轴-辐条"系统重叠时的贸易效应,进而首次提出 FTA 网络国家地位(the position of a country in the FTAs network)的概念,采用 SNA 方法构造了三个 FTA 网络地位变量,并使用 1960—2010 年 96 个国家和地区的面板数据对这些网络地位变量的贸易效应进行检验,其结论表明,如果一国一味地增加 FTA 伙伴并不一定会持续增加其出口,只有当新签订的 FTA 能够显著提高该国在 FTA 网络中的地位时才对其出口有显著促进作用。

本书对现有文献的推进主要包括以下三个方面:第一,首次将协定条款异质性纳入 FTA 网络的贸易效应研究,在 Sopranzetti(2017)提出的 FTA 无权网络国家地位的基础上,构建并测度了基于协定异质性的 FTA 加权网络国家地位,丰富了 FTA 规则与社会网络分析等交叉学科在国际经济学领域的应用;第二,构建了"一带一路"有权 FTA 网络,结合经济学视阈下的 FTA"轮轴-辐条"模型和"FTA 交叉效应",区分并度量了 FTA 网络国家地位的"广度地位"和"中介地位",深化了现有 FTA 网络贸易效应的实证研究;第三,结合"一带一路"沿线国家的出口特征,分析了 FTA 网络国家地位对不同贸易类型国家出口的异质性影响,是对现有 FTA 网络的贸易效应在"一带一路"特定区域领域研究的拓展。

二、理论机制与研究假说

结合已有文献,"一带一路"FTA 网络国家地位对参与国出口效应的影响分为以下几个层面。

第一,"一带一路"FTA 网络国家地位提升对参与国出口产生促进作用,但是从不同维度衡量的网络地位对出口的影响存在异质性。度数中心性(degree centrality)反映 FTA 网络中各参与国对应节点在网络中与其他节点的连接次数与强度,主要强调该国在 FTA 网络中的"广度地位",该维度的衡量方法类似于"轮轴-辐条"结构模型,即度数中心性将每一个国家都视为一个"轮轴"来考察它们的"辐条"数量,此时"度数中心性"的相对大小反映了该国接近于"轮轴国"的程度,因此结合现有的"轮轴-辐条"模型理论可知,一国在网络中的度数中心性越大,越有利于该国的出口。不过,由于"一带一路"FTA 网络中不仅涉及国家众多且跨越多个大洲,同时还形成了多个内部结构紧密的凝聚子群,各子群之间关系则相对稀疏(彭羽等,2019);此时,以流中介中心性(flow betweenness centrality)所反映的 FTA 网络节点的"中介地位",则体现了一国作为连接关系相对疏远的两个或多个区域中的中介桥梁作用,一国作为各子群的"桥梁"功能越强,就能带来更大的贸易创造和贸易转移效应。因此,"一带一路"FTA 网络"中介地位"地位提升带来的出口促进效应要大于"广度地位"的出口促进效应。如图 5-1 所示,左图为"广度地位"示意图,当被测度的中心节点与更多其他节点存在 FTA 关系时,它的"广度地位"将提高;右图为"中介地位"示意图,当被测度的中心节点连接多个相互之间 FTA 关系稀疏的子群时,中心节点充当了这些子群的"桥梁",相应提高其"中介地位"。

第二,随着一国在"一带一路"FTA 网络地位的不断提升,将形成对已有双边 FTA 出口促进作用的替代。一国在 FTA 网络中的地位提升,意味着该国的双边 FTA 伙伴关系越来越多,原有 FTA 伙伴之间的竞争日趋激烈,已生效 FTA 产生贸易创造和贸易转移的空间也越来越少,那么在 FTA 深度不变的情况下,网络地位的提高将会降低双边 FTA 关系的贸易促进效应。

根据以上理论分析提出假设 1 和假设 2。

假设 1:一国在"一带一路"FTA 网络中的国家地位提升对该国出口有

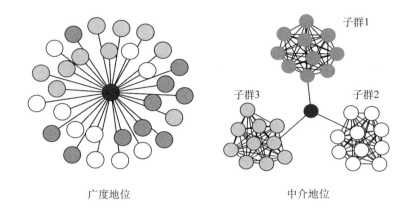

广度地位　　　　　　　　　中介地位

图 5-1　FTA 网络中的国家地位(广度地位和中介地位)

显著促进作用,但"中介地位"比"广度地位"对贸易的促进作用更大。

假设 2:随着一国在"一带一路"FTA 网络中国家地位的提高,网络带来的贸易促进效应会形成对双边 FTA 贸易促进效应的替代。

第三,"一带一路"FTA 网络国家地位对不同贸易类型国家出口的影响存在异质性。从产品出口的贸易类型来看,"一带一路"沿线 65 国可以划分为"复杂制造品出口型""简单制造品出口型"和"资源产品出口型"三种贸易类型(沈玉良和孙立行,2019)。由于复杂产品的产业链较长,涉及中间品的多次跨关境进出口,因而越是复杂的产品越需要高标准的区域贸易协定规则进行协调(Baldwin,2012);从全球生产一体化的视角看,一国在"一带一路"FTA 网络国家地位的提高意味着该国企业得以利用规则带来的便利化优势,以更低的贸易成本进入到其他国家市场,从而促进复杂产品的出口。相对来说,简单产品制造的产业链较短,FTA 规则的贸易效应更多来自双边 FTA 关税和非关税壁垒的削减,而 FTA 网络对简单制造品的出口影响不明确。此外,由于资源型产品地理分布集中,国际价格易受双边政治关系的影响,当一个国家通过签订更多 FTA 进而提升 FTA 网络地位后,该国大宗商品出口将拥有更稳定的政策预期,从而促进其资源型产品出口。

根据以上理论分析提出假设 3。

假设 3:一国在"一带一路"FTA 网络中的国家地位提升,对中高技术制造国和资源型国家出口有显著的促进作用,但对低技术制造国的出口影响不确定。

围绕"一带一路"FTA 网络带来的出口效应这个主题,本书主要研究了以下问题:(1)从出口促进角度看,如何客观测度一国在"一带一路"沿线 FTA 网络中的地位?(2)"一带一路"FTA 网络中的国家地位变化对参与国出口产生什么影响?(3)网络中的国家地位变化对沿线不同类型出口国的影响是否存在差异?研究结论为:(1)"一带一路"FTA 网络中的国家地位提升对参与国的出口促进作用显著,但"中介地位"比"广度地位"对贸易的促进作用更大;(2)随着一国在"一带一路"FTA 网络中国家地位的提高,网络带来的贸易促进效应会形成对双边 FTA 效应的替代;(3)网络中的国家地位提升,对"一带一路"沿线高技术制造国和资源型国家出口有显著促进作用,但对中低技术制造国出口影响不显著。

与现有文献相比,边际贡献主要体现在:第一,从研究视角看,现有文献关于 FTA 网络地位的测算主要基于协定同质视角(Sopranzetti,2017;Pauwelyn 和 Alschner,2014),即假定所有协定文本的深度相同,这与实践中各 FTA 深度迥异的现状不符;我们将协定异质性引入"一带一路"FTA 网络地位的测度,并首次度量了"广度地位"(反映连接节点次数与强度)和"中介地位"(反映网络节点的桥梁作用)。第二,从研究方法看,现有文献主要基于经济学分析范式,通过分离"FTA 自效应"和"FTA 交叉效应",反映个体 FTA 和第三方 FTA 带来的促进效应(Baier 等,2014),我们首次运用社会网络分析法(SNA),从"一带一路"FTA 整体网络角度,分析网络节点地位变化带来的出口效应。第三,从研究结论看,本书验证了"一带一路"FTA 网络中的国家地位提升对参与国出口的促进作用,并证实"中介地位"比"广度地位"对贸易的促进作用更大,这意味着选择什么样的 FTA 贸易伙伴比一味增加 FTA 贸易伙伴数量更重要,也首次从社会网络分析法视角印证了"FTA 自效应"和"FTA 交叉效应"的存在。

第三节 沿线 FTA 网络地位对出口影响的计量分析

一、模型设定和变量选择

(一)计量模型

基于上文的理论分析和理论假设,进一步采用引力模型进行实证检验。本书基于 1995—2018 年 61 个出口来源国和 190 个出口目标国的面板数据,采用固定效应模型估计方法对核心变量系数进行估计。本书参考 Baier 和 Bergstrand(2007)、Sopranzetti(2017)的方法设计如下扩展的引力模型,以检验 FTA 网络地位变量对双边贸易流量的影响。

$$\ln E_{ijt} = \alpha + \mu_1 FTA_{ijt} + \mu_2 NET_{it} + \beta Controls + Dum_i + Dum_j + Dum_t + \varepsilon_{ijt} \tag{5-1}$$

其中,E_{ijt} 是本书的被解释变量,表示 i 国(出口来源国)在第 t 年向 j 国(出口目标国)出口额的美元值。FTA_{ijt} 和 NET_{it} 是与 FTA 相关的核心解释变量:FTA_{ijt} 是双边 FTA 变量,表示在第 t 年 i 国和 j 国之间仍然生效的最高深度的自由贸易协定关系;NET_{it} 是 FTA 网络地位变量,表示第 t 年 i 国在当年 FTA 网络中的网络中心性。Controls 是控制变量,主要包括地缘经济变量如两国各自 GDP、两国地理距离、是否有共同语言和是否接壤。此外,本书还加入虚拟变量用于控制固定效应,具体地,Dum_i 控制出口国固定效应、Dum_j 控制出口国固定效应以及 Dum_t 控制时间固定效应。ε_{ijt} 是误差项。α、β 和 μ 是待估系数。

(二) 变量选取与数据来源

1. 被解释变量

本书的被解释变量为"一带一路"沿线国家与其贸易伙伴的双边出口金额美元值的对数。原始的双边贸易数据来自 CEPII-BACI 数据库。在分样本回归部分,参考 Lall(2000)的产品分类方法,从进入壁垒、"研究与开发"比重、规模经济、学习效应等方面考虑技术在产品竞争优势中的作用的角度,将出口产品分为高技术产品、中技术产品、低技术产品、资源型产品和初级产品,并且按照国家出口特征将"一带一路"国家划分为出口中高技术产品国家、出口低技术产品国家和出口资源型/初级产品国家三类样本。进行分样本回归时,被解释变量是双边出口总额美元值的对数。

2. 核心解释变量

本书关注的核心解释变量是,出口国与进口国之间的双边 FTA 协定深度变量以及出口国在沿线 FTA 整体网络中的中心性变量。双边 FTA 深度测量的方法已在第三部分说明;同时,本书将分别采用基于协定异质性的加权度数中心性(强度中心性)和加权中介中心性(流中介中心性)两种方法从不同角度度量出口国的网络地位。

FTA 数据来自 WTO-RTA 数据库,本书以该数据为基础构建了双边 FTA 关系数据库(按照 WTO 数据库提供的 FTA 生效时间以及参与国家情况,构建了每一年各国两两之间的 FTA 关系)。进一步地,根据 Hofmann 等(2017)的 FTA 条款覆盖与法律约束力数据库,对双边 FTA 关系进行深度加权,并依照 Hofmann 等人的规则量化方法对 Hofmann 数据库中不包括的(2015 年以后生效)FTA 进行量化。

双边 FTA 关系变量由每一个国家在相应年份仍然生效的 FTA 关系深度决定,并标准化 0 到 1 的范围内。考虑到双边 FTA 关系对贸易的影响存在滞后性,参考 Sopranzetti(2017)的做法对双边 FTA 关系变量作滞后 5 年处理。出口国在"一带一路"沿线 FTA 整体网络中的中心性使用社会网络分析软件 Ucinet 计算而得,并标准化 0 到 10 的范围内。

3. 控制变量

控制变量主要包括一些地缘经济变量:首先,考虑到两国市场规模对双边出口的影响,纳入出口来源国和出口目标国各自的实际国内生产总值的对数即 $lnGDP_i$ 和 $lnGDP_j$;其次,考虑到远距离运输可能导致出口成本增加,本书纳入两国地理距离对数即 lnD_{ijt};再次,考虑到"文化距离"以及沟通便利,纳入两国是否拥有共同官方语言的虚拟变量 Com_{ijt},存在共同官方语言时该变量取值为 1,不存在则取值为 0;最后,考虑到拥有共同边境线可能有助于双边贸易交流,纳入两国是否接壤的虚拟变量 Adj_{ijt},两国接壤时该变量取值为 1,不接壤则取值为 0。控制变量中的地缘数据包括双边距离,是否接壤和共同语言数据来自 CEPII 数据库。GDP 数据来自世界银行 World Development Indicators 数据库。为控制由于价格变化造成的干扰,采用 GDP 平减指数去除各变量名义值,GDP 平减指数以 2000 年为基年,数据来源于 IMF 数据库。

(三) 数据描述

表 5-6 展示了被解释变量、核心变量以及控制变量的含义及说明。根据上文理论部分的分析,预期双边 FTA 深度变量(FTA)的估计系数为正,即双边自由贸易协定的签订会促进贸易额增长,并且 FTA 的条款覆盖面越广、法律约束力越强,促进作用也越大。此外,除双边 FTA 促进贸易的直接作用以外,还预期 FTA 存在通过网络传导的网络效应,即国家在 FTA 整体网络中网络地位的代理变量:度数中心性(NET_Deg_{it})及中介中心性(NET_Bet_{it})系数为正。进一步地,本书预期中介中心性系数大于度数中心性系数,以此验证假设 1(即 FTA 网络的中介效应对贸易的促进作用大于广度效应)。本书预期 FTA 深度-网络地位交乘项

($FTA_{ijt} * NET_{it}$)系数为负,即国家网络地位对双边 FTA 深度的贸易效应存在调节作用,随着一国在沿线 FTA 网络中地位的提高,其双边 FTA 的贸易促进作用将逐渐减弱,从而完成对假设 2 的检验。表 5-7 是相关变量的描述性统计。

表 5-6　　　　　　　　　　变量说明

变量	含义	说明	预期符号
E_{ijt}	t 年 i 国向 j 国不同技术含量产品出口额	被解释变量(取对数值)	
FTA	i、j 两国在 t 年生效的 FTA 深度的连续变量	考虑 FTA 的异质性对出口贸易额的影响	+
NET_Deg_{it}	i 国 t 年时在整个 FTA 网络中的度数中心性	以强度中心性作为国家网络地位的代理变量,研究 FTA 的"广度效应"	+
NET_Bet_{it}	i 国 t 年时在整个 FTA 网络中的中介中心性	以流中介中心性作为国家网络地位的代理变量,研究 FTA 的"中介效应"	+
$FTA_{ijt} * NET_{it}$	双边自由贸易协定深度和出口国网络地位的交乘项	出口国网络地位对双边 FTA 关系贸易效应的调节作用	−
D_{ijt}	i、j 两国的双边地理距离	双边地理距离的疏远使得贸易成本上升,从而抑制贸易额(取对数值)	−
Com_{ijt}	i、j 两国是否有共同的官方语言	共同语言通过间接沟通以及通过直接沟通促进国际贸易	+
Adj_{ijt}	i、j 两国是否接壤	两国接壤会降低相关贸易成本,从而增加贸易额	+
GDP_i	出口国实际 GDP	衡量出口国的出口能力,出口能力越强出口贸易额越大(取对数值)	+
GDP_j	进口国实际 GDP	衡量进口国市场规模,市场规模越大进口越多产品(取对数值)	+

注:作者整理。

表 5-7　描述性统计

变量	样本数	平均值	标准差	最小值	最大值
E_{ijt}	188 741	8.210	3.571	0.000	17.935
FTA	275 808	0.090	0.237	0.000	1.000
NET_Deg_{it}	272 727	1.637	2.713	0.000	10.000
NET_Bet_{it}	272 727	1.132	1.432	0.000	10.000
D_{ijt}	276 696	8.649	0.788	4.742	9.886
Com_{ijt}	276 696	0.052	0.223	0.000	1.000
Adj_{ijt}	276 696	0.020	0.140	0.000	1.000
GDP_i	269 892	24.370	1.701	19.776	28.490
GDP_j	258 432	23.742	2.476	16.463	30.513

注：作者计算整理。

二、实证结果及分析

(一) 基准回归

基准回归部分将重点验证"一带一路"沿线 FTA 网络中心性指标对参与国出口贸易的影响。鉴于在面板数据中使用固定效应模型(fixed effects model)可以很好地控制不随时间变化的不可观测因素(Baier 和 Bergstrand，2007；Sopranzetti，2017)。因此，本书将陆续在基准回归模型中加入时间固定效应和国家对固定效应以检验回归结果的稳健性。

表 5-8 是针对模型的基准回归结果。其中(1)(2)(3)三列将度数中心性作为国家网络地位指标；(4)(5)(6)三列将中介中心性作为国家网络地位指标。

(1)(4)列不加入任何固定效应的结果显示，各控制变量、核心变量基本符合预期。地理距离的增加会抑制双边贸易，而两国接壤会促进双边贸易。共同语言反映两国"心理距离"，两国存在共同的官方语言有利于双边贸易的开展。在控制时间固定效应和国家对固定效应以后，地理距离、接壤和语言三个不随时变变量被忽略。其他控制变量的回归结果均与预期一致。进出口两国 GDP 的系数都为正且通过了 1‰水平的显著性检验，而且进口国 GDP 系数大约是出口国 GDP 系数的 3 倍，这意味着相对于贸易来源国的出口能力，贸易目标国的市场规模对贸易的流量起主导作用。

双边 FTA 深度变量的系数为正,即签订高标准的双边 FTA 将促进双边贸易流量增加。

核心解释变量方面,(1)(2)(3)各列由度数中心性量化的出口国网络地位变量的系数为正且通过了 1% 水平的显著性检验。这一结果验证了 FTA 网络地位通过"广度效应"影响贸易流量。对于一个国家来说,由度数中心性度量的网络地位的提高意味着该国缔结更多的 FTA(或者规则深度更高的 FTA),而这些 FTA 会改善该国的贸易条件并增强其整体出口能力,最终提高该国的平均出口额。通过(4)(5)(6)列的回归结果可以发现,由中介中心性量化的出口国网络地位变量的系数显著为正,且系数比度数中心性的系数大,这说明,一国在沿线 FTA 网络的"中介地位"提升对出口的促进效应要大于"广度地位"带来的出口效应。这主要因为,中介中心性度量的网络地位反映了一国在沿线 FTA 网络中的桥梁作用,即连接不同区域国家的能力,当两个区域内部各自实行较高程度的区域经济一体化时,会相对提高地区间的贸易壁垒,从而极大地降低地区间的贸易,此时,桥梁国家的出现将为两个地区之间开辟出更低贸易壁垒的通道,从而促进桥梁国家的平均出口额,该结果首次从网络分析视角证实了 Baier 等(2014)关于"FTA 自效应"和"FTA 交叉效应"的存在。

双边 FTA 深度变量以及出口国在 FTA 网络中地位变量均对双边贸易产生促进作用,而二者的交乘项则显著为负,这表明随着出口国在 FTA 网络中的地位提高,双边 FTA 对贸易的促进作用会下降。其原因在于,当一个国家不断提升其在沿线 FTA 网络的地位时,其贸易伙伴会不断增加,这些贸易伙伴之间存在相互竞争,此时原有双边 FTA 带来的平均出口额的增长便会下降。此时,对于已经缔结双边 FTA 的国家来说,若想增加双边贸易,则应考虑升级已有的 FTA,即从扩大条款覆盖领域和提高现有条款的法律约束力等方面提高协定深度。

表 5-8　　　　　　　　　　基准回归结果

变量	(1)	(2)	(3)	(4)	(5)	(6)
地理距离	−1.189***			−1.195***		
	(0.030)			(0.030)		
地理接壤	1.701***			1.674***		
	(0.161)			(0.160)		

（续表）

变量	(1)	(2)	(3)	(4)	(5)	(6)
官方语言	1.302***			1.259***		
	(0.089)			(0.088)		
进口国GDP	0.724***	0.751***	0.659***	0.734***	0.805***	0.660***
	(0.010)	(0.024)	(0.027)	(0.009)	(0.023)	(0.027)
出口国GDP	0.668***	0.449***	0.276***	0.672***	0.442***	0.220***
	(0.014)	(0.024)	(0.036)	(0.013)	(0.024)	(0.035)
双边FTA深度	0.199**	0.328***	0.295***	0.296***	0.376***	0.233***
	(0.085)	(0.088)	(0.088)	(0.046)	(0.047)	(0.049)
出口国强度中心性	0.029***	0.046***	0.034***			
	(0.003)	(0.004)	(0.004)			
出口国流中介中心性				0.043***	0.053***	0.056***
				(0.004)	(0.004)	(0.005)
双边及网络交乘项	−0.005	−0.026**	−0.028***	−0.031***	−0.051***	−0.045***
	(0.010)	(0.010)	(0.010)	(0.011)	(0.011)	(0.011)
常数项	−16.45***	−21.28***	−14.50***	−16.73***	−22.40***	−11.93***
	(0.469)	(0.480)	(1.122)	(0.454)	(0.436)	(1.217)
时间固定效应	否	否	是	否	否	是
国家对固定效应	否	是	是	否	是	是
样本量	146 400	146 400	146 400	146 400	146 400	146 400
R^2	0.167	0.169	0.171	0.166	0.168	0.171
国家对数量	10 329	10 329	10 329	10 329	10 329	10 329

注：(1)括号内标准误经过怀特异方差修正；(2) *、**、*** 分别表示在10%、5%和1%水平上显著。

(二) 内生性及稳健性检验

将政策相关变量纳入引力模型,会存在潜在的内生性问题,从而使估计结果产生偏误。其原因是,误差项中很可能包含无法观测的与FTA变量相关的政策因素,而这些因素会对双边贸易产生影响。具体地说,计量模型中的FTA_{ijt}和NET_{it}变量可能和ε_{ijt}相关。通常,解释变量的内生性的潜在来源通常可分为三类:遗漏变量、反向因果(联立性偏误)和测量误差。

首先,遗漏变量问题。Baier和Bergstrand(2007)提出许多影响贸易流量的国家特征也会影响FTA的形成,例如经济规模、距离、国内相关法律法规等。因此,本书引入国家经济规模、地理距离、文化距离等一系列控制变量,并且在基准回归中进一步使用双向固定效应的面板数据分析方法(Baier和Bergstrand,2007;Sopranzetti,2017)来降低遗漏变量造成的内生性问题。其次,反向因果关系问题。将双边FTA关系变量纳入模型时,对于两个贸易量超过"自然水平"的国家,它们可能会由于产生抑制贸易自由化的政治压力而提高贸易壁垒(拒绝FTA谈判),也可能因为贸易关系广泛、贸易转移较小而更倾向于达成FTA关系。对于双边FTA关系变量的处理,本书采取的方法是:一方面,将双边FTA关系变量滞后5年,则5年前的FTA关系会影响当前贸易(FTA生效传导同样需要时间),而当前贸易并不会对5年前的FTA关系产生影响。最后,测量误差问题。对于FTA关系的度量,将是否签署FTA视为虚拟变量的做法可能面临严重的测量误差问题,本书对FTA协定规则进行量化,使FTA关系变成一个连续变量,一定程度上减轻了测量误差。

为了进一步消除以上可能存在的内生性问题,本书采用以下方法进行检验。

1. 采用PPML方法解决贸易零值问题

本书进一步使用泊松伪最大似然估计(PPML)来作为稳健性检验。相较其他方法,泊松伪最大似然估计可以在零值存在、模型误设以及存在异方差情况下,得到较好的估计结果(Silva和Tenreyro,2006)。表5-9中(1)(2)列报告了泊松伪最大似然估计回归结果,各列均控制了时间固定效应、出口国固定效应和进口国固定效应。从回归结果看,地理距离、接壤和语言等控制变量与预期一致且通过了1%水平的显著性检验,双边FTA关系、出口国网络中心性以及二者的交乘项系数与固定效应回归模型结果保持一致,总体结果比较稳健。

2. 加入前置变量检验是否存在反向因果问题

本书依照 Baier 和 Bergstrand(2007)以及 Baier 等(2014)的做法，在原有模型中加入双边 FTA 关系变量的前置一期变量，假设双边 FTA 关系变量是外生变量，那么双边 FTA 关系变量的前置变量应该与当期贸易流量无关。考虑 FTA 网络地位变量，由于网络地位是基于整体网络计算，是整体网络所有成员共同作用的结果，所以 FTA 网络地位变量可以认为是外生的。表 5-9 中(3)(4)列在回归模型基础上加入双边 FTA 关系变量的前置一期变量，从回归结果来看 FTA 关系变量显著为正，而前置 FTA 关系变量系数很小且不显著，这表示反向因果对本书的估计结论没有显著影响。

表 5-9   PPML 回归结果和加入前置变量回归结果

回归模型	PPML		加入前置变量	
	(1)	(2)	(3)	(4)
地理距离	-0.168^{***}	-0.168^{***}		
	(0.001)	(0.001)		
接壤	0.039^{***}	0.041^{***}		
	(0.004)	(0.004)		
官方语言	0.108^{***}	0.109^{***}		
	(0.003)	(0.003)		
进口国 GDP	0.071^{***}	0.072^{***}	0.679^{***}	0.681^{***}
	(0.003)	(0.003)	(0.028)	(0.028)
出口国 GDP	0.026^{***}	0.018^{***}	0.246^{***}	0.188^{***}
	(0.004)	(0.004)	(0.037)	(0.037)
前置双边 FTA 关系			-0.044^{*}	-0.023
			(0.025)	(0.025)
双边 FTA 深度	0.082^{***}	0.074^{***}	0.313^{***}	0.240^{***}
	(0.007)	(0.005)	(0.088)	(0.050)
出口国强度中心性	0.005^{***}		0.035^{***}	
	(0.000)		(0.004)	
出口国流中介中心性		0.008^{***}		0.059^{***}
		(0.001)		(0.005)

(续表)

回归模型	PPML		加入前置变量	
	(1)	(2)	(3)	(4)
双边及网络交乘项	-0.011***	-0.023***	-0.030***	-0.050***
	(0.001)	(0.001)	(0.010)	(0.013)
常数项	1.27***	1.51***	-14.24***	-12.89***
	(0.130)	(0.126)	(1.148)	(1.138)
时间固定效应	是	是	是	是
国家对固定效应			是	是
出口国固定效应	是	是		
进口国固定效应	是	是		
样本量	146 400	146 400	138 091	138 091
R^2	0.706	0.706	0.171	0.172

注:(1)括号内标准误经过怀特异方差修正;(2)*、**、***分别表示在10%、5%和1%水平上显著。

3. 采用无权FTA、AC计分方法度量核心变量解决度量误差问题

为了检验FTA深度量化是否存在主观或其他不合理因素而导致核心变量测算出现度量误差。作者采用无权FTA(虚拟变量)数据以及Hofmann等(2017)提出的另一种FTA深度量化方法,即领域覆盖法(area covered method, AC计分法),对核心解释变量进行重新测算。表5-10报告了两种测算方法的回归结果,其中(1)(2)两列采用无权FTA计算双边FTA关系和国家网络地位指标;(3)(4)两列采用AC计分方法计算双边FTA关系和国家网络地位指标。从结果来看,无论是系数还是显著性水平方面,与本书前文中采用的法律可执行性(legal enforceability, LE)计分方法得到的结果都基本一致,这表明对FTA深度的量化不存在明显的度量误差。

表5-10　　无权FTA和AC计分方法度量FTA深度的回归结果

解释变量量化方法	采用无权FTA		采用AC计分方法	
	(1)	(2)	(3)	(4)
进口国GDP	0.658***	0.659***	0.658***	0.660***
	(0.027)	(0.027)	(0.027)	(0.027)

（续表）

解释变量量化方法	采用无权 FTA		采用 AC 计分方法	
	(1)	(2)	(3)	(4)
出口国GDP	0.294***	0.254***	0.268***	0.201***
	(0.036)	(0.035)	(0.036)	(0.035)
双边 FTA 深度	0.218***	0.207***	0.263***	0.230***
	(0.061)	(0.038)	(0.079)	(0.047)
出口国强度中心性	0.038***		0.036***	
	(0.004)		(0.004)	
出口国流中介中心性		0.057***		0.060***
		(0.005)		(0.005)
双边及网络交乘项	−0.020**	−0.037***	−0.026***	−0.047***
	(0.008)	(0.008)	(0.009)	(0.012)
常数项	−15.00***	−13.98***	−14.29***	−12.68***
	(1.128)	(1.104)	(1.120)	(1.098)
时间固定效应	是	是	是	是
国家对固定效应	是	是	是	是
样本量	146 400	146 400	147 564	147 564
R^2	10 329	10 329	10 368	10 368
国家对数量	0.171	0.171	0.169	0.169

注：(1)括号内标准误经过怀特异方差修正；(2) *、**、*** 分别表示在 10%、5% 和 1% 水平上显著。

（三）进一步分析：FTA 网络地位对沿线不同出口类型国家的差异性影响

表 5-11 汇总了三类国家的回归结果，对中高技术产品国家出口而言，双边 FTA 深度变量的系数不显著或为负，但加权 FTA 网络强度中心性地位和中介中心性地位的系数都显著为正，这是由于中高技术产品的复杂程度较高，涉及多个生产环节的跨国分工，因而其出口更多受生产分工网络的影响，而不是双边 FTA 深度的影响；同时，双边及网络交乘项的系数为正，说明随着中高技术产品出口国参与"一带一路"沿线 FTA 网络的程度加深，

对这些国家原有签署的双边 FTA 的出口效应具有促进作用(而非替代作用),这进一步表明中高技术产品国家出口对深度 FTA 网络的依赖性。

对出口资源型产品和初级产品国家样本而言,不管是双边深度 FTA 还是 FTA 网络地位变量的系数都显著为正,这说明对于这些沿线国家而言,签署深度较高的双边 FTA 以及融入沿线深度 FTA 网络,有助于为大宗产品和资源型产品出口提供更为稳定的政策预期,从而降低因政策变动带来的价格波动影响,最终促进出口。

对出口低技术产品国家样本而言,双边深度 FTA 变量的系数显著为正,表明签署双边深度 FTA 有助于低技术产品国家的出口;但是,强度中心性地位的系数不显著,中介中心性地位变量的系数甚至显著为负,这表明低技术产品出口国融入深度的 FTA 网络并不能促进该国出口,可能的原因在于低技术产品的国际分工程度较低,较少涉及多个跨国界的生产分工,因而 FTA 对低技术出口国的影响更多体现为双边 FTA 项下的关税和非关税壁垒削减带来的直接贸易成本降低效应。

表 5-11　　　　　按出口产品类型分类的分样本回归结果汇总

样本	中高技术产品出口国(14 个)		低技术产品出口国(16 个)		初级产品/资源型产品出口国(31 个)	
	(1)	(2)	(3)	(4)	(5)	(6)
进口国 GDP	0.788***	0.775***	0.544***	0.554***	0.653***	0.641***
	(0.042)	(0.042)	(0.048)	(0.048)	(0.046)	(0.046)
出口国 GDP	0.235***	0.236***	0.178**	0.226***	0.340***	0.275***
	(0.065)	(0.064)	(0.075)	(0.075)	(0.051)	(0.048)
双边 FTA 深度	−0.291***	−0.027	0.462**	0.239*	0.297***	0.293***
	(0.109)	(0.045)	(0.186)	(0.122)	(0.114)	(0.076)
出口国强度中心性	0.032***		−0.003		0.076***	
	(0.006)		(0.007)		(0.011)	
出口国流中介中心性		0.076***		−0.030***		0.172***
		(0.008)		(0.008)		(0.013)

(续表)

样本	中高技术产品出口国(14个)		低技术产品出口国(16个)		初级产品/资源型产品出口国(31个)	
	(1)	(2)	(3)	(4)	(5)	(6)
双边及网络交乘项	0.049***	0.032***	−0.073***	−0.102***	−0.043***	−0.102***
	(0.013)	(0.011)	(0.024)	(0.034)	(0.016)	(0.020)
常数项	−15.86***	−15.71***	−9.00***	−10.39***	−16.54***	−14.86***
	(1.993)	(1.970)	(2.177)	(2.206)	(1.679)	(1.640)
时间固定效应	是	是	是	是	是	是
国家对固定效应	是	是	是	是	是	是
样本量	40 477	40 477	40 279	40 279	65 644	65 644
国家对数量	2 500	2 500	2 771	2 771	5 058	5 058
R^2	0.238	0.242	0.274	0.275	0.109	0.111

注：(1)括号内标准误经过怀特异方差修正；(2)*、**、*** 分别表示在10%、5%和1%水平上显著。

三、研究结论

以上实证分析结果表明：第一，在考虑协定异质性的情形下，2018年"一带一路"沿线FTA网络中"广度地位"最高的国家以波兰、捷克、匈牙利等中东欧国家为主，而"中介地位"最高的国家依次为新加坡、印度和埃及，表明后者在沿线FTA网络中的桥梁作用明显。第二，"一带一路"FTA网络中的国家地位提升对参与国的出口促进作用显著，但网络"中介地位"比网络"广度地位"对出口的促进作用更大，这意味着一国在FTA战略推进中，选择什么样的FTA贸易伙伴比一味增加FTA贸易伙伴数量更为重要。第三，随着一国在"一带一路"FTA网络中国家地位的提高，网络带来的贸易促进效应会形成对双边FTA效应的替代，这表明在一国参与FTA网络不断深入的情形下，要继续保持和提升原有双边FTA对出口的促进作用，就需要对已有协定进行规则升级，通过提高协定深度促进双边出口。第四，FTA网络中的国家地位提升，对"一带一路"沿线中高技术产品制造国和资源型国家出口有显著促进作用，但对低技术制造国出口影响不显著，原因在于，中高技术产品涉及多个生产环节的跨国分工，提升深度 FTA 网络中的地位有助于降低跨边界生产环节的协调成本；而低技术产品的国际分工程度较低，对深度网络的依赖性不高；此外，融入沿线深度 FTA 网络，可为大宗产品和资源型产品出口提供更稳定的政策预期，从而降低因政策变动带来的价格波动影响，最终促进出口。

基于以上分析结论，本章的政策建议是：

首先，以"一带一路"沿线 FTA 区域网络中心节点为重点优先选择贸易伙伴。以提高中国在"一带一路"沿线 FTA 网络的中心性（特别是中介中心性）地位为导向，以"一带一路"沿线网络中介中心性排名靠前的国家为重点优先选择贸易伙伴，通过"以点带面"的方式，最大限度发挥双边 FTA 对所在区域市场的辐射作用和中介桥梁作用。例如，在亚洲区域可优先选择新加坡（继续升级双边 FTA 规则）、土耳其、约旦和以色列等贸易伙伴；在非洲区域可优先选择埃及等贸易伙伴。

其次，提升中国与现有"一带一路"沿线 FTA 的协定深度。随着中国参与"一带一路"沿线 FTA 网络程度的加深，要继续保持原有双边 FTA 对中国向沿线国家出口的促进作用，需要进一步升级现有协定规则条款，重点是围绕关税和非关税壁垒的进一步削减、贸易便利化、TBT/SPS 等 WTO＋条款，同时也要根据国际高标准投资贸易规则的发展趋势，根据沿线国家贸易伙伴的经济发展和社会治理水平，适当纳入投资、竞争政策、电子商务等高标准 WTO-X 条款，形成中国与沿线国家多层次的 FTA 网络结构。

最后，推动形成与不同贸易类型沿线国家的 FTA 差异性策略。针对"一带一路"沿线的中高技术出口国，重点以深化中日韩和东盟共同组成的东亚区域供应链体系为目标，在 RCEP 签署的基础上，要加快中国与马来西亚、泰国、越南等东盟主要国家双边深度 FTA 构建，实现中国在东亚区域供应链合作中的核心利益。针对"一带一路"沿线低技术出口国，重点推进以贸易便利化为核心的 WTO＋条款的规则升级，通过降低边境间的贸易成本，扩大与低技术出口国之间的贸易联系。针对"一带一路"沿线初级产品和资源型产品出口国，要加快推动与海合会（GCC）、欧亚经济联盟（EAEU）等现有成熟的区域一体化组织之间的 FTA 谈判，通过 FTA 形成更稳固的能源产品供应链体系。

本 章 小 结

"一带一路"沿线国家经济产业的差异性决定了这些国家出口贸易类型

的异质性。参考 Lall(2000)分类方法,根据"一带一路"沿线国家的出口产品类别差异可以将其分为三种出口类型。61 个有数据的沿线国家中,有 14 个国家属于中高技术产品出口国,主要以中东欧和东南亚国家为主;16 个为低技术产品出口国,主要以南亚和东南欧国家为主;31 个国家属于初级产品或资源型产品出口国,分布于中东、中亚、东南亚等多个区域。

本章基于 1995—2018 年 61 个沿线出口来源国和 190 个出口目标国的面板数据,采用固定效应模型估计方法就 FTA 网络国家地位对沿线国家出口贸易流量的影响进行实证分析,结果表明:(1)"一带一路"FTA 网络中的国家地位提升对参与国的出口促进作用显著,但网络"中介地位"比网络"广度地位"对出口的促进作用更大;(2)随着一国在"一带一路"FTA 网络中国家地位的提高,网络带来的贸易促进效应会形成对双边 FTA 效应的替代;(3)FTA 网络中的国家地位提升,对"一带一路"沿线中高技术制造国和资源型国家出口有显著促进作用,但对低技术制造国出口影响不显著。

第六章

"一带一路"FTA 网络国家地位对出口二元边际的影响

近年来,中国与"一带一路"沿线国家之间的经贸往来不断增强,中国与沿线 65 国的进出口贸易占中国进出口总额的比重从 2013 年的 20% 上升到 2020 年的 30%[①]。对此,FTA 的生效是否促进了中国与沿线国家之间的进出口贸易增长? 从产品层面的贸易效应分解来看,FTA 对一国出口的影响主要来自集约边际(出口数量的增长)还是扩展边际(出口品类的增长)? 前者可能带来贸易条件恶化和贫困化增长,而后者则有助于出口多元化和降低贸易风险(钱学峰和熊平,2010;陈勇兵等,2012)。特别是在"一带一路"沿线 FTA 复杂网络结构下,一国出口不仅受双边 FTA 带来的直接影响,而且受网络中共存的其他 FTA 的间接影响(Baier 等,2014),那么一国在沿线 FTA 网络中所处的地位变动对该国出口的影响主要来自集约边际还是扩展边际? 为此,围绕以上问题,基于 FTA 网络分析的视角,对"一带一路"沿线 FTA 带来的出口二元边际效应进行深入系统的分析,具有重要的理论与现实意义。

第一节 沿线国家出口增长的二元边际分解:方法和事实

国家出口二元边际指的是在新新贸易理论中,把一个国家的出口贸易增长划分为集约边际和扩展边际。从国家层面来看,集约边际是指单个产品出口价值量的提升,扩展边际是指国家出口产品种类的增加。

一、"一带一路"沿线国家出口贸易二元边际分解方法

本书使用的出口贸易二元分解理论来源于以 Melitz(2003) 和 Chaney

[①] 本书研究的"一带一路"沿线国家范围采用《2019 年度中国对外直接投资统计公报》(商务部、国家统计局和国家外汇管理局发布)的 65 国口径;沿线国家贸易占比数据根据中国海关公布的原始数据加总计算。

(2008)为代表的异质性企业贸易模型。具体的分解方法参考 Hummels 和 Klenow(2005)和施炳展(2010)等文献,使用产品层面的双边出口数据,并采用与世界平均水平比较的方法,分别计算双边贸易的集约边际和扩展边际。产品层面的双边贸易数据来自 CEPII BACI 数据库。

(一) 集约边际分解

集约边际衡量了出口增长多大程度来源于单个产品出口价值量的提升,考虑出口国 i 和出口目的国 j,本书的集约边际 IM_{ijt} 定义为:

$$IM_{ijt} = \frac{\sum_{m \in M_{ijt}} p_{ijt}^m x_{ijt}^m}{\sum_{m \in M_{ijt}} p_{wjt}^m x_{wjt}^m} \quad (6-1)$$

其中,t 代表年份,m 代表采用 HS6 位编码的产品,M 代表产品集合,p 代表产品价格,x 代表产品数量。特别地,M_{ijt} 表示在 t 年出口国 i 向出口目的国 j 出口的产品集合,p_{ijt}^m 和 x_{ijt}^m 则表示在 t 年出口国 i 向出口目的国 j 出口的 m 产品的价格和数量,p_{wjt}^m 和 x_{wjt}^m 则表示在 t 年世界向出口目的国 j 出口的 m 产品的价格和数量。参考施炳展(2010),本书采用的参考国为整个世界,这样可以保证 $M_{ijt} \in M_{wjt}$。从定义式来看,分子表示出口国 i 向出口目的国 j 的所有产品出口总额,分母表示在出口国 i 向出口目的国 j 出口的产品集合内,世界向出口目的国 j 的出口总额。从经济含义来看,集约边际表示在出口国 i 向出口目的国 j 出口的产品集合内,i 国向 j 国出口占世界向 j 国出口的比重,该比重越大,说明在相同的商品上 i 国实现了更多出口,从而集约边际也将更大。

(二) 扩展边际分解

扩展边际衡量了出口增长多大程度来源于国家出口产品种类的扩大,考虑出口国 i 和出口目的国 j,本书的扩展边际 EM_{ijt} 定义为:

$$EM_{ijt} = \frac{\sum_{m \in M_{ijt}} p_{wjt}^m x_{wjt}^m}{\sum_{m \in M_{wjt}} p_{wjt}^m x_{wjt}^m} \quad (6-2)$$

其中,M_{wjt} 表示在 t 年世界向出口目的国 j 出口的产品集合。从定义式来看,分子表示在出口国 i 向出口目的国 j 出口的产品集合内,世界向出口目的国 j 的出口总额,分母表示世界向出口目的国 j 的所有产品出口总额。从经济含义来看,扩展边际实际上表示在去除了价格和数量因素之后,i 国向 j 国出口产品种类与世界向 j 国出口产品种类之间的比较,该比重越大,则说明出口国 i 向出口目的国 j 出口的产品的类别更丰富,从而扩展边际越大。

二、"一带一路"沿线国家出口贸易二元边际增长比较

表 6-1 展示了"一带一路"沿线主要贸易国家出口二元边际的国际比较。从总贸易额来看,2001—2012 年是国际贸易增长的快速时期,俄罗斯、印度、沙特等国对外出口额都增长 5 倍以上,阿联酋更是从 2001 年出口 327 亿美元上升到 2012 年的 3 501 亿美元,增长 10 倍。2018 年,"一带一路"沿线国家中出口额最大的是俄罗斯,共出口 4 515 亿美元的产品,从 2001 年到 2018 年,俄罗斯出口集约边际一直在 0.07 上下浮动,出口扩展边际从 2001 年的 0.58 增长到 2018 年的 0.69,由此可见,俄罗斯的贸易增长主要来自出口扩展边际。新加坡 2018 年共出口 4 117 亿美元,位列第二。新加坡 2001 年出口集约边际为 0.04,到 2018 年增长到 0.05;扩展边际则从 2001 年的 0.73 增长到 2018 年的 0.78,因此,新加坡的贸易增长来自贸易量提升以及产品种类扩大的共同作用。

表 6-1　　"一带一路"沿线主要贸易国家出口二元边际国际比较

国家	2001 年			2012 年			2018 年		
	总贸易额(亿美元)	集约边际	扩展边际	总贸易额(亿美元)	集约边际	扩展边际	总贸易额(亿美元)	集约边际	扩展边际
俄罗斯	999	0.07	0.58	5 248	0.08	0.67	4 515	0.06	0.69
新加坡	1 218	0.04	0.73	4 156	0.05	0.71	4 117	0.05	0.78
阿联酋	327	0.05	0.44	3 501	0.06	0.59	3 879	0.05	0.73
印度	439	0.02	0.63	2 896	0.04	0.72	3 225	0.03	0.78
沙特阿拉伯	677	0.12	0.34	3 874	0.20	0.54	2 945	0.06	0.43
波兰	354	0.02	0.66	1 796	0.03	0.78	2 618	0.04	0.85
泰国	649	0.02	0.67	2 295	0.03	0.70	2 525	0.03	0.76
马来西亚	880	0.04	0.73	2 274	0.03	0.73	2 473	0.03	0.76
越南	150	0.01	0.38	1 145	0.02	0.56	2 437	0.03	0.58
捷克	334	0.02	0.73	1 564	0.03	0.76	2 025	0.03	0.83

注:表格原始数据来自 CEPII BACI 数据库,由作者整理汇总。

表 6-2 展示了"一带一路"沿线主要贸易国家对中国出口二元边际的国际比较。2018 年,对中国出口最多的三个国家依次是俄罗斯 560 亿美元,新加坡 504 亿美元和越南 414 亿美元。2001—2018 年,俄罗斯和新加坡对中国出口增长了 10 倍,越南更是增长了接近 30 倍。其中,俄罗斯和新加坡对中国的出口增长主要来自扩展边际。越南对中国的出口增长则来自集约边际和扩展边际的共同作用。

表 6-2 "一带一路"沿线主要贸易国家对中国出口二元边际国际比较

国家	2001 年			2012 年			2018 年		
	总贸易额(亿美元)	集约边际	扩展边际	总贸易额(亿美元)	集约边际	扩展边际	总贸易额(亿美元)	集约边际	扩展边际
俄罗斯	56	0.04	0.67	358	0.03	0.79	560	0.04	0.83
新加坡	53	0.03	0.81	443	0.03	0.67	504	0.03	0.79
越南	14	0.01	0.45	128	0.01	0.68	414	0.05	0.71
马来西亚	38	0.03	0.81	287	0.02	0.87	344	0.03	0.84
泰国	29	0.02	0.81	269	0.03	0.82	302	0.02	0.83
印度尼西亚	22	0.02	0.71	217	0.02	0.80	271	0.02	0.85
伊朗	24	0.04	0.25	249	0.03	0.48	211	0.03	0.48
印度	9	0.01	0.60	147	0.02	0.67	164	0.02	0.68
沙特阿拉伯	4	0.05	0.24	63	0.10	0.34	97	0.05	0.49
卡塔尔	3	0.02	0.11	68	0.02	0.29	96	0.02	0.28

注:表格原始数据来自 CEPII BACI 数据库,由作者整理汇总。

为了比较主要出口产品类型不同的国家出口二元边际变化的差异性,本书参考 Lall(2000)的产品分类方法,将"一带一路"沿线 65 国分为资源/初级产出口国和工业品出口国两个类别[1]。在集约边际方面,工业品出口国的

---

[1] 资源/初级产出口国(共 31 个)包括:阿富汗、阿联酋、阿曼、阿塞拜疆、埃及、巴林、俄罗斯、哈萨克斯坦、卡塔尔、科威特、缅甸、沙特、塔吉克斯坦、土库曼斯坦、文莱、乌兹别克斯坦、叙利亚、也门、伊拉克、伊朗、爱沙尼亚、格鲁吉亚、拉脱维亚、老挝、黎巴嫩、蒙古、希腊、亚美尼亚、以色列、吉尔吉斯斯坦、印度尼西亚;工业品出口国(30 个)包括:匈牙利、克罗地亚、立陶宛、斯洛文尼亚、新加坡、菲律宾、马来西亚、罗马尼亚、白俄罗斯、保加利亚、波兰、捷克、斯洛伐克、泰国、阿尔巴尼亚、巴基斯坦、乌克兰、波黑、柬埔寨、马尔代夫、北马其顿、不丹、孟加拉国、摩尔多瓦、尼泊尔、斯里兰卡、土耳其、印度、约旦、越南。

出口量较小,且比较稳定,而资源/初级品出口国出口量大但是波动也比较激烈。在扩展边际方面,工业品出口国出口产品种类更加丰富,而资源/初级品出口国出口产品种类则相对较低。这意味着资源/初级品出口国更容易遭受国际市场波动的冲击。因此,这些国家应当提升自身出口贸易多元化以降低国际市场波动对本国经济的影响。

第二节　FTA 网络地位对出口二元边际的影响机制

一、文献回顾

异质性企业贸易理论的兴起为出口增长的二元边际分解提供了理论支持。Melitz(2003)通过构建异质性企业贸易模型认为,贸易成本等因素会影响现有企业的出口扩张(集约边际)以及新企业的进入和退出(扩展边际),进而作用于贸易总量。在此基础上,区分固定贸易成本(fixed trade cost)和可变贸易成本(variable trade cost)对出口二元边际影响的差异性研究得到进一步拓展,这些研究普遍认为,关税等可变成本的下降会同时作用于出口集约边际和扩展边际的增长,但固定成本通常涉及特定市场的进入成本,因此仅对出口扩展边际产生影响(Helpman 等,2004;Chaney,2008;Eaton 等,2011)。

随着 FTA 在全球范围内的盛行,国内外学者开始关注 FTA 对出口二元边际的影响研究。Hillberry 和 McDaniel(2002)研究了自 1993 年以来美国与 NAFTA 贸易伙伴的贸易增加是由于现有产品数量的增加(集约边际)还是新产品的贸易增加(扩展边际),结果显示 NAFTA 同时促进了美国出口集约边际和扩展边际,但是对后者的影响更大。为克服传统引力模型的内生性问题,Foster 等(2011)采用倾向得分匹配(PSM)方法,使用 1962—2000 年全球范围内的区域贸易协定数据检验了 FTA 对出口二元边际的影响,得到了与前述文献类似的结果,即 FTA 对出口的影响主要来自扩展边际。不过,国内针对中国参与 FTA 对出口二元边际影响的实证分析得出了与前述文献略有差异的结论,如陈勇兵等(2015)对中国-东盟自贸区的研究发现,FTA 签订对中国出口二元边际均有促进作用,但集约边际提升更显著;吕建兴和张少华(2021)使用中国与 147 国家/地区的出口数据,研究表明 FTA 对出口集约边际有显著的促进作用,而对出口扩展边际有显著的抑制作用。

本书认为一方面现有关于 FTA 对出口二元边际影响结果的差异是因为研究对象和样本的不同。另一方面这种差异还可能与 FTA 的异质性有关,即 FTA 规则深度的不同最终导致 FTA 对出口二元边际产生差异性影响。同时,现有文献主要研究双边 FTA 直接带来的贸易效应,未考虑 FTA 网络化格局下其他 FTA 生效后带来的交叉影响。鉴于此,与现有文献相比,本书研究的边际贡献在于:第一,较新的文献中已开始将 FTA 规则深度纳入分析框架[①],但较少涉及深度 FTA 对贸易二元边际影响的实证研究,本书在量化 FTA 规则深度的基础上分析其对出口二元边际的影响,对现有 FTA 的贸易效应研究进行了拓展;第二,基于网络分析视角,研究"一带一路"沿线 FTA 网络中介中心性变化对参与国出口二元边际的影响,使研究更加贴近 FTA 网络化结构形成的现实;第三,研究结论上,本书证实了提升沿线国家 FTA 网络中介中心性有助于促进其出口多元化和降低贸易风险,弥补双边 FTA 主要促进出口集约边际带来的不足,避免贸易条件恶化和贫困化增长,同时也为中国的 FTA 战略优化(以沿线网络关键节点国家作为 FTA 伙伴重点对象)提供了政策依据。

二、影响机制和研究假说

双边自由贸易协定的生效被认为是影响贸易成本的重要因素之一(Flam 和 Nordström,2006)。双边 FTA 生效将通过影响一国贸易成本进而对该国出口二元边际产生影响。由于不同 FTA 涉及的规则领域和条款的法律约束性呈现较大差异(Horn 等,2010;Kohl 等,2016 等),因此需要结合 FTA 的规则深度(Depth of Rules)来分析其对出口二元边际的差异性影响(见图 6-1)。一方面,几乎所有 FTA 涵盖关于农产品和工业品的关税削减的安排(WTO,2011),双边关税在 WTO 多边框架下的进一步下降,有利于降低一国对 FTA 伙伴国的可变贸易成本,进而不仅扩大对已有出口企业和出口产品的贸易规模,同时也可能刺激新产品的出口,同时带来出口集约边际和扩展边际的增长;另一方面,绝大部分 FTA 所涉领域不局限于关税削减,还会涉及海关管理和贸易便利化等边境间措施(border measures)领域,部分 FTA 甚至拓展到投资、资本流动等边境后措施(behind-the-border measures)领域,这些条款对固定贸易成本下降产生影响,例如投资规则签署带来的投资监管程序简化和投资环境改善,有利于降低一国在 FTA 伙伴

[①] 如分析规则异质对 FTA 深化动因和路径的影响(铁瑛等,2021 等)、FTA 原产地规则的异质性贸易效应(杨凯、韩剑,2020)、FTA 质量对全球生产网络的影响(高疆、盛斌,2018)等。

国设立销售机构的成本,从而降低固定贸易成本并作用于出口扩展边际增长。

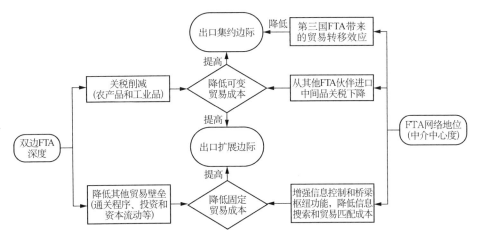

图 6-1　FTA 对出口二元边际增长的影响机制

注:作者自行绘制。

同时,在"一带一路"沿线 FTA 网络结构形成的背景下,不同国家在网络中的位置也会对其出口二元边际产生影响。某些国家因为处于 FTA 网络中关键节点位置,从而扮演了连接网络中其他节点国家的中介桥梁作用,这种作用在网络分析法中通过中介中心性(betweenness centrality)地位来衡量。根据网络分析法相关理论,中介中心性地位高的节点往往具备控制或调节其他节点获得信息的能力,并且在节点上汇集较大的信息量(Freeman,1991),一国在 FTA 网络中的中介中心性地位的提高,意味着该国在网络中的信息控制和信息枢纽功能的提升,该国企业更容易获取出口目标国的市场信息,从而降低信息搜索成本和贸易匹配成本;而且,网络中介中心性地位较高国家的企业,容易获得更多 FTA 贸易伙伴国的产品标准互认,从而降低产品标准和认证制度差异造成的固定贸易成本,最终促进扩展边际的增长。

中介中心性度量的网络地位提升对一国出口集约边际会产生正反两方面的影响。一方面,一国网络中介中心性的提高,意味着该国签订了更多数量和关键位置的 FTA,例如同时与多个区域子群达成 FTA,这样该国面临的中间品进口的关税削减范围和对象会扩大,带来该国企业进口中间品关税成本的下降,从而降低最终品出口的贸易可变成本,进而提高出口集约边际。另一方面,中介中心性的提升也会带来一定程度的贸易转移效应。根据 FTA"轮轴-辐条"(hub and spoke)理论,随着轮轴国新 FTA 伙伴的增加,该国原有贸易伙伴的关税成本优势会相对降低,原有 FTA 伙伴间的贸易会部分转移到该国与新签署 FTA 伙伴之间(Kowalczyk 和 Wonnacott,1992;东艳,2006 等),这会降低该国企业对特定 FTA 伙伴国已有出口产品的数量和规模,从而对出口集约边际带来负面效应。总体上看,中介中心性的地位变化对一国出口集约边际的影响不确定。

从以上影响机制出发,本书提出待检验的研究假说。

假说 1:"一带一路"沿线双边 FTA 深度的提升,有助于同时促进出口集约边际和扩展边际增长。

假说 2:"一带一路"沿线 FTA 网络中介中心性地位的提升,有助于提高出口的扩展边际,但对出口集约边际影响不确定。

由于"一带一路"沿线国家在出口产品类型方面存在明显的异质性(沈玉良和孙立行,2018),对初级产品出口国而言,双边 FTA 的签署与 FTA 网络的深度融入,将提高政策稳定性预期,从而对出口二元边际增长产生重要的促进作用;而对于工业品出口国而言,工业品的制造更为强调上下游的产业链联系,可能涉及多个关境区的跨国生产分工体系,因此双边 FTA 生效对工业品出口的扩展边际提升可能相对有限,但出口国的 FTA 网络中介中心性地位提升,则有助于其国内企业拓展全球产业链环节的分工参与,从而促进出口扩展边际增长。此外,"一带一路"沿线国家以发展中国家为主(52 个),其中还包括 10 个最不发达国家①,这些国家企业的信息获取能力相对较弱,从而导致企业对 FTA 的利用率相对较低(WTO,2011),而随着沿线国家深度融入 FTA 网络,较高的 FTA 网络中介中心性地位能够帮助信息获取能力较弱的国家获得更多的信息渠道,克服其信息劣势,有助于促进其出口的集约边际和扩展边际增长。

鉴于以上分析,提出待检验假说 3 和假说 4。

假说 3:双边 FTA 深度和网络中介中心性提升,有助于初级产品出口国的二元边际增长;双边 FTA 深度仅促进工业品出口国的集约边际增长,而 FTA 网络中介中心性提升则有助于工业品出口国的扩展边际增长。

假说 4:FTA 网络中介中心性的提升,对信息获取能力相对较弱的沿线国家出口二元边际增长影响较大,对信息获取能力相对较强的沿线国家影响较小。

---

① 注:根据联合国开发计划署发布的 2010 年《人类发展报告》统计口径。

第三节 沿线 FTA 网络地位对出口二元边际影响的计量分析

一、模型构建和变量选择

(一) 模型构建

本书的计量模型构建基于 Chaney(2008) 的异质性企业贸易模型,并将核心变量双边 FTA 深度和 FTA 网络地位纳入模型,以分析 FTA 对出口二元边际的系统性影响。Chaney(2008) 在 Krugman(1980) 和 Melitz(2003) 基础上,考虑了企业异质性和产品替代弹性,分析了贸易成本(包括可变贸易成本、固定贸易成本和多边阻力)对贸易流量及企业选择的影响,并完善了贸易引力模型对现实的解释能力。根据其研究,在一般均衡时,一个生产率为 φ 的企业从 i 国出口到 j 国的贸易流量 $x_{ij}(\varphi)$ 可以用如下函数表示:

$$x_{ij}^h(\varphi) = \begin{cases} \lambda_3^h * \left(\dfrac{Y_j}{Y}\right)^{\frac{(\sigma_h-1)}{\gamma_h}} * \left(\dfrac{\theta_j^h}{w_i \tau_{ij}^h}\right)^{\sigma_h-1} * \varphi^{\sigma_h-1}, & \text{if } \varphi \geqslant \overline{\varphi}_{ij} \\ 0, & \text{otherwise} \end{cases} \quad (6-3)$$

其中,h 代表该企业所在行业,σ_h 是 h 行业内产品之间的替代弹性,γ_h 是该行业企业异质性参数(γ_h 越高表示该行业内企业同质性更高),Y_j 是出口目的国 j 的市场规模,Y 是世界产出,w_i 是以工人工资表示的劳动生产率,τ_{ij}^h 是该行业的双边可变贸易成本,θ_j^h 是出口目的国 j 相对于世界的远离指数即多边阻力,$\overline{\varphi}_{ij}^h$ 是该行业劳动生产率阈值。该函数表示,劳动生产率大于该阈值的企业可以出口,否则不出口。λ_3^h 为常数参数。

进一步将 h 行业内所有企业的出口累加可以得到 h 行业中 i 国出口到 j 国的总贸易流量 X_{ij}^h,如下式所示:

$$X_{ij}^h = \mu_h * \dfrac{Y_i * Y_j}{Y} * \left(\dfrac{w_i \tau_{ij}^h}{\theta_j^h}\right)^{-\gamma_h} * (f_{ij}^h)^{-\left[\frac{\gamma_h}{(\sigma_h-1)}-1\right]} \quad (6-4)$$

其中,μ_h 是消费者对 h 行业产品的消费份额,Y_i 是出口国 i 的市场规模,f_{ij}^h 是该行业双边固定贸易成本。

基于 Kancs(2007) 的方法,总贸易流量 X_{ij}^h 可以进行如下二元边际分解:

$$X_{ij}^h = \tilde{x}_{ij}^h(\tilde{\varphi}) * N_{ij}^h \tag{6-5}$$

其中，$\tilde{x}_{ij}^h(\tilde{\varphi})$ 为 h 行业内具有平均劳动生产率的企业的出口量表示的单位企业平均出口量，N_{ij}^h 表示出口企业数量。参考 Hummels 和 Klenow（2005）、Besedes 和 Prusa（2011）、钱学锋和熊平（2010）以及林僖和鲍晓华（2019）的定义方法，可将单位企业平均出口量 $\tilde{x}_{ij}^h(\tilde{\varphi})$ 定义为贸易的集约边际 IM_{ij}^h，出口企业数量 N_{ij}^h 定义为贸易的扩展边际 EM_{ij}^h。

$$IM_{ij}^h = \lambda_3^h * \left(\frac{Y_j}{Y}\right)^{\frac{(\sigma_h-1)}{\gamma_h}} * \left(\frac{\theta_j^h}{w_i \tau_{ij}^h}\right)^{\sigma_h-1} * \tilde{\varphi}^{\sigma_h-1} \tag{6-6}$$

$$EM_{ij}^h = \left(\frac{\sigma_h}{\sigma_h-1}\right)^{\sigma_h-1} \frac{Y_i Y_j}{Y} f_{ij}^{-\frac{\gamma_h}{\sigma_h-1}} \left(\frac{w_i \tau_{ij}^h}{\theta_j^h}\right)^{-\gamma_h} \tag{6-7}$$

根据贸易的集约边际和扩展边际的定义式，集约边际受到出口目的国的经济规模、可变贸易成本以及多边阻力的影响，而扩展边际还额外受到固定贸易成本的影响。这一结果已得到许多文献的理论和经验验证（Melitz，2003；Kancs，2007；Chaney，2008；Helpman 等，2008；钱学锋和熊平，2010；Krautheim，2012；林僖和鲍晓华，2019）。基于此，本书构建了如下差异化的引力模型，分别考察贸易的集约边际和扩展边际的影响因素。

$$\begin{aligned}IM_{ijt} = &\beta_0 + \beta_1 Y_{jt} + \beta_2 \theta_{jt} + \beta_3 \tau_{ijt} + \beta_4 FTA_{ijt} + \beta_5 NET_{it} + \xi_i + \\ &\xi_j + \xi_t + \varepsilon_{ijt}\end{aligned} \tag{6-8}$$

$$\begin{aligned}EM_{ijt} = &\mu_0 + \mu_1 Y_{it} + \mu_2 Y_{jt} + \mu_3 \theta_{jt} + \mu_4 f_{ijt} + \mu_5 \tau_{ijt} + \mu_6 FTA_{ijt} + \\ &\mu_7 NET_{it} + \xi_i + \xi_j + \xi_t + \upsilon_{ijt}\end{aligned} \tag{6-9}$$

其中，β 和 μ 为待估系数，Y_{it} 和 Y_{jt} 分别表示出口国经济规模和出口目的国经济规模，θ_{jt} 表示出口目的国的多边阻力，τ_{ijt} 为可变贸易成本，FTA_{ijt} 表示双边 FTA 深度，NET_{it} 表示出口国网络地位，f_{ijt} 为固定贸易成本，ξ_i、ξ_j 和 ξ_t 分别为出口国固定效应、出口目的国固定效应和时间固定效应用来控制各国劳动生产率、外部冲击等其他难以观察的因素，ε_{ijt} 和 υ_{ijt} 为误差项。

（二）变量选择[①]

1. 核心解释变量：双边 FTA 深度和出口国 FTA 网络中介中心性

（1）双边 FTA 深度变量。本书采用国内外学界普遍使用的条款计分法

[①] 被解释变量国家出口二元边际已在第一节说明，此处不再重复。

第六章 "一带一路"FTA 网络国家地位对出口二元边际的影响

对 FTA 深度进行量化（Kohl 等，2016；铁瑛等，2021）。首先，本书基于 Damuri(2012)确定的 FTA 中最频繁出现的 18 项核心条款，作为度量 FTA 深度的条款范围，其中包括 11 项边境间措施条款和 7 项边境后措施条款①。然后，基于 Hofmann 等(2017)的 FTA 条款计分方法计算每个 FTA 在 18 项核心条款范围内的得分。FTA 深度量化方法如表 6-3 所示。最后，根据每个 FTA 在 18 个条款的得分加总再除以全部 18 个条款的最大可能得分计算出 FTA 深度。计算公式如下：

$$FTA_{ijt} = \frac{\sum C18_m}{s_{MAX}} \quad (6-10)$$

本书构建的核心解释变量 FTA_{ijt} 的含义是出口国 i 和出口目的国 j 在 t 年正在生效的双边自由贸易协定的深度。$\sum C18_m$ 表示该 FTA 在 18 个核心条款上的得分加总，s_{MAX} 表示最大可能得分(AC:18 分；LE:36 分)。在基准回归部分，本书采用法律约束力(LE)计分法进行规则量化，在稳健性检验部分同时也纳入覆盖领域(AC)计分法，通过比较二者回归结果进行稳健性检验。

表 6-3　　　　FTA 深度量化方法(基于 Hofmann 等，2017)

计分方法	计分规则
AC（只考虑覆盖领域）	0 分 协议中未提及（或过于笼统提及）该条款
	1 分 协议中提及该条款
LE（考虑法律约束力）	0 分 协议中没有提及该条款，或者没有使用有法律约束力的语言表述
	1 分 提及该条款，并使用有法律约束力的语言表述，但明确排除在争端解决机制以外
	2 分 该条款使用有法律约束力的语言表述及并在法律上可强制执行

注：其中 AC 即"Area Covered"，表示只考虑是否在 FTA 中提及某个条款，而不考虑其法律约束力；LE 即"Legally Enforceable"，表示不仅考虑 FTA 中是否覆盖某个条款，而且考虑该条款表述是否具有法律约束力。

(2) FTA 网络中介中心性变量。本书在纳入基于协定异质性的双边 FTA 深度作为核心解释变量的基础上，进一步考虑整体 FTA 网络地位对出

---

① 11 项边境间措施条款包括：工业产品减让、农业产品减让、海关程序、出口税、卫生和植物检疫、技术性贸易壁垒、反倾销、反补贴、与贸易有关的投资措施协议(TRIMS)、与贸易有关的知识产权协定(TRIPS)和资本的自由流动；7 项边境后措施条款包括：国有企业、政府援助、政府采购、服务贸易总协定(GATS)、竞争政策、投资和知识产权保护。

口二元边际的影响。本书采用社会网络分析方法（social network analysis，SNA），测算样本内所有出口国家在 FTA 网络中的中介中心性地位（betweenness centrality）。中介中心性主要测度 FTA 网络中的参与国对信息的控制和调节能力（Freeman，1991）。参与国具有更高的中介中心性不仅意味着它拥有更广泛的市场准入资格以及更低的进入成本，而且意味着该国在多个网络子群之间扮演着重要的"桥梁"角色。中介中心性计算公式为：

$$C'_F(x_i) = \frac{C_F(x_i)}{\sum\sum m_{jk}} \tag{6-11}$$

$$C_F(x_i) = \sum\sum m_{jk}(x_i) \tag{6-12}$$

中介中心性旨在度量被测度节点对于流量的控制能力，即有多少流量必须流经该节点（Freeman，1991）。式（6-11）和式（6-12）中 $C'_F(x_i)$ 是指被测度节点 x_i 标准化后的中介中心性，$C_F(x_i)$ 是指除被测度节点 x_i 以外的其他任意两个节点 j、k 之间必须经过节点 x_i 传递的信息流量，$\sum\sum m_{jk}$ 是指网络中除被测度节点 x_i 以外的任意两个节点之间能够传递的信息流量的总和。被测度节点 x_i 代表的国家签订的 FTA 数量越多、深度越高、位置越关键，均会提升该国的中介中心性。中介中心性所反映的内涵符合目前全球经贸现状，两个国家之间的信息交流或国际贸易不会只依赖于两国间的直接渠道，同时也会寻找各种间接渠道来完成信息交流或国际贸易，所谓间接渠道即两国之间的信息或贸易至少通过一个第三方国家来传递，中介中心性则可以度量一国处于别国间接渠道位置的中介能力。

已生效 FTA 的原始数据来自 WTO-Regional Trade Agreements Database，本书根据原始数据中的签署国家、生效时间等信息，构建了双边 FTA 关系数据库，并纳入 FTA 深度量化结果体现其异质性，进而构建了有权 FTA 网络。本书进一步采用社会网络分析软件 Ucinet 计算得到反映网络地位的核心解释变量 NET_{it}，其含义是 t 年出口国 i 在"一带一路"FTA 网络中的中介中心性。

2. 其他控制变量

（1）经济规模。根据式（6-8）和式（6-9），出口目的国的经济规模会影响出口的集约边际，而出口的扩展边际则会受到出口国和出口目的国经济规模的共同影响。本书使用国内生产总值（GDP）代表国家经济规模。国内生产总值数据来自世界银行的世界发展指标数据库（WDI）。本书利用平减指数法将国内生产总值数据转化为以 2000 年为基年的美元值,以消除价格因素干扰,最终得到反映国家经济规模的变量 Y_{it} 和 Y_{jt}。

(2) 贸易成本。固定贸易成本的影响因素主要有:第一,文化因素,国家间的贸易投资活动往往遵循"心理距离",这很大程度上是文化差异造成的,因此本书引入虚拟变量 $Religion_{ij}$ 和 $Comlang_{ij}$,分别表示两国是否有共同的宗教信仰和两国是否共享某种官方语言。第二,历史联系,本书纳入虚拟变量 $Colony_{ij}$ 和 $Smctry_{ij}$,分别表示两国之间是否曾为殖民与被殖民的关系和两国是否曾经隶属于同一国家或者地区。第三,制度因素,本书纳入虚拟变量 $Legal_{ij}$ 表示两国是否属于同一法律体系。以上数据均来源于 CEPII 数据库。

两国的双边地理距离是影响可变贸易成本的重要因素(Kancs,2007;钱学锋和熊平,2010;林僖和鲍晓华,2019),本书纳入变量 $Dist_{ij}$ 表示双边国家地理距离(以两国人口最多的城市间距离代理);纳入虚拟变量 $Landlocked_{ij}$ 表示两国至少有一个是内陆国;纳入虚拟变量 $Contig_{ij}$ 表示两国是否接壤。以上数据均来源于 CEPII 数据库。实际上,随着运输技术不断进步,地理因素对可变贸易成本的影响也逐渐减弱,因此本书考察的核心变量双边 FTA 深度和出口国 FTA 网络地位是对可变贸易成本构成的重要补充。

(3) 多边阻力。多边阻力项也称进口国远离指数,该指标主要考察一国与世界其他国家开展贸易所面临的阻力。一般而言,多边阻力越大会反过来推动该国与给定国家开展国际贸易。这是由于当考察国与给定国之间的双边贸易成本相对于考察国与其他所有国家之间的平均贸易成本更低时,会发生贸易转移效应,使得考察国与给定国之间的国际贸易增长(Anderson 和 Wincoop,2003)。参考 Kancs(2007),本书对于出口目的国 j 的多边阻力项 $\theta_j^{-\gamma}$ 定义式为:

$$\theta_j^{-\gamma} \equiv \sum_{i=1}^{N}\left(\frac{Y_i}{Y_w}\right)\phi_{ij} \tag{6-13}$$

其中,Y_i 表示每个出口国 i 的经济规模,Y_w 表示除 j 国以外世界经济规模总和,两者均以国内生产总值衡量。ϕ_{ij} 为贸易自由度,参考 Head & Mayer(2004)的做法,贸易自由度 ϕ_{ij} 可定义为:

$$\phi_{ij}=\sqrt{\frac{E_{ij}E_{ji}}{E_{ii}E_{jj}}} \tag{6-14}$$

其中，E_{ij} 和 E_{ji} 分别表示从 i 国出口到 j 国的总出口额和从 j 国出口到 i 国的总出口额，E_{ii} 和 E_{jj} 分别表示 i 国和 j 国的国内产品销售额，即各自的国内生产总值减去各自的总出口额。

至此，本书构建了1995—2018年"一带一路"沿线国家出口贸易的面板数据，包含解释变量和被解释变量15个，共计276 696个样本（包括部分存在变量缺失值的样本），变量描述性统计如表6-4所示。

表6-4　　　　　　　　　变量描述性统计

变量	含义	均值	标准差	最小值	最大值
IM_{ijt}	集约边际	0.041	0.093	0.000	0.857
EM_{ijt}	扩展边际	0.139	0.188	0.000	0.848
FTA_{ijt}	双边FTA深度	0.039	0.164	0.000	1.000
NET_{it}	出口国中介中心性	1.132	1.432	0.000	10.000
Y_{jt}	进口国GDP	23.740	2.476	16.460	30.510
Y_{it}	出口国GDP	24.370	1.701	19.776	28.490
$\theta_j^{-\gamma}$	进口国远离指数	0.001	0.003	0.000	0.054
$Landlocked_{ij}$	双方是否有内陆国	0.388	0.487	0.000	1.000
$Dist_{ij}$	双边距离	8.649	0.788	4.742	9.886
$Contig_{ij}$	是否接壤	0.020	0.140	0.000	1.000
$Colony_{ij}$	是否有殖民关系	0.008	0.087	0.000	1.000
$Smctry_{ij}$	是否曾经是一个国家或地区	0.006	0.079	0.000	1.000
$Comlang_{ij}$	是否有共同语言	0.052	0.223	0.000	1.000
$Religion_{ij}$	是否有共同宗教	0.134	0.248	0.000	0.997
$Legal_{ij}$	是否有共同法律体系	0.390	0.488	0.000	1.000

注：表格内容来自stata软件计算生成，由作者汇总整理。

3. 解释变量多重共线性检验

多重共线性是指解释变量之间彼此相关的现象，严重的多重共线性可能导致回归结果有效性降低，甚至得到与实际完全相反的结论。由于本书使用的中介中心性变量是基于加权FTA网络计算而来，而FTA深度也同时被纳入模型,两个核心解释变量之间可能存在多重共线性。因此,有必要对各解释变量作多重共线性检验。目前检验多重共线性的方法主要有相关系数检验和膨胀因子分析法(VIF)。

相关系数检验通过计算核心解释变量与控制变量以及控制变量之间的相关性系数的大小来判断多重共线性。一般认为相关性系数的绝对值大于 0.5 时,回归模型存在较为严重的多重共线性问题的可能性较大。表 6-5 汇报了两两变量之间的相关性系数,所有系数均在 0.5 以下。但是,相关系数检验并不能完全排除多重共线性问题,本书使用更为有效的膨胀因子分析法(VIF)作进一步检验。这种方法通过识别模型中各解释变量的膨胀因子大小对多重共线性问题进行判断,表 6-6 汇报了对模型(6)以及模型(7)的膨胀因子分析结果。共线性诊断指标是 VIF 值或容忍度(VIF 的倒数),当 VIF 值大于 10 时可以认为模型存在多重共线性问题。从表 6-6 的结果来看,两个模型的解释变量 VIF 值均在 2 以下,基本排除本书模型存在严重多重共线性的可能。

表 6-5 变量相关系性数

变量	FTA_{ijt}	NET_{it}	Y_{it}	Y_{jt}	$Contig_{ij}$	$Dist_{ij}$
FTA_{ijt}	1					
NET_{it}	0.23***	1				
Y_{it}	0.08***	0.31***	1			
Y_{jt}	0.15***	0.06***	0.05***	1		
$Contig_{ij}$	0.12***	0.01***	0.04***	0.08***	1	
$Dist_{ij}$	−0.31***	−0.03***	−0.01***	−0.23***	−0.36***	1
$Landlocked_{ij}$	−0.02***	−0.06***	−0.30***	−0.06***	0.01***	−0.09***
$Colony_{ij}$	0.08***	0.01***	0.04***	0.10***	0.22***	−0.11***
$Smctry_{ij}$	0.09***	0.01***	0.01***	0.02***	0.30***	−0.24***
$Religion_{ij}$	0.04***	−0.03***	0.07***	0	0.12***	−0.24***
$Legal_{ij}$	−0.02***	−0.02***	0	−0.01***	0.05***	−0.06***
$Comlang_{ij}$	0.02***	0.07***	0.15***	−0.04***	0.10***	−0.10***
$\theta_j^{-\gamma}$	0.08***	0.02***	0.02***	0.48***	0.07***	−0.16***

注:表格内容来自 stata 软件计算生成,由作者汇总整理。

表 6-5 续　　　　　　　　　　　变量相关系性数

变量	$Landlocked_{ij}$	$Colony_{ij}$	$Smctry_{ij}$	$Religion_{ij}$	$Legal_{ij}$	$Comlang_{ij}$	$\theta_j^{-\gamma}$
FTA_{ijt}							
NET_{it}							
Y_{it}							
Y_{jt}							
$Contig_{ij}$							
$Dist_{ij}$							
$Landlocked_{ij}$	1						
$Colony_{ij}$	−0.02***	1					
$Smctry_{ij}$	0.03***	0.08***	1				
$Religion_{ij}$	0.01***	0.03***	0.04***	1			
$Legal_{ij}$	0.03***	0.06***	0.06***	0.09***	1		
$Comlang_{ij}$	−0.13***	0.03***	0.03***	0.31***	0.13***	1	
$\theta_j^{-\gamma}$	−0.03***	0.05***	0.04***	−0.07***	−0.06***	−0.03***	1

注：表格内容来自 stata 软件计算生成，由作者汇总整理。

表 6-6　　　　　　　　　　　膨胀因子分析结果

模型(6)膨胀因子检验			模型(7)膨胀因子检验		
变量	VIF	1/VIF	变量	VIF	1/VIF
FTA_{ijt}	1.19	0.844	FTA_{ijt}	1.15	0.866
NET_{it}	1.07	0.937	NET_{it}	1.11	0.898
Y_{jt}	1.27	0.786	Y_{it}	1.14	0.878
$Contig_{ij}$	1.15	0.867	Y_{jt}	1.46	0.683
$Dist_{ij}$	1.3	0.771	$Contig_{ij}$	1.19	0.837
$Landlocked_{ij}$	1.02	0.976	$Dist_{ij}$	1.34	0.744
$\theta_j^{-\gamma}$	1.25	0.797	$Landlocked_{ij}$	1.08	0.923
Mean VIF	1.18		$Colony_{ij}$	1.06	0.945
			$Smctry_{ij}$	1.1	0.909
			$Religion_{ij}$	1.16	0.86

（续表）

模型(6)膨胀因子检验			模型(7)膨胀因子检验		
变量	VIF	1/VIF	变量	VIF	1/VIF
			$Legal_{ij}$	1.04	0.958
			$Comlang_{ij}$	1.16	0.86
			$\theta_j^{-\gamma}$	1.43	0.7
			Mean VIF	1.19	

注：表格内容来自 stata 软件计算生成，由作者汇总整理。

二、回归结果

(一) 基准回归

在存在贸易数据零值、模型误设以及存在异方差的情况下，泊松拟极大似然(poisson pseudo-maximum-likelihood，PPML)估计方法相较于其他方法回归结果具有一致性(Silva 和 Tenreyro，2006)。因此，本书采用 1995—2018 年 61 个国家①的出口贸易面板数据以及 PPML 估计方法，并利用计量模型式(8)和式(9)对前文提出的命题进行实证检验。

表 6-7 报告了基准回归结果，基于面板数据的特性，本书在回归模型中逐步加入时间固定效应、出口国固定效应和进口国固定效应，以控制可能存在的不可观测因素对回归结果的影响。其中，(1)(2)两列没有加入固定效应，(3)(4)两列仅加入时间固定效应，(5)(6)两列加入全部固定效应。本书重点关注的核心变量双边 FTA 深度和出口国网络中介中心性的系数在控制不同固定效应的情况下其符号和显著性出现变化，这意味着模型以外存在许多重要但不可观测的因素，例如与时间相关的外部冲击以及不可度量的国家异质性，因此加入全部固定效应的回归结果更加可信。

根据列(5)和列(6)的结果，FTA 双边深度变量(FTA_{ijt})的系数均显著为正，这表明"一带一路"沿线双边 FTA 深度能够显著促进出口的集约边际和扩展边际，不过二者的影响系数大小有较大差异；双边 FTA 深度每提高 1 个单位，将分别带来出口集约边际和扩展边际增加 0.411% 和 0.072%，这表明，"一带一路"沿线双边 FTA 深度对出口增长的影响主要来自集约边

---

① 缺少巴勒斯坦、东帝汶、黑山以及塞尔维亚等 4 国数据。

际,其主要原因在于沿线国家的 FTA 的平均深度水平不高,其 FTA 重点主要集中于农产品和工业品关税的进一步削减而非投资、资本流动等边境后条款,因此对出口的影响主要通过降低可变贸易成本促进集约边际增长。同时,出口国网络中介中心性变量(NET_{it})在列(6)中的系数显著为正,在列(5)中的系数不显著,这表明"一带一路"沿线国家在 FTA 网络中的地位提高,能够有效促进其出口扩展边际增长,这主要因为沿线出口国的 FTA 网络中介中心性提升后,将增强其在网络中的信息控制和信息枢纽功能,从而降低出口信息搜索和贸易匹配等固定成本,带动更多企业参与出口,增加出口品种。因此,FTA 双边深度主要促进了"一带一路"沿线国家的出口集约边际;而出口国网络中介中心性的提高则主要促进其出口扩展边际,两者形成互补。

其他控制变量基本符合理论假设以及以往文献的研究结论。进口国经济规模对出口贸易的扩展边际有显著正向影响,但对集约边际有显著的负向影响,出口国经济规模只促进了出口贸易的扩展边际;多边阻力项(进口国远离指数)对贸易的集约边际没有显著影响,但对扩展边际具有显著促进作用;贸易成本相关变量同样符合预期:双方是否有内陆国、双边地理距离、是否接壤等代表的可变成本下降有效促进贸易集约边际增长同时也一定程度提升了扩展边际;由历史因素(殖民关系和是否曾属同一国)、文化因素(语言和宗教)和法律因素所代表的固定贸易成本下降则显著提高了贸易的扩展边际。

表 6-7　　　　　　　　　　出口贸易边际的影响因素

变量	(1) 集约边际	(2) 扩展边际	(3) 集约边际	(4) 扩展边际	(5) 集约边际	(6) 扩展边际
FTA_{ijt}	−0.188***	0.211***	−0.134***	0.285***	0.411***	0.072***
	(0.031)	(0.010)	(0.031)	(0.011)	(0.0344)	(0.011)
NET_{it}	−0.008**	0.065***	0.009**	0.080***	0.007	0.024***
	(0.004)	(0.002)	(0.004)	(0.002)	(0.005)	(0.002)
Y_{jt}	−0.327***	0.162***	−0.321***	0.170***	−0.275***	0.111***
	(0.003)	(0.002)	(0.003)	(0.002)	(0.024)	(0.011)
Y_{it}		0.437***		0.462***		0.025**
		(0.002)		(0.002)		(0.012)

(续表)

变量	(1) 集约边际	(2) 扩展边际	(3) 集约边际	(4) 扩展边际	(5) 集约边际	(6) 扩展边际
$\theta_j^{-\gamma}$	−49.790***	21.100***	−52.550***	21.350***	−4.043	2.958***
	(2.877)	(0.841)	(2.961)	(0.825)	(3.453)	(0.986)
$Landlocked_{ij}$	−0.008	−0.094***	−0.006	−0.067***	−0.080**	0.002
	(0.012)	(0.006)	(0.012)	(0.006)	(0.039)	(0.020)
$Dist_{ij}$	−0.070***	−0.457***	−0.063***	−0.447***	−0.205***	−0.578***
	(0.007)	(0.004)	(0.007)	(0.004)	(0.012)	(0.005)
$Contig_{ij}$	1.194***	0.195***	1.190***	0.195***	0.804***	0.183***
	(0.027)	(0.016)	(0.027)	(0.015)	(0.024)	(0.015)
$Colony_{ij}$		0.191***		0.156***		0.182***
		(0.020)		(0.020)		(0.018)
$Smctry_{ij}$		0.395***		0.412***		0.159***
		(0.024)		(0.024)		(0.024)
$Comlang_{ij}$		0.275***		0.282***		0.308***
		(0.012)		(0.012)		(0.012)
$Religion_{ij}$		−0.103***		−0.090***		0.254***
		(0.012)		(0.011)		(0.011)
$Legal_{ij}$		0.018***		0.022***		0.091***
		(0.006)		(0.006)		(0.005)
常数项	5.040***	−14.090***	4.724***	−15.130***	4.840***	−4.095***
	(0.098)	(0.076)	(0.104)	(0.081)	(0.501)	(0.370)
时间固定效应	否	否	是	是	是	是
出口国固定效应	否	否	否	否	是	是
进口国固定效应	否	否	否	否	是	是
样本量	145 868	120 411	145 868	120 411	145 868	120 411
R^2	0.144	0.487	0.147	0.499	0.229	0.693

说明:括号内标准误经过怀特异方差修正;*、**、*** 分别表示在 10%、5% 和 1% 水平上显著。

(二)稳健性检验

首先,为了消除极端值对回归结果的干扰,本书根据2018年出口国网络中介中心性的数据结果,剔除了排名前10%和排名后10%的12个"一带一路"沿线国家,包括:埃及、巴勒斯坦、保加利亚、波黑、黑山、罗马尼亚、蒙古国、缅甸、斯洛伐克、新加坡、伊朗、印度。表6-8的(1)(2)两列报告了剔除极端值样本后的回归结果,核心变量系数和大小未发生显著改变。因此,极端值对回归结果的干扰较小。

其次,本书在基准回归部分通过加入多项固定效应,很大程度避免了由于"遗漏变量"造成的内生性问题;并且对核心变量双边FTA深度作滞后处理,避免了由于"反向因果"造成的内生性问题。此外,本书进一步对其他控制变量作滞后处理,消除变量内生性。表6-8的(3)(4)两列报告了加入滞后控制变量的回归结果,核心变量的回归系数和显著性没有发生明显变化,表明基准回归结果具有较强稳健性。

表6-8　　剔除极端值样本和控制变量滞后一期的稳健性检验

变量	(1)	(2)	(3)	(4)
	剔除极端值样本		控制变量滞后一期	
	集约边际	扩展边际	集约边际	扩展边际
FTA_{ijt}	0.438***	0.087***	0.425***	0.071***
	(0.038)	(0.012)	(0.034)	(0.011)
NET_{it}	0.008	0.027***	0.008*	0.023***
	(0.006)	(0.002)	(0.005)	(0.002)
控制变量	是	是	滞后一期	滞后一期
时间固定效应	是	是	是	是
出口国固定效应	是	是	是	是
进口国固定效应	是	是	是	是
样本量	120 541	101 887	146 045	120 253
R^2	0.215	0.692	0.229	0.693

说明:括号内标准误经过怀特异方差修正;*、**、***分别表示在10%、5%和1%水平上显著。

最后,由于FTA深度的量化可能存在一定程度的主观性,为避免FTA

第六章 "一带一路"FTA网络国家地位对出口二元边际的影响

深度的测量误差,本书进一步采用FTA二元哑变量(是否签署FTA)和覆盖领域(AC)计分法等不同方法,重新测算FTA深度和出口国网络中介中心性,并替换基准回归中的变量,检验回归结果是否稳健,以排除可能存在的"度量误差"问题。表6-9报告了针对FTA深度以及出口国网络地位测量误差的检验结果。其中,列(1)和列(2)中采用FTA二元哑变量方法计算FTA深度,列(3)和列(4)中则采用了基于条款覆盖的AC计分法测算FTA深度;从回归结果看,核心变量和所有控制变量对贸易的集约边际和扩展边际的系数符号和显著性水平没有明显变化,回归结果基本稳健。从系数大小来看,无论是集约边际还是扩展边际,在考虑FTA深度以后,核心变量的系数更大,这表明协定异质性对贸易的二元边际有显著影响。

表6-9 是否存在FTA深度测量误差的稳健性检验

变量	(1)	(2)	(3)	(4)
	FTA二元哑变量		AC计分法	
	集约边际	扩展边际	集约边际	扩展边际
FTA_{ijt}	0.183***	0.098***	0.361***	0.077***
	(0.018)	(0.008)	(0.032)	(0.010)
NET_{it}	−0.003	0.021***	0.009**	0.024***
	(0.005)	(0.002)	(0.005)	(0.002)
控制变量	是	是	是	是
时间固定效应	是	是	是	是
出口国固定效应	是	是	是	是
进口国固定效应	是	是	是	是
样本量	145 868	120 411	146 965	121 408
R^2	0.229	0.693	0.228	0.693

说明:括号内标准误经过怀特异方差修正;*、**、***分别表示在10%、5%和1%水平上显著。

(三) 国家异质性分析结果

1. 基于国家出口产品类型异质性分析结果

为了验证主要出口产品不同的国家利用双边FTA深度以及FTA网络的差异性(研究假说3),本书参考Lall(2000)的产品分类方法,将"一带一路"沿线 65 国分为资源/初级产出口国和工业品出口国两个类别①。具体步骤是,首先,按照 Lall(2000)的产品分类方法识别各国 1995—2018 年的 HS6 位码产品贸易数据中的资源/初级产品和工业品出口额,并计算各自占总贸易比重。然后,将各国出口资源初级产品和工业品的占比与"一带一路"沿线国家的平均水平进行比较,确定每一个沿线国家更倾向于出口哪类产品,最终确定在 61 个有统计数据的国家中,31 个国家为资源/初级产出口国,30 个为工业品出口国。

表 6-10 报告了基于国家主要出口产品类型的分样本回归结果。对资源/初级产品出口国而言,双边 FTA 深度和 FTA 网络中介中心性地位对其出口集约边际和扩展边际均有显著的促进作用,这表明大宗商品的出口更易受到双边政治关系以及世界经济波动的影响,双边 FTA 的生效以及深度融入 FTA 网络体系,有助于增加出口商的政策预期,降低贸易风险,最终促进产品的出口二元边际增长。对工业品出口国而言,双边 FTA 深度变量仅对出口集约边际增长带来促进作用,但对扩展边际影响不显著,而 FTA 网络中介中心性变量显著促进了出口扩展边际的增长。这表明,工业品生产更依赖完整的产业链分工体系,新的出口企业参与全球产业链分工环节不仅需要双边 FTA 的签署,更需要融入产业链上不同国家的FTA 网络规则体系。

表 6-10　　　　基于国家主要出口产品类型的分样本回归结果

变量	(1)	(2)	(3)	(4)
	资源/初级产品出口国		工业品出口国	
	集约边际	扩展边际	集约边际	扩展边际
FTA_{ijt}	0.253***	0.153***	0.615***	−0.009
	(0.053)	(0.018)	(0.044)	(0.013)
NET_{it}	0.031***	0.022***	−0.005	0.022***
	(0.007)	(0.003)	(0.006)	(0.003)
控制变量	是	是	是	是
时间固定效应	是	是	是	是
出口国固定效应	是	是	是	是

---

① 分类结果与第一节一致。

(续表)

变量	(1)	(2)	(3)	(4)
	资源/初级产品出口国		工业品出口国	
	集约边际	扩展边际	集约边际	扩展边际
进口国固定效应	是	是	是	是
样本量	65 870	54 674	79 998	65 737
R^2	0.213	0.660	0.268	0.755

说明:括号内标准误经过怀特异方差修正；*、**、*** 分别表示在 10%、5% 和 1% 水平上显著。

2. 基于国家信息获取能力异质性的回归结果

为验证 FTA 网络中介中心性地位对信息获取能力不同的沿线国家出口的差异性影响（研究假说 4），本书采用互联网渗透率（internet penetration rate）指标来反映一国信息获取能力水平的高低。本书根据国际电信联盟（ITU）公布的"每百名居民的固定宽带订阅量"（fixed broadband subscriptions per 100 inhabitants）指标，以所有沿线国家 2005—2018 年平均值为分类门槛值，将"一带一路"沿线 61 个国家分为信息获取能力较低的国家（32 个）和信息获取能力较高的国家（29 个）[①]。

表 6-11 报告了基于国家互联网渗透率分类的分样本回归结果。双边 FTA 深度对低互联网渗透率国家的扩展边际没有显著影响，但出口国 FTA 网络中介中心性却对出口集约边际有显著促进作用，表现出与高互联网渗透率国家样本回归结果的差异性。可能的原因在于：对于低互联网渗透率国家而言，由于企业信息较为闭塞，导致双边 FTA 生效后企业难以快速有效地了解规则的动态信息，因此仅对已有出口企业和出口产品的增长（集约边际）存在促进作用，而没有惠及新企业和新产品的出口（扩展边际）。相比之下，FTA 网络中介中心性的提高，有利于增强出口国作为国际经贸信息流动枢纽的功能，尽管这对于高互联网渗透率国家降低信息成本的作用不大，

---

① 信息获取能力较低的国家（32 个）包括：亚美尼亚、阿尔巴尼亚、越南、黎巴嫩、伊朗、马尔代夫、蒙古、阿曼、伊拉克、乌兹别克斯坦、约旦、埃及、叙利亚、斯里兰卡、不丹、菲律宾、孟加拉国、吉尔吉斯斯坦、科威特、印度尼西亚、印度、尼泊尔、也门、巴基斯坦、泰国、文莱、柬埔寨、老挝、缅甸、塔吉克斯坦、土库曼斯坦、阿富汗；信息获取能力较高的国家（29 个）包括：罗马尼亚、爱沙尼亚、以色列、新加坡、斯洛文尼亚、立陶宛、匈牙利、希腊、捷克、拉脱维亚、白俄罗斯、克罗地亚、斯洛伐克、保加利亚、波兰、巴林、北马其顿、俄罗斯、阿拉伯联合酋长国、波黑、阿塞拜疆、土耳其、沙特阿拉伯、格鲁吉亚、摩尔多瓦、卡塔尔、哈萨克斯坦、马来西亚、乌克兰。

但能够显著提升低互联网渗透率国家获取国际经贸信息的能力,从而推动出口二元边际的增长。

表 6-11　　　　　　基于国家互联网渗透率分样本回归结果

变量	(1)	(2)	(3)	(4)
	低互联网渗透率国家		高互联网渗透率国家	
	集约边际	扩展边际	集约边际	扩展边际
FTA_{ijt}	0.482***	0.038	0.330***	0.067***
	(0.086)	(0.031)	(0.038)	(0.011)
NET_{it}	0.029***	0.027***	−0.001	0.020***
	(0.007)	(0.006)	(0.006)	(0.002)
控制变量	是	是	是	是
时间固定效应	是	是	是	是
出口国固定效应	是	是	是	是
进口国固定效应	是	是	是	是
样本量	66 647	54 668	79 221	65 743
R^2	0.269	0.709	0.214	0.693

说明:括号内标准误经过怀特异方差修正;*、**、*** 分别表示在 10%、5% 和 1% 水平上显著。

三、实证分析结论

本书基于 Chaney(2008)的异质性企业贸易模型以及 Kancs(2007)的贸易二元边际分解方法,采用 1995—2018 年"一带一路"沿线国家 HS6 位产品层面出口贸易数据,使用贸易引力模型分析了双边 FTA 深度及其在 FTA 网络中的地位对沿线国家出口二元边际的影响,得到主要结论如下几方面。

第一,"一带一路"沿线双边 FTA 深度提高对出口二元边际均有显著的促进作用,但对出口集约边际的影响程度明显大于出口扩展边际。这主要因为,受经济发展阶段和水平的制约,"一带一路"沿线 FTA 的规则重心侧重于关税减让和贸易便利化等"边境间"政策领域,从而主要通过降低可变贸易成本推动出口集约边际增长。第二,一国在沿线 FTA 网络中的中介中心性地位提升对该国的出口扩展边际增长有显著促进作用,但对出口集约边际的影响不显著。这意味着,提升沿线国家 FTA 网络中介中心性有助于促进其出口多元化和降低贸易风险,弥补双边 FTA 主要促进出口集约边际带来的不足,避免贸易条件恶化和贫困化增长。第三,"一带一路"沿线双边 FTA 深度和 FTA 网络地位的提升,对初级产品出口国的二元边际均有显著的正向影响,这表明,稳定的双边 FTA 关系和 FTA 网络关系,增强了大宗商品出口的政策稳定性预期从而促进二元边际出口增长;但对工业品出口国而言,双边 FTA 深度提升仅促进其集约边际出口增长,而 FTA 网络地位提升则促进其出口扩展边际增长,这表明产业链跨国分工特点明显的工业品贸易对 FTA 网络的依赖也较为明显。第四,对于信息获取能力较弱的"一带一路"沿线国家而言,双边 FTA 深度仅对其出口集约边际存在显著的促进作用,对其扩展边际的影响不显著,这可能因为,受到信息获取渠道的限制,使得双边 FTA 生效(如关税和非关税壁垒的削减)仅惠及已有出口企业从而增加已有品种的出口数量,而较少惠及其他有出口潜力的企业;但一国 FTA 网络中介中心性的提升,则有助于提高该国对信息的获取和控制能力,有效克服其信息劣势,进而同时促进出口集约边际和出口扩展边际的增长。

本 章 小 结

本章基于网络分析视角,采用 1995—2018 年"一带一路"沿线国家 HS6 位产品层面出口贸易数据,使用泊松拟极大似然方法(PPML)分析了双边 FTA 及出口国的 FTA 网络中心性地位对出口二元边际的影响。研究发现:"一带一路"沿线双边 FTA 深度提高对出口增长的影响主要来自集约边际;而出口国网络中介中心性地位提升则显著促进其出口扩展边际增长,这表明,沿线国家深度嵌入 FTA 网络有助于促进其出口多元化和降低贸易风险,弥补双边 FTA 主要促进出口集约边际带来的不足,避免贸易条件恶化和贫困化增长。基于沿线国家的异质性分析发现,双边 FTA 深度和 FTA 网络地位的提升,对初级产品出口国的二元边际均有显著的正向影响;对工业品出口国而言,双边 FTA 深度提升仅促进其出口集约边际增长,而 FTA 网络地位提升则促进其出口扩展边际增长;此外,FTA 网络中介中心性提升对信息获取能力较弱的沿线国家出口二元边际促进作用更明显。

第七章

提升FTA网络地位促进中国与沿线国家贸易的策略

自"一带一路"倡议提出以来,中国加快了与沿线国家的FTA进程,中国与沿线国家之间的FTA成为中国构建面向全球的FTA网络的重要组成部分。目前,中国在"一带一路"沿线FTA网络中的地位排名相对靠后,中国应通过加快与区域重点贸易伙伴的FTA签署和对已有FTA协定升级的进程,进一步提升中国在沿线FTA网络中的地位,继续深化中国与沿线国家的产业链合作和进出口贸易的关联度。

第一节 中国在沿线FTA网络的构建情况

一、中国面向全球的自贸协定网络建设进展

加快实施自由贸易区战略是我国新一轮对外开放的重要内容。党的十八大提出加快实施自由贸易区战略,十八届三中、五中全会进一步要求以周边为基础加快实施自由贸易区战略,形成面向全球的高标准自由贸易区网络。2015年12月,《国务院关于加快实施自由贸易区战略的若干意见》(国发〔2015〕69号)指出,要"加快构建周边自由贸易区,积极推进'一带一路'沿线自由贸易区,逐步形成全球自由贸易区网络"。

在此背景下,我国加快了面向全球的自由贸易协定网络建设。自2003年中国-东盟自由贸易协定作为中国首个参与的协定生效以来,截至2022年1月1日,中国已正式签署并生效16个协定(见表7-1),涉及FTA贸易伙伴的个数达到24个,FTA贸易伙伴所在区域涉及亚洲(东亚、南亚、东南亚)、欧洲、非洲、大洋洲和拉丁美洲,中国已初步形成遍及五大洲的FTA网络(见图7-1)。

表 7-1　　　　　　　　　中国已生效 FTA 时间和区域

序号	生效年份	协定名称	涉及区域
1	2003—2004 年	内地与港澳关于建立更紧密经贸关系的安排	东亚
2	2005 年	中国-东盟全面经济合作框架协议	东南亚
3	2006 年	中国-智利自由贸易协定	拉美
4	2007 年	中国-巴基斯坦自由贸易协定	南亚
5	2008 年	中国-新西兰自由贸易协定	大洋洲
6	2009 年	中国-新加坡自由贸易协定	东南亚
7	2010 年	中国-秘鲁自由贸易协定	拉美
8	2011 年	中国-哥斯达黎加自由贸易协定	拉美
9	2014 年	中国-瑞士自由贸易协定	欧洲
10	2014 年	中国-冰岛自由贸易协定	欧洲
11	2015 年	中国-澳大利亚自由贸易区	大洋洲
12	2015 年	中国-韩国自由贸易协定	东亚
13	2018 年	中国-格鲁吉亚自由贸易协定	中亚
14	2021 年	中国-毛里求斯自由贸易协定	非洲
15	2022 年	中国-柬埔寨自由贸易协定	东南亚
16	2022 年	区域全面经济伙伴关系协定(RCEP)	东亚、东南亚、大洋洲

资料来源：中国自由贸易区服务网，http://fta.mofcom.gov.cn。

据中国海关总署统计，2021 年，中国与 24 个 FTA 贸易伙伴之间的进出口额达到 2.41 万亿美元，占中国对全球进出口贸易比重达 39.9%；其中，中国对 FTA 贸易伙伴国出口和进口分别为 1.3 万亿美元和 1.11 万亿美元，占中国对全球出口和进口的比重分别为 38.7% 和 41.3%(见表 7-2)，FTA 贸易伙伴在中国进出口贸易中占据重要地位。

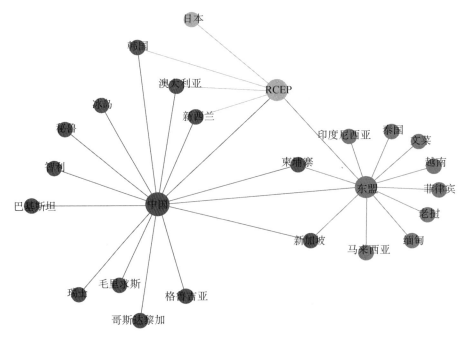

图 7-1 中国已生效 FTA 网络(2022 年)

注:原始数据来源于 WTO RTA 数据库。个体网络图采用社会网络分析软件 Gephi 生成,圆形节点代表国家或地区,连线表示 RTA 伙伴关系。生效时间截至 2022 年 1 月 1 日。

表 7-2　　　　　2021 年 FTA 伙伴占总进出口比重(亿美元)

FTA 贸易伙伴	出口		进口		进出口	
	出口额	占比	进口额	占比	进出口额	占比
内地与港澳 CEPA	3 538.32	10.52%	97.82	0.36%	3 636.14	6.01%
中国-东盟	4 836.95	14.38%	3 945.12	14.68%	8 782.07	14.51%
中国-智利	262.98	0.78%	395.10	1.47%	658.08	1.09%
中国-巴基斯坦	242.33	0.72%	35.89	0.13%	278.22	0.46%
中国-新西兰	85.62	0.25%	161.53	0.60%	247.14	0.41%
中国-新加坡	552.64	1.64%	387.91	1.44%	940.55	1.55%
中国-秘鲁	133.03	0.40%	240.10	0.89%	373.13	0.62%

(续表)

FTA贸易伙伴	出口		进口		进出口	
	出口额	占比	进口额	占比	进出口额	占比
中国-哥斯达黎加	22.55	0.07%	8.15	0.03%	30.71	0.05%
中国-瑞士	62.34	0.19%	378.78	1.41%	441.12	0.73%
中国-冰岛	2.07	0.01%	1.52	0.01%	3.59	0.01%
中国-澳大利亚	663.88	1.97%	1 648.24	6.13%	2 312.12	3.82%
中国-韩国	1 488.64	4.43%	2 134.87	7.94%	3 623.51	5.99%
中国-格鲁吉亚	10.29	0.03%	1.75	0.01%	12.04	0.02%
中国-毛里求斯	8.78	0.03%	0.36	0.00%	9.14	0.02%
中国-柬埔寨	115.68	0.34%	21.00	0.08%	136.68	0.23%
RCEP合计	8 733.58	25.96%	9 945.29	37.01%	18 678.87	30.87%
FTA伙伴合计	13 016.27	38.69%	11 104.77	41.32%	24 121.04	39.86%

数据来源:根据中国海关总署公布的数据计算。

二、中国在"一带一路"沿线FTA基本情况

截至2022年1月,我国已对外签署的17个自贸协定中(正式生效16个),涉及"一带一路"沿线国家共签署7个自贸协定(不包括升级版),分别是:中国-东盟(2002年)、中国-东盟升级版(2015年)、中国-巴基斯坦(2006年)、中国-巴基斯坦第二阶段(2019年)、中国-新加坡(2008年)、中国-新加坡升级版(2018年)、中国-格鲁吉亚(2017年)、中国-马尔代夫(2017年签署,未生效)、中国-柬埔寨(2020年)和区域全面经济伙伴关系协定(2020年)。其中2013年以来,中国与"一带一路"沿线国家共签署了4个协定(不包括升级版)。

目前,中国正在谈判的自贸协定一共有10个,其中5个涉及"一带一路"沿线国家,包括中国-海合会、中国-斯里兰卡、中国-以色列、中国-摩尔多瓦、中国-巴勒斯坦。正在研究中涉及与"一带一路"沿线的自贸协定则主要是中国-孟加拉国、中国-尼泊尔、中国-蒙古国自贸协定(表7-3)。

表7-3　中国已经签署、正在谈判和研究中的"一带一路"自贸协定

已经签署的自贸协定	正在谈判的自贸协定	正在研究的自贸协定
中国-东盟(2002年) 中国-东盟升级版(2015年)	中国-海合会	中国-孟加拉国
中国-巴基斯坦(2006年) 中国-巴基斯坦第二阶段(2019年)	中国-斯里兰卡	中国-尼泊尔
中国-新加坡(2008年) 中国-新加坡升级版(2018年)	中国-以色列	中国-蒙古国
中国-格鲁吉亚(2017年)	中国-摩尔多瓦	—
中国-马尔代夫(2017年,未生效)	中国-巴勒斯坦	—
中国-柬埔寨(2020年)	—	—
区域全面经济伙伴关系协定(2020年)	—	—

资料来源：中国自由贸易区服务网,http://fta.mofcom.gov.cn/,2021年1月2日登录；商务部官网中关于正在研究中的自贸协定可能发生一些变化,因此注明登录时间；括号内的年份为协定签署的时间。

据中国海关总署发布的数据统计,2021年,中国与东盟、巴基斯坦、格鲁吉亚等"一带一路"沿线13个FTA贸易伙伴进出口额为9 072亿美元,占中国对沿线65个国家进出口总额的比重超过50%。其中,中国对"一带一路"沿线13个FTA贸易伙伴出口约5 090亿美元,占中国对沿线65个国家出口总额的49.3%；中国从沿线13个FTA贸易伙伴进口约3 983亿美元,占中国从沿线65国进口的比重达到51.3%(见表7-4)。

表7-4　与沿线FTA伙伴进出口占中国对沿线进出口比重(2021年)

FTA贸易伙伴	中国对沿线出口		中国从沿线进口		中国对沿线进出口	
	出口额(亿美元)	占比	进口额(亿美元)	占比	进出口额(亿美元)	占比
东盟	4 836.95	46.89%	3 945.12	50.85%	8 782.07	48.59%
巴基斯坦	242.33	2.35%	35.89	0.46%	278.22	1.54%
新加坡	552.64	5.36%	387.91	5.00%	940.55	5.20%
格鲁吉亚	10.29	0.10%	1.75	0.02%	12.04	0.07%

(续表)

FTA 贸易伙伴	中国对沿线出口		中国从沿线进口		中国对沿线进出口	
	出口额（亿美元）	占比	进口额（亿美元）	占比	进出口额（亿美元）	占比
柬埔寨	115.68	1.12%	21.00	0.27%	136.68	0.76%
合计（剔除重复）	5 089.57	49.34%	3 982.77	51.34%	9 072.33	50.20%

数据来源：根据中国海关总署公布的数据计算。

从协定文本来看，目前中国与沿线国家签署的 FTA 规则条款主要集中在 WTO 深化条款领域，以"边境间规则"为主，其主要原因在于，沿线贸易伙伴以发展中国家为主，国内法律法规水平相对不高，在高标准规则的接受程度上偏弱。

中国与沿线国家 FTA 文本中的边境后规则主要集中在投资、人员流动和知识产权等领域。不过，随着数字技术对经济贸易的影响日益加深，最近几年中国与沿线国家的 FTA 中纳入了"电子商务"条款，例如：中国-新加坡 FTA 升级版（2019 年）、中国-东盟 FTA 升级版（2019 年）、RCEP（2022 年）、中国-柬埔寨 FTA（2022 年）等。特别是，RCEP 中还首次纳入了"电子方式跨境信息传输"（cross-border transfer of information by electronic means）和"计算设施的位置"（location of computing facilities）条款①，在跨境数据流动规则上迈出了重要一步（见表 7-5）。

三、中国沿线 FTA 规则与国际高标准的差距：以 RCEP 货物领域为例

RCEP 是迄今为止中国已签署自贸协定中涉及领域最广、规则标准相对最高的区域贸易协定。RCEP 与中国之前签署的沿线 FTA 规则相比有诸多亮点，同时与国际最高标准的规则相比也存在差距。以下以货物贸易领域规则为例，分析 RCEP 规则的进展和差距。RCEP 于 2020 年 11 月 15 日正式签署，包括"10（东盟）+5（中国、日本、韩国、澳大利亚、新西兰）"共 15 个国家。从文本上看，RCEP 共包含 20 个章节内容，其中第二到第七章为货物贸易领域相关的章节。与以往中国签署的协定相比，RCEP 在货物贸易领域所涉章节中均有不同程度的突破和亮点；当然，由于协定中包含东盟不同经济发展水平的国家，因而在规则的水平上与国际最高标准的协定相比，仍存在差距，体现了协定折中性（见表 7-6）。

---

① 与 CPTPP 的跨境数据流动条款相比，RCEP 对"合法公共政策目标"例外更为宽松，且其他缔约方不得对例外措施提出异议。

表7-5　中国与"一带一路"沿线FTA的规则比较

协定	类型	中国-东盟	中国-巴基斯坦	中国-新加坡	中国-格鲁吉亚	中国-柬埔寨	RCEP	中国-新加坡升级	中国-东盟升级	中国-巴基斯坦第二阶段
生效年份	—	2005年	2007年	2009年	2018年	2022年	2022年	2019年	2019年	2019年
工业品关税减让	WTO+	2	2	2	2	2	2	0	0	2
农产品关税减让	WTO+	2	2	2	2	2	2	0	0	2
海关管理	WTO+	0	2	0	2	2	2	2	2	2
出口关税	WTO+	0	2	0	2	2	2	0	0	0
卫生与动植物检验检疫措施	WTO+	0	2	2	2	2	1	0	0	0
技术贸易壁垒	WTO+	0	2	2	2	2	1	0	0	0
国有贸易企业	WTO+	0	0	2	2	0	0	0	0	0
反倾销	WTO+	2	1	2	2	0	1	2	0	0
反补贴措施	WTO+	2	1	2	2	0	1	2	0	2
国家援助	WTO+	0	1	0	0	1	0	0	0	0
政府采购	WTO+	0	0	0	0	0	1	0	0	0

(续表)

协定	类型	中国-东盟	中国-巴基斯坦	中国-新加坡	中国-格鲁吉亚	中国-柬埔寨	RCEP	中国-新加坡升级	中国-东盟升级	中国-巴基斯坦第二阶段
与贸易有关的投资措施	WTO+	0	0	2	0	0	2	0	0	0
服务贸易总协定	WTO+	2	2	2	2	2	2	0	2	0
与贸易有关的知识产权协议	WTO+	0	0	0	2	0	2	0	0	0
竞争政策	WTO-X	0	0	0	1	0	1	1	0	0
环境法	WTO-X	0	0	0	1	0	0	1	0	0
知识产权	WTO-X	0	2	0	2	0	2	0	0	0
投资	WTO-X	2	2	2	0	1	2	2	0	0
人员流动	WTO-X	0	0	2	0	0	2	0	0	0
电子商务/跨境电商	WTO-X	0	0	0	0	1	1	1	1	0
经济合作	WTO-X	0	0	0	0	0	0	1	1	0
中小企业	WTO-X	0	0	0	0	0	1	0	0	0

注：作者根据表格中的FTA文本整理。其中"2"代表采用具有法律约束力的语言进行表述，且没有排除在争端解决机制之外；"1"代表采用具有法律约束力的语言进行表述，但明确排除在争端解决机制之外，或没有涉及该条款；"0"代表采用没有法律约束力的语言进行表述。

表 7-6　　　　RCEP 货物贸易领域规则亮点及与最高标准的差距

分章	章名称	规则亮点	与国际最高标准的差距
第二章	货物贸易	货物临时准入；无商业价值样本免税入境；集装箱和托盘的临时准入	未纳入"维修"、"再制造"等条款(CPTPP/USMCA)
	附件：关税削减	首次与日本达成减税协议	减税持续时间较长（最长达20年）
第三章	原产地规则	原产地区域累积规则；原产地自主声明	价格法、扣减法、增值法、净成本法多种方法；针对汽车原产地的专门规则(CPTPP)
第四章	海关程序和贸易便利化	预裁定（税则归类、原产地规则和完税价格标准方法）；3年有效期；放行时间，正常货物抵达后48小时；快运、易腐货物6小时放行	提高低值货物的最低免税门槛(USMCA)；快运货物放行时间的约束性表述(CPTPP)
第五章	卫生与植物卫生措施	风险分析、审核、认证、进口检查以及紧急措施等规则的执行	对贸易限制不超过必要限度的风险管理方式进行审议(CPTPP)
第六章	标准、技术法规和合格评定程序	鼓励各方的标准化机构加强标准、技术法规以及合格评定程序方面的信息交流与合作	单列重点产品附件：葡萄酒和蒸馏酒；信息及通信技术产品；药品；化妆品；医疗设备；预包装食品和食品添加剂的专有配方；有机产品(CPTPP)
第七章	贸易救济	加入"禁止归零"条款	不排除在争端解决机制之外(CPTPP)

注：根据 RCEP 与 CPTPP、USMCA 等协定规则的比较整理。

（一）"货物贸易"章节中的亮点与差距

"货物贸易"章节，将货物临时准入和无商业价值样品免税入境纳入协定，这在中国-东盟 FTA 中没有出现，但已在中国-韩国 FTA 中出现；同时，还纳入"集装箱和托盘的临时准入"条款，规定"应当允许正在使用或被用于装运国际运输货物的集装箱和托盘的免税临时准入，不论其原产地"。不过与 CPTPP、USMCA 国际最高标准的规则相比，未纳入"维修""再制造"等货物贸易领域的新规则条款。

货物贸易章节中,对企业进出口贸易影响最大和最直接的是附件中的关税承诺。根据 RCEP 中各国的关税承诺表,与基准税率相比,RCEP 生效后第一年中国进口和出口面临的关税有明显下降。表 7-7 列出了中国与日本、韩国、澳大利亚、马来西亚、新加坡和越南之间实现零关税的 HS8 位码数量占比,及关税下调的 HS 位码个数占比。

表 7-7 RCEP 生效第一年中国进口和出口面临的关税调整情况(主要贸易伙伴)

贸易伙伴/ 关税削减	中国进口关税削减		中国出口(RCEP 伙伴关税削减)	
	零关税 HS8 位码个数占比	关税下调的 HS8 位码个数占比	零关税 HS8 位码个数占比	关税下调的 HS8 位码个数占比
日本	25.01%	77.91%	57.39%	27.25%
韩国	38.64%	78.57%	50.40%	71.10%
澳大利亚	65.82%	87.09%	75.34%	51.75%
马来西亚	67.91%	87.45%	69.96%	34.04%
新加坡	67.91%	87.45%	100.00%	100.00%
越南	67.91%	87.45%	65.31%	61.77%

注:根据 RCEP 中国与贸易伙伴的关税削减附件表整理计算;其中,关税下调的 HS8 位码是指 RCEP 税率承诺相对于基准税率的下调。

(二)"原产地规则"章节中的亮点与差距

原产地规则中的亮点:一是纳入"区域累积规则",其中提出"本项审议将考虑将原产地成分累积的适用范围扩大到各缔约方内的所有生产和货物增值";二是纳入"原产地自主声明",该条款提出"除了官方认可的签证机构所签发的原产地证书外,还允许经核准出口商出具的原产地声明,或出口商/生产商出具的原产地声明"。

与 CPTPP 原产地规则相比的差距在于,一是 CPTPP 原产地规则同时纳入了价格法、扣减法、增值法、净成本法多种认定方法;二是针对汽车等重点产品制定了针对性的、细化的原产地规则。

(三)"海关程序和贸易便利化"章节中的亮点与差距

亮点:一是"预先裁定"的表述更为细致,与 WTO《贸易便利化协定》(TFA)相比,RCEP 中的预先裁定条款中,除了纳入税则分类和原产地规则的预先裁定外,还加入了对于海关完税价格标准方法的预先裁定,同时还加入了预先裁定认定后具有3年有效期的表述。二是关于货物放行时间的规定,与WTO《贸易便利化协定》(TFA)相比,RCEP中明确提出了一般货物需要在货物抵达后的48小时内放行,对于快运、易腐货物则要求在抵达后的6小时内放行。

与最高标准的差距:一是关于快运货物的法律约束力方面,RCEP关于快运货物6小时内放行的表述采用软约束表述,即"在正常情况下尽快放行快运货物,并且在可能的情况下,在货物抵达并且提交放行所需信息后六小时内放行";而CPTPP中则采用具有法律约束力的语言表述,即"在正常情况下,规定快件在提交必要的海关单证后在6个小时内放行,条件是货物已抵达"。二是在USMCA中,为了鼓励快运货物(跨境电子商务)的发展,大幅提高了协定缔约国的低值货物的最低免税门槛,其中要求:美国800美元以下;墨西哥关税117美元,税收50美元;加拿大关税150加元,税收40加元;此外,还明确提出"对2 500美元以下货物适用快速通关程序"。

(四)其他货物贸易领域章节规则的亮点与差距

"卫生与植物卫生措施"章节中,RCEP进一步细化了风险分析、审核、认证、进口检查以及紧急措施等规则的执行;与CPTPP相比,后者对贸易限制不超过必要限度的风险管理方式进行了界定,这对缔约国因"卫生与植物卫生措施"而采取的妨碍正常贸易的行为进行了约束。

"标准、技术法规和合格评定程序"章节中,RCEP提出鼓励各方的标准化机构加强标准、技术法规以及合格评定程序方面的信息交流与合作;与CPTPP相比,后者的技术性贸易措施规定得更为细化,体现了对重点产品的关注,其对7类重点产品单列了附件,具体包括:葡萄酒和蒸馏酒;信息及通信技术产品;药品;化妆品;医疗设备;预包装食品和食品添加剂的专有配方;有机产品等。"贸易救济"章节中,RCEP首次加入"禁止归零"条款,但在贸易救济章节中规定该章节排除在争端解决机制之外,与CPTPP相比,后者的法律约束力更强。

第二节　提升中国在沿线 FTA 网络地位的总体思路

目前,中国在"一带一路"沿线FTA网络中的地位排名相对靠后[①],这与

---

① 根据第四章的测算结果,中国在2020年"一带一路"沿线无权FTA网络中排名第41位,在加权FTA网络中排名第45位。

中国与沿线国家签署和生效的 FTA 数量较少有关,同时也与这些 FTA 的规则深度不高有关。为此,下一步,中国应通过加快与区域重点贸易伙伴的 FTA 签署和对已有 FTA 协定升级的进程,进一步提升中国在沿线 FTA 网络中的地位,继续深化中国与沿线国家的产业链合作和进出口贸易的关联度。

第一,以"一带一路"沿线 FTA 区域网络中心节点作为 FTA 伙伴的优先选择对象。以提高中国在"一带一路"沿线 FTA 网络的中心性(特别是中介中心性)地位为导向,以沿线 FTA 网络中心性排名靠前的国家为 FTA 伙伴的优先选项,避免将 FTA 伙伴局限于某一个特定区域,通过"以点带面"的方式,最大限度发挥双边 FTA 对所在区域市场的辐射作用和中介桥梁作用(见表 7-8)。例如,在东南亚区域,新加坡、菲律宾和越南的网络中心性位于该区域的前三位;独联体和中亚区域,乌克兰、格鲁吉亚和摩尔多瓦的网络中心性位于该区域的前三位;西亚和北非区域,埃及、土耳其和约旦的网络中心性位于该区域的前三位。

表 7-8　　　　2020 年沿线 FTA 无权网络中心性排名(分区域前三位)

序号	东南亚	独联体和中亚	南亚	西亚和北非	中东欧
1	新加坡	乌克兰	巴基斯坦	埃及	塞尔维亚
2	菲律宾	格鲁吉亚	孟加拉国	土耳其	北马其顿
3	越南	摩尔多瓦	印度	约旦	黑山

注:表格排名依据为综合中心性指标(度数中心性、中介中心性、接近中心性和特征向量中心性的平均值),各项中心性指标使用 Ucinet 软件计算。

第二,提升中国与"一带一路"沿线 FTA 的总体规则深度。随着中国参与"一带一路"沿线 FTA 网络程度的加深,要继续保持原有双边 FTA 对中国向沿线国家出口的促进作用,需要进一步升级现有协定规则条款。为此,应在现有沿线国家双边 FTA 主要以关税和非关税壁垒削减规则为主的基础上,向投资、资本流动、标准互认、竞争政策等边境后规则领域拓展,进一步提高规则的法律约束力和可执行力,通过提升"一带一路"沿线双边 FTA 的规则深度,进一步降低出口固定贸易成本,推动出口扩展边际增长,进而促进出口的多样化,降低出口波动风险和提高出口竞争力。

第三,推动形成与不同贸易类型沿线国家的 FTA 差异性策略。针对"一带一路"沿线的中高技术产品出口国,在 RCEP 签署的基础上,要加快中国与马来西亚、泰国、越南等东盟主要国家双边深度 FTA 构建，实现中国在东亚区域供应链合作中的核心利益。针对"一带一路"沿线低技术产品出口国，重点推进以贸易便利化为核心的 WTO＋条款的规则升级。针对"一带一路"沿线初级产品和资源型产品出口国，要加快推动与海湾合作理事会（GCC）、欧亚经济联盟（EAEU）等现有成熟的区域一体化组织之间的 FTA 谈判，通过 FTA 形成更稳固的能源产品供应链体系。

第三节　提高中国企业对沿线 FTA 的利用率

一、中国企业利用 FTA 存在的主要问题：FTA 网络下的原产地规则差异

优惠原产地规则是 FTA 货物贸易领域的重要规则条款之一，一般由特定产品原产地规则和制度性原产地规则构成。其中，特定原产地规则包括：完全产品原产地规则、税则归类改变标准、区域价值含量标准和加工工序标准等，制度性原产地规则包括：累积规则、附加规则和直接运输规则等。原产地规则需耗费交易成本、生产成本等，若达到原产地规则标准所需成本较高，贸易协定间优惠关税不足以抵消成本，企业将放弃使用优惠关税，导致自贸协定利用率下降，自贸协定红利未完全释放。

特别是在 FTA 网络化背景下，两国之间的货物进出口可能适用于多个 FTA，而这些 FTA 的原产地规则标准不尽相同，由此导致企业对原产地规则信息的获取成本和利用成本增加。对中小企业而言，获取自贸协定的内容信息和掌握不同协定的原产地规则要求，以及对满足原产地规则要求进行的一系列工作，都意味着不少的人力、物力和财力投入，企业在没有充分认识到自贸协定重要性的前提下，缺乏主动利用自贸协定的积极性。大型企业虽然在自贸协定的信息获取渠道方面比中小企业更有优势，但因缺少专业的咨询和战略指导，许多大型出口型企业对自贸协定的利用还处于被动利用状态，即主要应自贸协定进口伙伴国客户要求办理优惠性原产地证书，而不是根据我国已签署自贸协定伙伴国的产业链布局情况，主动调整全球贸易战略管理规划，利用自贸协定原产地的累积规则获得进口伙伴国关税下降的收益。

从中国与沿线国家的 FTA 来看，也存在比较普遍的 FTA 原产地规则重叠的现象，例如中国与柬埔寨的货物进出口，可能适用于中国-东盟 FTA

(升级版于2019年10月生效)、中国-柬埔寨双边FTA(2022年1月生效)以及RCEP(2022年1月生效)三个协定,这三个协定的原产地规则存在差异。特别是,RCEP框架下的原产地规则,与中国-东盟(10+1)FTA升级版和中柬双边FTA的原产地规则有很大的不同(见表7-9)。

表7-9 中国与柬埔寨不同协定下HS6位产品原产地规则标准占比比较

原产地规则标准	中国-东盟(10+1)升级版	RCEP	中国-柬埔寨
生效时间	2019年10月	2022年1月	2022年1月
WO	12.06%	6.56%	12.06%
CTC	17.20%	38.60%	17.20%
CTH	0.10%	7.37%	0.10%
CTC(EXC)	1.21%	3.73%	1.21%
RVC40%	2.62%	0.20%	2.62%
RVC40%或CTC	10.09%	4.44%	10.09%
RVC40%或CTH	28.20%	24.62%	28.20%
RVC40%或CSTH	6.56%	9.38%	6.61%
RVC40%或TR	8.83%	0%	8.83%
RVC40%或CTH或TR	10.90%	1.06%	10.90%
RVC40%或CTH(EXH)	2.17%	2.12%	2.17%
RVC40%或CTH(EXSH)	0.05%	0.20%	0%
CTH(EXH)	0%	1.16%	0%
CTSH或特殊原产料成分或RVC40%	0%	0.50%	0%

注:WO(完全获得)表示按照自贸协定中原产地规则部分所列规定货物在一方完全生产或获得;RVC(区域价值成分百分比%)表示根据按照贸协定中原产地规则部分中(区域价值成分的计算)进行计算的区域价值成分的最小百分比要求;CC(章改变)表示发生了协调制度编码两位数级的税则归类改变;CTH(品目改变)表示发生了协调制度编码四位数级的税则归类改变;CTSH(子目改变)表示发生了协调制度编码六位数级的税则归类改变;EXC、EXH、EXSH表示是例外情况,排除部分协调制度编码两位、四位、六位数级改变,如CC(EXC)表示发生了协调制度编码两位数级的税则归类改变,排除某些两位数税则归类改变;TR中产品满足特定加工工序规则;特殊原产成分要求在RCEP中HS3808包含产品包含50%原产活性成分可视为满足原产地规则。

二、借鉴国际经验提高中国企业对沿线FTA利用率

目前,我国企业对FTA的利用率总体偏低,现有研究中关于国内企业的

利用率总体在 30% 左右,明显低于 80% 左右的美国和 70% 左右的韩国等国家(GACC,2014;彭羽等,2017;杭州海关课题组,2019)。为此,进一步借鉴国际成功经验,提升中国企业对沿线 FTA 利用率有重要的现实意义和紧迫性。

韩国在提升自贸协定利用率方面的成功经验值得中国借鉴,目前韩国已签署 14 个 FTA,共涉及 48 个伙伴国或地区;2010 年之前韩国出口企业对自贸协定的利用率仅为 20% 左右[①],低于当前中国的利用率,然而自 2010 年韩国推行"自贸协定利用的综合支持服务体系"起三年后,韩国出口企业对自贸协定的利用率提到了 70% 左右,进口企业的利用率则超过 73%(截至 2013 年底数据,见表 7-10),该政策的推出取得了巨大成效,也使韩国出口贸易占全球的比重从 2009 年的 2.9% 上升到 2015 年的 3.2%。

表 7-10　韩国实施 FTA 综合支持服务政策后的自贸协定利用率

FTA 伙伴国	2012 年全年		2013 年全年	
	出口	进口	出口	进口
韩国-智利	75.2	97.9	78.4	98.3
韩国-EFTA	79.8	61.9	80.5	42.0
韩国-东盟	37.7	73.8	38.5	80.1
韩国-印度	36.2	52.7	43.0	62.3
韩国-欧盟	81.4	66.8	80.9	67.6
韩国-秘鲁	78.0	92.0	92.0	98.4
韩国-美国	68.9	61.0	76.4	67.3
平均利用率	65.31	72.30	69.96	73.71

资料来源:Inkyo CHEONG. Korea's Policy Package for Enhancing its FTA Utilization and Implications for Korea's Policy. ERIA Discussion Paper Series, ERIA-DP-2014-11, pp:21.

韩国关于 FTA 利用支持政策的成功在于,其建立了一个有利于韩国企业从了解到实践 FTA 的全方位的综合支持服务体系,至少提供以下综合服务:(1)针对企业的自贸协定培训计划;(2)自贸协定咨询服务;(3)关于 FTA 知识解读的专题会议;(4)建立 FTA 的互联网综合信息网站;(5)组织企业到 FTA 伙伴国参加展会(见表 7-11)。

---

① Inkyo CHEONG. Korea's Policy Package for Enhancing its FTA Utilization and Implications for Korea's Policy. ERIA Discussion Paper Series, ERIA-DP-2014-11, pp: 21.

表 7-11　韩国关于自贸协定利用的综合支持服务计划(2010 年实施)

主要服务	自贸协定利用的商业支持内容	负责机构
合作/协调	对不同部门和机构在提供 FTA 利用支持方面进行协调	FTA 促进和政策管理局
调研/管理	调研 FTA 利用率以及 FTA 利用的障碍; 管理 FTA 商业支持计划等	FTA 促进和政策管理局及其他相关机构
FTA 信息	FTA 信息的互联网公布(一站式信息服务); FTA 书籍及宣传册等	商务管理部门
FTA 咨询	提供 FTA 关税、原产地规则以及海外市场的专业咨询服务	海关及相关政府部门
教育/培训	关于 FTA 信息的网络学习系统; 大学和研究生院的 FTA 课程; FTA 咨询和专家课程	大学 科研学术机构 商业培训机构
研讨会/专题研讨会	不同维度的商业部门研讨活动(针对全国层面、地方层面、FTA 伙伴国层面)	商会、行业协会
国际展会	资助企业到 FTA 伙伴国参加展会	商务管理部门

资料来源:根据韩国官方资料整理。

同时,在自贸协定利用的核心问题——原产地规则方面,韩国政府也做了许多重要的辅助工作。由于韩国对外签署了多个 FTA,原产地规则相当复杂,虽然大企业有资源可以解决此问题,但中小企业并没有足够的资源了解原产地规则,也因此对于 FTA 的利用率不高。为了解决上述问题,韩国特别在全国 16 个地区成立"FTA 综合支持服务中心",来协助中小企业处理原产地规则的问题,以提高 FTA 利用率。FTA 综合支持中心的业务涵盖信息提供、教育、咨询服务、消除障碍和地区支援等。(1)通过举办座谈会、说明会和商谈会,制作 FTA 活用成功案例集,提供综合性活用信息,协助厂商积极出口与投资;(2)提供 FTA 实务教育课程,透过企业与大学之间的合作开发,设立原产地规则管理的系统性教育咨询培训课程;(3)提供企业进军海外市场所需要的 FTA 活用商业模式咨询服务,协助项目分类、认证出口商申请、原产地相关资料准备、建构 FTA 原产地管理系统,以及事后检证咨询等;(4)通过 FTA 商业咨询中心的运营,协助企业解决障碍并提出建议,针对 FTA 协定文本及履行相关法令提出官方解释,并进行 FTA 原产地证明书及相关准备资料最少化及标准化工作,以及交易当事人之间合同(英文、韩文)标准化,以消除各种障碍;(5)长期支持各地区中心的专家配置(如关税师等)。

我们建议,借鉴韩国的成功经验,建立中国FTA利用综合服务促进平台,成立国家层面的自贸协定综合服务促进领导小组,整合现有与自贸协定利用有关的资源,统一协调商务部、海关总署等相关参与部门,在定期调研和反馈国内企业对自贸协定利用情况及实质障碍的基础上,形成FTA信息综合发布(构建互联网一站式门户网)、原产地规则专业咨询服务、自贸协定专业培训和人才培养以及自贸协定高端论坛等综合服务平台。中国FTA利用综合服务促进平台建设是一个细致工作,不仅需要国家层面的顶层设计,同时也需要各相关部门之间的大量沟通、协调和配合,以形成合力,在企业利用自贸协定方面形成广泛的影响力,助力于中国企业与沿线国家的跨境贸易和国际投资业务的开展。

本 章 小 结

自"一带一路"倡议提出以来,中国加快了与沿线国家的FTA进程,中国与沿线国家形成的FTA网络成为中国构建面向全球的FTA网络的重要组成部分。近年来,中国与沿线国家之间FTA的总体规则深度在不断提升,不管在边境间措施领域还是边境后措施领域,条款的覆盖面都有明显提高。

目前,中国在"一带一路"沿线FTA网络中的地位排名相对靠后,中国应通过加快与区域重点贸易伙伴的FTA签署和对已有FTA协定升级的进程,进一步提升中国在沿线FTA网络中的地位,继续深化中国与沿线国家的产业链合作和进出口贸易的关联度。具体思路包括:一是以"一带一路"沿线FTA区域网络中心节点作为FTA伙伴的优先选择对象;二是提升中国与"一带一路"沿线FTA的总体规则深度;三是推动形成与不同贸易类型沿线国家的FTA差异性策略。

在FTA网络化背景下,两国之间的货物进出口可能适用于多个FTA,而这些FTA的原产地规则标准不尽相同,由此导致企业对原产地规则信息的获取成本和利用成本增加,从而降低了企业对FTA的利用率。为此,建议借鉴国际经验,整合现有与自贸协定利用有关的资源,统一协调商务部、海关总署等相关参与部门发挥合力,构建中国FTA利用综合服务促进平台,提升企业对沿线FTA的利用率,从而进一步促进中国与沿线国家之间的进出口。

附录一：全球 331 个生效 FTA 列表（截至 2020 年 12 月 31 日）

附录表 1　　全球 331 个生效 FTA 列表（截至 2020 年 12 月 31 日）

协定	B&R	生效日期	主要主导国	developed, developing, developed-developing	intra-regional or cross regional	Type
EC Treaty	否	1958 年 1 月 1 日	欧盟	developed	intra-regional	CU & EIA
European Free Trade Association (EFTA)	否	1960 年 5 月 3 日	欧盟	developed	intra-regional	FTA & EIA
Central American Common Market (CACM)	否	1961 年 6 月 4 日	其他	developing	intra-regional	CU
EFTA – Accession of Iceland	否	1970 年 3 月 1 日	其他	developed	intra-regional	FTA
EC – Overseas Territories	否	1971 年 1 月 1 日	欧盟	developed-developing	cross regional	FTA
Carribean Community and Community Market (CARICOM)	否	1973 年 8 月 1 日	其他	developed-developing	cross regional	CU & EIA
EC – Norway	否	1973 年 7 月 1 日	欧盟	developed-developing	intra-regional	FTA
EC – Iceland	否	1973 年 4 月 1 日	欧盟	developed-developing	intra-regional	FTA
EC – Switzerland Liechtenst	否	1973 年 1 月 1 日	欧盟	developed-developing	intra-regional	FTA
EC (9) Enlargement	否	1973 年 1 月 1 日	欧盟	developed	intra-regional	CU
Protocol on Trade Negotiations (PTN)	否	1973 年 2 月 11 日	其他	developed-developing	cross regional	PSA

(续表)

协定	B&R	生效日期	主要主导国	developed, developing, developed-developing	intra-regional or cross regional	Type
Asia Pacific Trade Agreement (APTA)	是	1976年6月17日	印度	developed-developing	cross regional	PSA
EC-Syria	是	1977年7月1日	欧盟	developed-developing	cross regional	FTA
Australia-Papua New Guinea (PATCRA)	否	1977年2月1日	其他	developed-developing	intra-regional	FTA
Latin American Integration Association (LAIA)	否	1981年3月18日	其他	developing	cross regional	PSA
South Pacific Regional Trade and Economic Cooperation Agreement (SPARTEC)	否	1981年1月1日	其他	developed-developing	intra-regional	PSA
EC (10) Enlargement	否	1981年1月1日	欧盟	developed	intra-regional	CU
Australia-New Zealand (ANZCERTA)	否	1983年1月1日	其他	developed	intra-regional	FTA & EIA
US-Israel	是	1985年8月19日	美国	developed	cross regional	FTA
EC Enlargement (12)	否	1986年1月1日	欧盟	developed	intra-regional	CU
Panama-Dominican Republic	否	1987年6月8日	其他	developed	intra-regional	PSA
CAN	否	1988年5月25日	其他	developing	intra-regional	CU
Global System of Trade Preferences among developing countries (GSTP)	否	1989年4月19日	印度	developed-developing	cross regional	PSA
EU-Andorra	否	1991年7月1日	欧盟	developed-developing	intra-regional	CU

附录一：全球331个生效FTA列表(截至2020年12月31日) | 201

(续表)

协定	B&R	生效日期	主要主导国	developed, developing, developed-developing	intra-regional or cross regional	Type
Lao People's Democratic Republic–Thailand	是	1991年6月20日	其他	developing (including least developed)	intra-regional	PSA
MERCOSUR	否	1991年11月29日	其他	developing	intra-regional	CU & EIA
ASEAN free trade area	是	1992年1月28日	其他	developed-developing	intra-regional	FTA
Economic Cooperation Organization (ECO)	否	1992年2月17日	其他	developing (including least developed countries)	cross regional	PSA
Turkey–EFTA	是	1992年4月1日	其他	developed-developing	intra-regional	FTA
Armenia–Russian Federation	是	1993年3月25日	俄罗斯	developing	intra-regional	FTA
Russian Federation–Republic of Moldova	是	1993年3月30日	俄罗斯	developing	intra-regional	FTA
Russian Federation–Tajikistan	是	1993年4月8日	俄罗斯	developing	intra-regional	FTA
Russian Federation–Belarus	是	1993年4月20日	俄罗斯	developing	intra-regional	FTA
Kyrgyz Republic–Russian Federation	是	1993年4月24日	俄罗斯	developing	intra-regional	FTA
Russian Federation–Kazakhstan	是	1993年6月7日	俄罗斯	developing	intra-regional	FTA
Russian Federation–Uzbekistan	是	1993年3月25日	俄罗斯	developing	intra-regional	FTA
Russian Federation–Turkmenistan	是	1993年4月6日	俄罗斯	developing	intra-regional	FTA

(续表)

协定	B&R	生效日期	主要主导国	developed, developing, developed-developing	intra-regional or cross regional	Type
Russian Federation–Azerbaijan	是	1993年2月17日	俄罗斯	developing	intra-regional	FTA
ECOWAS	否	1993年7月24日	其他	developing (including least developed)	intra-regional	CU
Faroe Islands–Norway	否	1993年7月1日	其他	developed-developing	intra-regional	FTA
EFTA–Israel	是	1993年1月1日	其他	developed	cross regional	FTA
Russian Federation–Ukraina	是	1994年2月21日	俄罗斯	developing	cross regional	FTA
Georgia–Russian Federation	是	1994年5月10日	俄罗斯	developing	intra-regional	FTA
Melanesian Spearhead Group (MSG)	否	1994年1月1日	其他	developing (including least developed)	intra-regional	PSA
CIS	是	1994年12月30日	其他	developing	intra-regional	FTA
EEA	否	1994年1月1日	欧盟	developed-developing	intra-regional	EIA
COMESA	否	1994年12月8日	其他	developing (including least developed)	intra-regional	CU
NAFTA	否	1994年1月1日	美国	developed-developing	intra-regional	FTA & EIA
Colombia–Mexico	否	1995年1月1日	其他	developing	cross regional	FTA & EIA
Ukraine–Turkmenistan	是	1995年11月4日	其他	developing	cross regional	FTA

(续表)

协定	B&R	生效日期	主要主导国	developed, developing, developed-developing	intra-regional or cross regional	Type
Armenia-Moldova	是	1995年12月21日	其他	developing	intra-regional	FTA
Kyrgyz Republic-Armenia	是	1995年10月27日	其他	developing	intra-regional	FTA
Kyrgyz Republic-Kazakhstan	是	1995年11月11日	其他	developing	intra-regional	FTA
South Asian Preferential Trade Agreement (SAPTA)	是	1995年12月7日	印度	developing (including least developed)	intra-regional	PSA
Faroe Islands-Switzerland	否	1995年3月1日	其他	developed-developing	intra-regional	FTA
EC Enlargement (15)	否	1995年1月1日	欧盟	developed	intra-regional	CU & EIA
Ukraine-Uzbekistan	是	1996年1月1日	其他	developing	cross regional	FTA
Ukraine-Azerbaijan	是	1996年9月2日	其他	developing	cross regional	FTA
Armenia-Ukraine	是	1996年12月18日	其他	developing	cross regional	FTA
Armenia-Turkmenistan	是	1996年7月7日	其他	developing	intra-regional	FTA
Georgia-Ukraine	是	1996年6月4日	其他	developing	cross regional	FTA
Georgia-Azerbaijan	是	1996年7月10日	其他	developing	intra-regional	FTA
Kyrgyz Republic-Moldova	是	1996年11月21日	其他	developing	intra-regional	FTA
EC-Turkey	是	1996年1月1日	欧盟	developed-developing	intra-regional	CU

(续表)

协定	B&R	生效日期	主要主导国	developed, developing, developed-developing	intra-regional or cross regional	Type
Russian Federation–Belarus–Kazakhstan	是	1997年12月3日	俄罗斯	developing	intra-regional	CU
EAEC	否	1997年10月8日	俄罗斯	developing	intra-regional	CU
Turkey–Israel	是	1997年5月1日	其他	developed-developing	cross regional	FTA
Canada–Chile	否	1997年7月5日	其他	developed-developing	cross regional	FTA & EIA
EC–Palestinian Authority	是	1997年7月1日	欧盟	developed-developing	cross regional	FTA
EC–Faroe Islands	否	1997年1月1日	欧盟	developed-developing	intra-regional	FTA
Canada–Israel	是	1997年1月1日	其他	developed	cross regional	FTA
Ukraine–Kazakhstan	是	1998年10月19日	其他	developing	cross regional	FTA
PAFTA	是	1998年1月1日	其他	developed-developing	intra-regional	FTA
Georgia–Armenia	是	1998年11月11日	其他	developing	intra-regional	FTA
Kyrgyz Republic–Uzbekistan	是	1998年3月20日	其他	developing	intra-regional	FTA
Kyrgyz Republic–Ukraine	是	1998年1月19日	其他	developing	cross regional	FTA
EC–Tunisia	否	1998年3月1日	欧盟	developed-developing	cross regional	FTA
Common Market for Eastern and Southern Africa (COMESA) - Accession of Egypt	否	1999年2月17日	其他	developed-developing	intra-regional	CU

(续表)

协定	B&R	生效日期	主要主导国	developed, developing, developed-developing	intra-regional or cross regional	Type
Chile–Mexico	否	1999年8月1日	其他	developing	cross regional	FTA & EIA
Georgia–Kazakhstan	是	1999年7月16日	其他	developing	intra-regional	FTA
EFTA–Morocco	否	1999年12月1日	其他	developed-developing	cross regional	FTA
EFTA–Palestinian Authority	是	1999年7月1日	其他	developed-developing	cross regional	FTA
Economic and Monetary Community of Central Africa (CEMAC)	否	1999年6月24日	其他	developing (including least developed)	intra-regional	CU
Southern African Development Community	否	2000年9月1日	其他	developing (including least developed)	intra-regional	FTA
Israel–Mexico	是	2000年7月1日	其他	developed-developing	cross regional	FTA
Georgia–Turkmenistan	是	2000年1月1日	其他	developing	intra-regional	FTA
Turkey–Former Yugoslav Republic of Macedonia	是	2000年9月1日	其他	developing	intra-regional	FTA
EC–South Africa	否	2000年1月1日	欧盟	developed-developing	cross regional	FTA
EC–Morocco	否	2000年3月1日	欧盟	developed-developing	cross regional	FTA
East African Community (EAC)	否	2000年7月7日	其他	developing (including least developed)	intra-regional	CU & EIA

(续表)

协定	B&R	生效日期	主要主导国	developed, developing, developed-developing	intra-regional or cross regional	Type
EC–Israel	是	2000年6月1日	欧盟	developed-developing	cross regional	FTA
EC–Mexico	否	2000年7月1日	欧盟	developed-developing	cross regional	FTA & EIA
West African Economic and Monetary Union (WAEMU)	否	2000年1月1日	其他	developing (including least developed)	intra-regional	CU
Dominican Republic–Central America	否	2001年10月4日	其他	developing	cross regional	FTA & EIA
Ukraine–Former Yugoslav Republic of Macedonia	是	2001年7月5日	其他	developing	intra-regional	FTA
Armenia–Kazakhstan	是	2001年12月25日	其他	developing	intra-regional	FTA
India–Sri Lanka	是	2001年12月15日	印度	developing	intra-regional	FTA
US–Jordan	是	2001年12月17日	美国	developed-developing	cross regional	FTA & EIA
EC–FYR Macedonia	是	2001年6月1日	欧盟	developed-developing	intra-regional	FTA & EIA
New Zealand–Singapore	否	2001年1月1日	其他	developed	cross regional	FTA & EIA
EFTA–Mexico	否	2001年7月1日	其他	developed-developing	cross regional	FTA & EIA
EC–Croatia	是	2002年3月1日	欧盟	developed-developing	intra-regional	FTA & EIA
EU–San Marino	否	2002年4月1日	欧盟	developed-developing	intra-regional	CU

附录一：全球331个生效FTA列表(截至2020年12月31日)

(续表)

协定	B&R	生效日期	主要主导国	developed, developing, developed-developing	intra-regional or cross regional	Type
Ukraine–Tajikistan	是	2002年7月11日	其他	developing	cross regional	FTA
Asia Pacific Trade Agreement (APTA)–Accession of China	是	2002年1月1日	印度、中国	developed-developing	cross regional	PSA
Chile–El Salvador (Chile–Central America)	否	2002年6月1日	其他	developing	cross regional	FTA & EIA
Canada–Costa Rica	否	2002年11月1日	其他	developed-developing	cross regional	FTA
EC–Jordan	是	2002年5月1日	欧盟	developed-developing	cross regional	FTA
Japan–Singapore	是	2002年11月30日	日本	developed	intra-regional	FTA & EIA
Chile–Costa Rica (Chile–Central America)	否	15-Feb-2002	其他	developing	cross regional	FTA & EIA
EFTA–Jordan	是	2002年9月1日	其他	developed-developing	cross regional	FTA
EFTA–Former Yugoslav Republic of Macedonia	否	2002年5月1日	其他	developed-developing	intra-regional	FTA
Morocco–United Arab Emirates	是	2003年7月9日	其他	developed-developing	cross regional	FTA
GUAM	否	2003年12月10日	其他	developed-developing	intra-regional	FTA & EIA
India–Afghanistan	是	2003年5月13日	印度	developing (including least developed)	intra-regional	PSA
Pacific Island Countries Trade Agreement (PICTA)	否	2003年4月13日	其他	developing (including least developed)	intra-regional	FTA

(续表)

协定	B&R	生效日期	主要主导国	developed, developing, developed-developing	intra-regional or cross regional	Type
GCC	是	2003年1月1日	其他	developed-developing	intra-regional	CU
Panama–El Salvador (Panama–Central America)	否	2003年4月11日	其他	developing	intra-regional	FTA & EIA
EC–Chile	否	2003年2月1日	欧盟	developed-developing	cross regional	FTA & EIA
Chinese Mainland–Macao, China	否	2003年10月17日	中国	developing	intra-regional	FTA & EIA
Australia–Singapore	是	2003年7月28日	其他	developed	cross regional	FTA & EIA
Turkey–Bosnia and Herzegovina	是	2003年7月1日	其他	developing	intra-regional	FTA
EC–Lebanon	是	2003年3月1日	欧盟	developed-developing	cross regional	FTA
EFTA–Singapore	是	2003年1月1日	其他	developed	cross regional	FTA & EIA
India–Thailand	是	2004年9月1日	印度	developing	cross regional	PSA
Mexico–Uruguay	否	2004年7月15日	其他	developing	cross regional	FTA & EIA
Panama–Chinese Taipei	否	2004年1月1日	其他	developing	cross regional	FTA & EIA
CEZ	否	2004年5月20日	俄罗斯	developing	cross regional	FTA
SACU	否	2004年7月15日	其他	developing (including least developed)	intra-regional	CU
EFTA–Chile	否	2004年12月1日	其他	developed-developing	cross regional	FTA & EIA

附录一：全球331个生效FTA列表(截至2020年12月31日)

(续表)

协定	B&R	生效日期	主要主导国	developed, developing, developed-developing	intra-regional or cross regional	Type
EC–Egypt	是	2004年6月1日	欧盟	developed-developing	cross regional	FTA
EC Enlargement (25)	否	2004年5月1日	欧盟	developed-developing	intra-regional	CU & EIA
Chile–Korea	否	2004年4月1日	其他	developed-developing	cross regional	FTA & EIA
Chinese Mainland–Hong Kong, China	否	2004年1月1日	中国	developed	intra-regional	FTA & EIA
US–Singapore	是	2004年1月1日	美国	developed-developing	cross regional	FTA & EIA
US–Chile	否	2004年1月1日	美国	developed-developing	cross regional	FTA & EIA
Ukraine–Moldova	是	2005年5月19日	其他	developing	cross regional	FTA
Pakistan–Sri Lanka	是	2005年6月12日	其他	developing	intra-regional	FTA
India–Singapore	是	2005年8月1日	印度	developed-developing	cross regional	FTA & EIA
EC–Algeria	否	2005年9月1日	欧盟	developed-developing	cross regional	FTA
Jordan–Singapore	是	2005年8月22日	其他	developed-developing	cross regional	FTA & EIA
Thailand–New Zealand	是	2005年7月1日	其他	developed-developing	cross regional	FTA & EIA
China–ASEAN	是	2005年1月1日	中国	developed-developing	intra-regional	FTA & EIA
Turkey–Tunisia	是	2005年7月1日	其他	developing	cross regional	FTA
Turkey–Palestinian Authority	是	2005年6月1日	其他	developing	cross regional	FTA

(续表)

协定	B&R	生效日期	主要主导国	developed, developing, developed-developing	intra-regional or cross regional	Type
EFTA-Tunisia	否	2005年6月1日	其他	developed-developing	cross regional	FTA
Japan-Mexico	否	2005年4月1日	日本	developed-developing	cross regional	FTA & EIA
Australia-Thailand	是	2005年1月1日	其他	developed-developing	cross regional	FTA & EIA
US-Australia	否	2005年1月1日	美国	developed	cross regional	FTA & EIA
Russian Federation-Serbia	是	2006年6月3日	俄罗斯	developing	cross regional	FTA
Guatemala-Chinese Taipei	否	2006年7月1日	其他	developing	cross regional	FTA & EIA
Ukraine-Belarus	是	2006年11月11日	其他	developing	cross regional	FTA
Iceland-Faroe Islands	否	2006年11月1日	其他	developed-developing	intra-regional	FTA & EIA
India-Bhutan	是	2006年7月29日	印度	developing (including least developed)	intra-regional	FTA
SAFTA	是	2006年1月1日	印度	developing (including least developed)	intra-regional	FTA
Chile-China	否	2006年10月1日	中国	developing	cross regional	FTA
Trans-Pacific Strategic Economic Partnership	否	2006年5月28日	其他	developed-developing	cross regional	FTA & EIA
Panama-Singapore	是	2006年7月24日	其他	developed-developing	cross regional	FTA & EIA
EC-Albania	是	2006年12月1日	欧盟	developed-developing	intra-regional	FTA & EIA

附录一:全球331个生效FTA列表(截至2020年12月31日)

(续表)

协定	B&R	生效日期	主要主导国	developed, developing, developed-developing	intra-regional or cross regional	Type
US–Bahrain	是	2006年8月1日	美国	developed	cross regional	FTA & EIA
EFTA–Korea	否	2006年9月1日	其他	developed	cross regional	FTA & EIA
Japan–Malaysia	是	2006年7月13日	日本	developed-developing	intra-regional	FTA & EIA
CAFTA–DR	否	2006年3月1日	美国	developed-developing	cross regional	FTA & EIA
Korea of–Singapore	是	2006年3月2日	其他	developed	intra-regional	FTA & EIA
Turkey–Morocco	是	2006年1月1日	其他	developing	cross regional	FTA
US–Morocco	否	2006年1月1日	美国	developed-developing	cross regional	FTA & EIA
Agadir Agreement	否	2007年3月27日	其他	developed	intra-regional	FTA
Mauritius–Pakistan	否	2007年11月30日	其他	developing	cross regional	PSA
East African Community (EAC)–Accession of Rwanda	否	2007年7月1日	其他	developing (including least developed)	intra-regional	CU
Chile–India	是	2007年8月17日	印度	developing	cross regional	PSA
China–Pakistan	是	2007年7月1日	中国	developing	cross regional	FTA & EIA
Japan–Thailand	是	2007年11月1日	日本	developed-developing	intra-regional	FTA & EIA
Egypt–Turkey	是	2007年3月1日	其他	developing	cross regional	FTA

（续表）

协定	B&R	生效日期	主要主导国	developed, developing, developed-developing	intra-regional or cross regional	Type
Chile–Japan	否	2007年9月3日	日本	developed-developing	cross regional	FTA & EIA
CEFTA	是	2007年5月1日	其他	developing	cross regional	FTA
EFTA–Egypt	是	2007年8月1日	其他	developed-developing	cross regional	FTA
Turkey–Syria	是	2007年1月1日	其他	developing	cross regional	FTA
EFTA–Lebanon	是	2007年1月1日	其他	developed-developing	cross regional	FTA
EC Enlargement (27)	否	2007年1月1日	欧盟	developed-developing	intra-regional	CU & EIA
Chile – Honduras (Chile – Central America)	否	2008年7月19日	其他	developing	cross regional	FTA & EIA
El Salvador–Honduras–Chinese Taipei	否	2008年3月1日	其他	developed-developing	cross regional	FTA & EIA
Japan–ASEAN	是	2008年12月1日	日本	developing	intra-regional	FTA
Nicaragua–Chinese Taipei	否	2008年1月1日	其他	developed-developing	cross regional	FTA & EIA
China–New Zealand	否	2008年10月10日	中国	developed-developing	cross regional	FTA & EIA
Panama–Costa Rica (Panama–Central America)	否	2008年11月23日	其他	developing	intra-regional	FTA & EIA
Turkey–Georgia	是	2008年11月1日	其他	developing	cross regional	FTA
Japan–Philippines	是	2008年12月11日	日本	developed-developing	intra-regional	FTA & EIA

(续表)

协定	B&R	生效日期	主要主导国	developed, developing, developed-developing	intra-regional or cross regional	Type
EFTA–SACU	否	2008年5月1日	其他	developed-developing	cross regional	FTA
EC–CARIFORUM	否	2008年11月1日	欧盟	developed-developing	cross regional	FTA & EIA
Brunei Darussalam–Japan	是	2008年7月31日	日本	developed	intra-regional	FTA & EIA
EC–Bosnia Herzegovina	是	2008年7月1日	欧盟	developed-developing	intra-regional	FTA
Japan–Indonesia	是	2008年7月1日	日本	developed-developing	intra-regional	FTA & EIA
Turkey–Albania	是	2008年5月1日	其他	developing	intra-regional	FTA
Panama–Chile	否	2008年3月7日	其他	developing	cross regional	FTA & EIA
Pakistan–Malaysia	是	2008年1月1日	其他	developing	cross regional	FTA & EIA
EC–Montenegro	是	2008年1月1日	欧盟	developed-developing	intra-regional	FTA & EIA
Southern Common Market (MERCOSUR)–Israel	是	2009年12月23日	其他	developed-developing	cross regional	FTA
Panama–Guatemala (Panama–Central America)	否	2009年6月20日	其他	developing	intra-regional	FTA & EIA
Panama–Nicaragua (Panama–Central America)	否	2009年11月21日	其他	developing	intra-regional	FTA & EIA
Colombia–Northern Triangle (El Salvador, Guatemala, Honduras)	否	2009年11月12日	其他	developing	cross regional	FTA & EIA

(续表)

协定	B&R	生效日期	主要主导国	developed, developing, developed-developing	intra-regional or cross regional	Type
Peru–Chile	否	2009年3月1日	其他	developing	intra-regional	FTA & EIA
EU–Papua New Guinea/Fiji	否	2009年12月20日	欧盟	developed-developing	cross regional	FTA
India–Nepal	是	2009年10月27日	印度	developing (including least developed)	intra-regional	PSA
MERCOSUR–India	是	2009年6月1日	印度	developing	cross regional	PSA
Panama–Honduras (Panama–Central America)	否	2009年1月9日	其他	developing	intra-regional	FTA & EIA
Japan–Viet Nam	是	2009年10月1日	日本	developed-developing	intra-regional	FTA & EIA
EC–Cameroon	否	2009年10月1日	欧盟	developed-developing	cross regional	FTA
Japan–Switzerland	否	2009年9月1日	日本	developed	intra-regional	FTA & EIA
Chile–Colombia	否	2009年5月8日	其他	developed	cross regional	FTA & EIA
Canada–EFTA	否	2009年7月1日	其他	developed	cross regional	FTA
Canada–Peru	否	2009年8月1日	其他	developed-developing	cross regional	FTA & EIA
Peru–Singapore	是	2009年8月1日	其他	developed-developing	cross regional	FTA & EIA
Chile–Australia	否	2009年3月6日	其他	developed-developing	cross regional	FTA & EIA
China–Singapore	是	2009年1月1日	中国	developed-developing	intra-regional	FTA & EIA

(续表)

协定	B&R	生效日期	主要主导国	developed, developing, developed-developing	intra-regional or cross regional	Type
US–Peru	否	2009年2月1日	美国	developed-developing	cross regional	FTA & EIA
US–Oman	是	2009年2月1日	美国	developed-developing	cross regional	FTA & EIA
EC–Côte d'Ivoire	否	2009年1月1日	欧盟	developed-developing	cross regional	FTA
Chile–Guatemala (Chile–Central America)	否	2010年3月23日	其他	developing	cross regional	FTA & EIA
New Zealand–Malaysia	是	2010年8月1日	其他	developed-developing	cross regional	FTA & EIA
EFTA–Albania	是	2010年11月1日	其他	developed-developing	intra-regional	FTA
EFTA–Serbia	是	2010年10月1日	其他	developed-developing	intra-regional	FTA
ASEAN–India	是	2010年1月1日	印度	developed-developing	cross regional	FTA & EIA
Turkey–Serbia	是	2010年9月1日	其他	developing	intra-regional	FTA
ASEAN–Korea	是	2010年1月1日	其他	developed-developing	intra-regional	FTA & EIA
Korea–India	是	2010年1月1日	印度	developed-developing	cross regional	FTA & EIA
EU–Serbia	是	2010年2月1日	欧盟	developed-developing	intra-regional	FTA & EIA
ASEAN–Australia–New Zealand	是	2010年1月1日	其他	developed-developing	cross regional	FTA & EIA
Turkey–Montenegro	是	2010年3月1日	其他	developing	intra-regional	FTA
China–Peru	否	2010年3月1日	中国	developing	cross regional	FTA & EIA

(续表)

协定	B&R	生效日期	主要主导国	developed, developing, developed-developing	intra-regional or cross regional	Type
South Asian Free Trade Agreement (SAFTA)–Accession of Afghanistan	否	2011年9月7日	印度	developing	intra-regional	FTA
China–Costa Rica	否	2011年8月1日	中国	developing	cross regional	FTA & EIA
Canada–Colombia	否	2011年8月15日	其他	developed-developing	cross regional	FTA & EIA
India–Japan	是	2011年8月1日	日本,印度	developed-developing	cross regional	FTA & EIA
EFTA–Colombia	否	2011年7月1日	其他	developed-developing	cross regional	FTA & EIA
India–Malaysia	是	2011年7月1日	印度	developing	cross regional	FTA & EIA
Peru–Korea	否	2011年8月1日	其他	developed-developing	cross regional	FTA & EIA
EU–Korea	否	2011年7月1日	欧盟	developed-developing	cross regional	FTA & EIA
EFTA–Peru	否	2011年7月1日	其他	developed-developing	cross regional	FTA
Turkey–Jordan	是	2011年3月1日	其他	developing	cross regional	FTA
Turkey–Chile	是	2011年3月1日	其他	developing	cross regional	FTA
Hong Kong, China–New Zealand	否	2011年1月1日	其他	developed	cross regional	FTA & EIA
Mexico–Central America	否	2012年9月1日	其他	developing	cross regional	FTA & EIA
El Salvador–Cuba	否	2012年8月1日	其他	developing	cross regional	PSA

附录一：全球331个生效FTA列表(截至2020年12月31日)

(续表)

协定	B&R	生效日期	主要主导国	developed, developing, developed-developing	intra-regional or cross regional	Type
Chile–Nicaragua (Chile–Central America)	否	2012年10月19日	其他	developing	cross regional	FTA & EIA
Treaty on a Free Trade Area between members of the Commonwealth of Independent States (CIS)	否	2012年9月20日	俄罗斯	developing	cross regional	FTA
Canada–Jordan	是	2012年10月1日	其他	developed-developing	cross regional	FTA
Chile–Malaysia	是	2012年2月25日	其他	developing	cross regional	FTA
US–Panama	否	2012年10月31日	美国	developed-developing	cross regional	FTA & EIA
EFTA–Montenegro	是	2012年9月1日	其他	developed-developing	intra-regional	FTA
EFTA–Hong Kong, China	否	2012年10月1日	其他	developed	cross regional	FTA & EIA
EFTA–Ukraine	是	2012年6月1日	其他	developed-developing	intra-regional	FTA & EIA
US–Colombia	否	2012年5月15日	美国	developed-developing	cross regional	FTA & EIA
Panama–Peru	否	2012年5月1日	其他	developing	cross regional	FTA & EIA
Korea–US	否	2012年3月15日	美国	developed	cross regional	FTA & EIA
Japan–Peru	否	2012年3月1日	日本	developed-developing	cross regional	FTA & EIA
Peru–Mexico	否	2012年2月1日	其他	developing	cross regional	FTA & EIA

(续表)

协定	B&R	生效日期	主要主导国	developed, developing, developed-developing	intra-regional or cross regional	Type
EU–Eastern and Southern Africa States Interim EPA	否	2012年5月14日	欧盟	developed-developing	cross regional	FTA
Indonesia–Pakistan	是	2013年9月1日	其他	developing	cross regional	PSA
Gulf Cooperation Council (GCC)–Singapore	是	2013年9月1日	其他	developed-developing	cross regional	FTA & EIA
New Zealand–Chinese Taipei	否	2013年12月1日	其他	developed-developing	cross regional	FTA & EIA
Costa Rica–Singapore	是	2013年7月1日	其他	developing	cross regional	FTA & EIA
Costa Rica–Peru	否	2013年6月1日	其他	developing	cross regional	FTA & EIA
Turkey–Mauritius	是	2013年6月1日	其他	developing	cross regional	FTA
Malaysia–Australia	是	2013年1月1日	其他	developed-developing	cross regional	FTA & EIA
Korea Turkey	是	2013年5月1日	其他	developed-developing	cross regional	FTA
Ukraine–Montenegro	是	2013年1月1日	其他	developing	intra-regional	FTA & EIA
EU (28) Enlargement	否	2013年7月1日	欧盟	developed-developing	intra-regional	CU & EIA
Canada–Panama	否	2013年4月1日	其他	developed-developing	cross regional	FTA & EIA
EU–Colombia and Peru	否	2013年3月1日	欧盟	developed-developing	cross regional	FTA & EIA
EU–Central America	否	2013年8月1日	欧盟	developed-developing	cross regional	FTA & EIA

(续表)

协定	B&R	生效日期	主要主导国	developed, developing, developed-developing	intra-regional or cross regional	Type
Chile–Viet nam	是	2014年1月1日	其他	developing	cross regional	FTA
Canada–Honduras	否	2014年10月1日	其他	developed-developing	cross regional	FTA & EIA
Korea–Australia	否	2014年12月12日	其他	developed	cross regional	FTA & EIA
EFTA–Central America (Costa Rica and Panama)	否	2014年8月19日	其他	developed-developing	cross regional	FTA & EIA
Hong Kong, China–Chile	否	2014年10月9日	其他	developed-developing	cross regional	FTA & EIA
Iceland–China	否	2014年7月1日	中国	developed-developing	cross regional	FTA & EIA
EU–Georgia	是	2014年9月1日	欧盟	developed-developing	cross regional	FTA & EIA
EU–Ukraine	是	not indicated	欧盟	developed-developing	intra-regional	FTA & EIA
Switzerland–China	否	2014年7月1日	中国	developed-developing	cross regional	FTA & EIA
EU–Republic of Moldova	是	2014年9月1日	欧盟	developed-developing	cross regional	FTA & EIA
Singapore–Chinese Taipei	是	2014年4月19日	其他	developed-developing	intra-regional	FTA & EIA
Chile–Thailand	是	2015年11月5日	其他	developing	cross regional	FTA & EIA
Turkey–Malaysia	是	2015年8月1日	其他	developing	cross regional	FTA
Mexico–Panama	否	2015年7月1日	其他	developed-developing	intra-regional	FTA & EIA

(续表)

协定	B&R	生效日期	主要主导国	developed, developing, developed-developing	intra-regional or cross regional	Type
Korea–Viet Nam	是	2015年12月20日	其他	developed-developing	intra-regional	FTA & EIA
China–Korea	否	2015年12月20日	中国	developed-developing	intra-regional	FTA & EIA
Australia–China	否	2015年12月20日	中国	developed-developing	cross regional	FTA & EIA
Southern African Development Community (SADC) - Accession of Seychelles	否	2015年5月25日	其他	developed-developing	intra-regional	FTA
Korea–New Zealand	否	2015年12月20日	其他	developed	cross regional	FTA & EIA
Eurasian Economic Union (EAEU) – Accession of Kyrgyz Republic	是	2015年8月12日	俄罗斯	developing	intra-regional	CU & EIA
Canada–Korea	否	2015年1月1日	其他	developed	cross regional	FTA & EIA
Japan–Australia	否	2015年1月15日	日本	developed	cross regional	FTA & EIA
EFTA–Bosnia and Herzegovina	是	2015年1月1日	其他	developed-developing	intra-regional	FTA
Eurasian Economic Union (EAEU) – Accession of Armenia	是	2015年1月2日	俄罗斯	developing	intra-regional	CU & EIA
Eurasian Economic Union (EAEU)	是	2015年1月1日	俄罗斯	developing	intra-regional	CU & EIA
Southern Common Market (MERCOSUR) – Southern African Customs Union (SACU)	否	2016年4月1日	其他	developing (including least developed)	cross regional	PSA

(续表)

协定	B&R	生效日期	主要主导国	developed, developing, developed-developing	intra-regional or cross regional	Type
Eurasian Economic Union (EAEU)–Viet Nam	是	2016年10月5日	俄罗斯	developing	cross regional	FTA & EIA
EU–SADC	否	2016年10月10日	欧盟	developed-developing	cross regional	FTA
EU–Ghana	否	2016年12月15日	欧盟	developed-developing	cross regional	FTA
Turkey–Moldova	是	2016年11月1日	其他	developing	cross regional	FTA
Pacific Alliance	否	2016年5月1日	其他	developing	intra-regional	FTA & EIA
Costa Rica–Colombia	否	2016年8月1日	其他	developing	intra-regional	FTA & EIA
Korea–Colombia	否	2016年7月15日	其他	developed-developing	cross regional	FTA & EIA
Japan–Mongolia	是	2016年6月7日	日本	developed-developing	intra-regional	FTA & EIA
Peru–Honduras	否	2017年1月1日	其他	developing	intra-regional	FTA & EIA
Turkey–Singapore	是	2017年10月1日	其他	developed-developing	cross regional	FTA & EIA
El Salvador–Ecuador	否	2017年11月16日	其他	developing	intra-regional	PSA
Southern Common Market (MERCOSUR)–Egypt	是	2017年9月1日	其他	developing	cross regional	FTA
Hong Kong, China–Macao, China	否	2017年10月27日	其他	developed-developing	intra-regional	FTA & EIA

(续表)

协定	B&R	生效日期	主要主导国	developed, developing, developed-developing	intra-regional or cross regional	Type
EU-Canada	否	2017年9月21日	欧盟	developed-developing	cross regional	FTA & EIA
Canada-Ukraine	是	2017年8月1日	其他	developed-developing	cross regional	FTA
EFTA-Georgia	是	2017年9月1日	其他	developed-developing	cross regional	FTA & EIA
Central American Common Market (CACM)-Accession of Panama	否	2017年8月1日	其他	developing	intra-regional	CU
EU – Colombia and Peru – Accession of Ecuador	否	2017年1月1日	欧盟	developed-developing	cross regional	FTA & EIA
EU-Armenia	是	2018年6月1日	欧盟	developed-developing	cross regional	EIA
Comprehensive and Progressive Agreement for Trans-Pacific Partnership (CPTPP)	是	2018年12月30日	日本	developed-developing	cross regional	FTA & EIA
EFTA-Philippines	是	2018年6月1日	其他	developed-developing	cross regional	FTA & EIA
China-Georgia	是	2018年1月1日	中国	developing	cross regional	FTA & EIA
Korea-Central America	是	2019年10月1日	其他	developed-developing	cross regional	FTA & EIA
ASEAN-Hong Kong, China	否	2019年6月11日	其他	developed-developing	intra-regional	FTA & EIA
EU-Viet Nam	是	2020年8月1日	欧盟	developed-developing	cross regional	FTA & EIA
EU-Singapore	是	2019年11月21日	欧盟	developed-developing	cross regional	FTA & EIA

（续表）

协定	B&R	生效日期	主要主导国	developed, developing, developed-developing	intra-regional or cross regional	Type
Chile–Indonesia	是	2019年8月10日	其他	developing	cross regional	FTA
Eurasian Economic Union (EAEU)–Iran	是	2019年10月27日	俄罗斯	developing	cross regional	FTA
Hong Kong, China–Georgia	是	2019年2月13日	其他	developed-developing	cross regional	FTA & EIA
EU–Japan	否	2019年2月1日	欧盟、日本	developed	cross regional	FTA & EIA
Indonesia–Australia	是	2020年7月5日	其他	developed-developing	cross regional	FTA & EIA
United States–Mexico–Canada Agreement (USMCA/CUSMA/T-MEC)	否	2020年7月1日	美国	developed-developing	intra-regional	FTA & EIA
Peru–Australia	是	2020年2月11日	其他	developed-developing	cross regional	FTA & EIA
Hong Kong, China–Australia	否	2020年1月17日	其他	developed	cross regional	FTA & EIA
Ukraine–Israel	是	2021年1月1日	其他	developed-developing	cross regional	FTA
China–Mauritius	否	2021年1月1日	中国	developing	cross regional	FTA & EIA

附录二:全球 FTA 网络国家地位比较
(1990 年、2000 年、2013 年、2021 年)

附录表 2-1　　　　　1990 年全球 FTA 网络国家地位比较

排名	国家或地区	度数中心度	接近中心度	中介中心度	特征向量中心度	综合中心度
1	丹麦	20.78	1.61	0.01	35.10	57.51
2	法国	20.78	1.61	0.01	35.10	57.51
3	德国	20.78	1.61	0.01	35.10	57.51
4	希腊	20.78	1.61	0.01	35.10	57.51
5	爱尔兰	20.78	1.61	0.01	35.10	57.51
6	意大利	20.78	1.61	0.01	35.10	57.51
7	卢森堡	20.78	1.61	0.01	35.10	57.51
8	荷兰	20.78	1.61	0.01	35.10	57.51
9	比利时	20.78	1.61	0.01	35.10	57.51
10	葡萄牙	20.78	1.61	0.01	35.10	57.51
11	西班牙	20.78	1.61	0.01	35.10	57.51
12	英国	20.78	1.61	0.01	35.10	57.51
13	冰岛	19.48	1.61	0.00	33.47	54.57
14	挪威	19.48	1.61	0.00	33.47	54.57
15	瑞士	19.48	1.61	0.00	33.47	54.57
16	列支敦士登	19.48	1.61	0.00	33.47	54.57
17	叙利亚	15.58	1.61	0.00	27.03	44.23
18	乌拉圭	24.68	1.82	0.37	0.00	26.86
19	智利	24.68	1.82	0.37	0.00	26.86
20	墨西哥	24.68	1.82	0.37	0.00	26.86

(续表)

排名	国家或地区	度数中心度	接近中心度	中介中心度	特征向量中心度	综合中心度
21	巴拉圭	24.68	1.82	0.37	0.00	26.86
22	秘鲁	24.68	1.82	0.37	0.00	26.86
23	巴西	24.68	1.82	0.37	0.00	26.86
24	韩国	22.08	1.82	0.97	0.00	24.87
25	孟加拉国	22.08	1.82	0.97	0.00	24.87
26	以色列	19.48	1.81	0.75	0.00	22.05
27	埃及	18.18	1.81	0.00	0.00	20.00
28	巴基斯坦	18.18	1.81	0.00	0.00	20.00
29	菲律宾	18.18	1.81	0.00	0.00	20.00
30	塞尔维亚	18.18	1.81	0.00	0.00	20.00
31	突尼斯	18.18	1.81	0.00	0.00	20.00
32	土耳其	18.18	1.81	0.00	0.00	20.00
33	多米尼克	18.18	1.56	0.00	0.00	19.74
34	安提瓜和巴布达	18.18	1.56	0.00	0.00	19.74
35	格林纳达	18.18	1.56	0.00	0.00	19.74
36	圭亚那	18.18	1.56	0.00	0.00	19.74
37	海地	18.18	1.56	0.00	0.00	19.74
38	牙买加	18.18	1.56	0.00	0.00	19.74
39	巴哈马	18.18	1.56	0.00	0.00	19.74
40	蒙特塞拉特	18.18	1.56	0.00	0.00	19.74
41	巴巴多斯	18.18	1.56	0.00	0.00	19.74
42	圣基茨和尼维斯	18.18	1.56	0.00	0.00	19.74
43	圣卢西亚	18.18	1.56	0.00	0.00	19.74
44	圣文森特和格林纳丁斯	18.18	1.56	0.00	0.00	19.74
45	苏里南	18.18	1.56	0.00	0.00	19.74
46	特立尼达和多巴哥	18.18	1.56	0.00	0.00	19.74

(续表)

排名	国家或地区	度数中心度	接近中心度	中介中心度	特征向量中心度	综合中心度
47	伯利兹	18.18	1.56	0.00	0.00	19.74
48	库克群岛	18.18	1.56	0.00	0.00	19.74
49	斐济群岛	18.18	1.56	0.00	0.00	19.74
50	基里巴斯	18.18	1.56	0.00	0.00	19.74

附录表 2-2　　2000 年全球 FTA 网络国家地位比较

排名	国家或地区	度数中心度	接近中心度	中介中心度	特征向量中心度	综合中心度
1	突尼斯	26.04	1.68	4.12	28.11	59.95
2	土耳其	21.89	1.68	7.96	26.24	57.77
3	埃及	26.63	1.68	11.06	15.44	54.81
4	以色列	20.71	1.68	2.03	26.21	50.62
5	墨西哥	21.89	1.68	3.10	23.52	50.19
6	摩洛哥	20.71	1.67	1.43	25.67	49.48
7	丹麦	16.57	1.67	0.25	26.91	45.40
8	芬兰	16.57	1.67	0.25	26.91	45.40
9	法国	16.57	1.67	0.25	26.91	45.40
10	德国	16.57	1.67	0.25	26.91	45.40
11	希腊	16.57	1.67	0.25	26.91	45.40
12	爱尔兰	16.57	1.67	0.25	26.91	45.40
13	意大利	16.57	1.67	0.25	26.91	45.40
14	奥地利	16.57	1.67	0.25	26.91	45.40
15	卢森堡	16.57	1.67	0.25	26.91	45.40
16	荷兰	16.57	1.67	0.25	26.91	45.40
17	比利时	16.57	1.67	0.25	26.91	45.40
18	葡萄牙	16.57	1.67	0.25	26.91	45.40

(续表)

排名	国家或地区	度数中心度	接近中心度	中介中心度	特征向量中心度	综合中心度
19	西班牙	16.57	1.67	0.25	26.91	45.40
20	瑞典	16.57	1.67	0.25	26.91	45.40
21	英国	16.57	1.67	0.25	26.91	45.40
22	叙利亚	18.34	1.67	0.83	22.28	43.12
23	挪威	13.61	1.67	0.04	22.89	38.21
24	瑞士	13.61	1.67	0.04	22.89	38.21
25	南非	15.38	1.67	2.76	17.23	37.04
26	冰岛	13.02	1.67	0.02	22.23	36.94
27	列支敦士登	13.02	1.67	0.02	22.23	36.94
28	巴勒斯坦	11.24	1.66	0.00	19.30	32.20
29	利比亚	18.93	1.67	1.02	9.61	31.24
30	苏丹	18.93	1.67	1.02	9.61	31.24
31	法罗群岛(丹)	10.06	1.66	0.00	17.56	29.28
32	菲律宾	13.61	1.67	5.69	7.65	28.63
33	巴基斯坦	13.02	1.68	4.83	7.80	27.32
34	安道尔	8.88	1.66	0.00	15.77	26.30
35	智利	12.43	1.67	0.71	8.26	23.08
36	孟加拉国	11.83	1.67	1.53	7.68	22.72
37	巴拉圭	11.83	1.67	0.52	8.18	22.20
38	秘鲁	11.83	1.67	0.52	8.18	22.20
39	巴西	11.83	1.67	0.52	8.18	22.20
40	乌拉圭	11.83	1.67	0.52	8.18	22.20
41	赞比亚	14.79	1.67	0.60	4.94	22.00
42	马拉维	14.79	1.67	0.60	4.94	22.00
43	毛里求斯	14.79	1.67	0.60	4.94	22.00
44	津巴布韦	14.79	1.67	0.60	4.94	22.00

(续表)

排名	国家或地区	度数中心度	接近中心度	中介中心度	特征向量中心度	综合中心度
45	斯威士兰王国	14.79	1.67	0.60	4.94	22.00
46	韩国	10.06	1.67	0.59	7.59	19.92
47	阿尔及利亚	9.47	1.67	0.00	7.10	18.23
48	伊拉克	9.47	1.67	0.00	7.10	18.23
49	约旦	9.47	1.67	0.00	7.10	18.23
50	科威特	9.47	1.67	0.00	7.10	18.23

附录表 2-3　　2013 年全球 FTA 网络国家地位比较

排名	国家或地区	度数中心度	接近中心度	中介中心度	特征向量中心度	综合中心度
1	保加利亚	42.19	4.44	0.88	20.40	67.91
2	克罗地亚	42.19	4.44	0.88	20.40	67.91
3	塞浦路斯	42.19	4.44	0.88	20.40	67.91
4	捷克	42.19	4.44	0.88	20.40	67.91
5	丹麦	42.19	4.44	0.88	20.40	67.91
6	爱沙尼亚	42.19	4.44	0.88	20.40	67.91
7	芬兰	42.19	4.44	0.88	20.40	67.91
8	法国	42.19	4.44	0.88	20.40	67.91
9	德国	42.19	4.44	0.88	20.40	67.91
10	希腊	42.19	4.44	0.88	20.40	67.91
11	匈牙利	42.19	4.44	0.88	20.40	67.91
12	爱尔兰	42.19	4.44	0.88	20.40	67.91
13	意大利	42.19	4.44	0.88	20.40	67.91
14	奥地利	42.19	4.44	0.88	20.40	67.91
15	拉脱维亚	42.19	4.44	0.88	20.40	67.91
16	立陶宛	42.19	4.44	0.88	20.40	67.91

附录二:全球 FTA 网络国家地位比较(1990 年、2000 年、2013 年、2021 年)

(续表)

排名	国家或地区	度数中心度	接近中心度	中介中心度	特征向量中心度	综合中心度
17	卢森堡	42.19	4.44	0.88	20.40	67.91
18	马耳他	42.19	4.44	0.88	20.40	67.91
19	荷兰	42.19	4.44	0.88	20.40	67.91
20	比利时	42.19	4.44	0.88	20.40	67.91
21	波兰	42.19	4.44	0.88	20.40	67.91
22	葡萄牙	42.19	4.44	0.88	20.40	67.91
23	罗马尼亚	42.19	4.44	0.88	20.40	67.91
24	斯洛伐克	42.19	4.44	0.88	20.40	67.91
25	斯洛文尼亚	42.19	4.44	0.88	20.40	67.91
26	西班牙	42.19	4.44	0.88	20.40	67.91
27	瑞典	42.19	4.44	0.88	20.40	67.91
28	英国	42.19	4.44	0.88	20.40	67.91
29	埃及	40.10	4.42	6.13	15.20	65.86
30	智利	35.42	4.42	3.73	14.56	58.13
31	土耳其	30.73	4.41	3.96	14.57	53.68
32	韩国	30.73	4.40	4.49	13.03	52.65
33	突尼斯	31.77	4.40	1.72	14.16	52.05
34	墨西哥	31.77	4.41	1.30	14.42	51.90
35	瑞士	30.73	4.41	1.95	14.78	51.86
36	冰岛	30.21	4.41	1.64	14.76	51.01
37	挪威	30.21	4.41	1.64	14.76	51.01
38	秘鲁	30.73	4.40	1.49	13.72	50.34
39	列支敦士登	29.69	4.41	1.60	14.58	50.28
40	塞尔维亚	27.60	4.40	2.76	13.61	48.38
41	毛里求斯	28.65	4.38	2.65	11.47	47.14
42	约旦	27.08	4.38	0.86	12.67	45.00

(续表)

排名	国家或地区	度数中心度	接近中心度	中介中心度	特征向量中心度	综合中心度
43	津巴布韦	27.60	4.36	1.75	11.18	44.89
44	摩洛哥	26.04	4.37	0.69	12.58	43.68
45	巴拿马	26.04	4.36	0.81	12.16	43.36
46	以色列	25.52	4.39	0.46	12.94	43.32
47	哥伦比亚	25.52	4.36	0.61	12.51	43.00
48	黎巴嫩	25.00	4.36	0.57	12.28	42.22
49	马达加斯加	23.96	4.35	0.95	10.86	40.12
50	塞舌尔	23.96	4.35	0.95	10.86	40.12
……						
99	中国	11.46	4.326	1.34	1.21	18.33

附录表 2-4 2021 年全球 FTA 网络国家地位比较

排名	国家或地区	度数中心度	接近中心度	中介中心度	特征向量中心度	综合中心度
1	保加利亚	51.79	66.33	1.53	19.99	139.64
2	克罗地亚	51.79	66.33	1.53	19.99	139.64
3	塞浦路斯	51.79	66.33	1.53	19.99	139.64
4	捷克	51.79	66.33	1.53	19.99	139.64
5	丹麦	51.79	66.33	1.53	19.99	139.64
6	爱沙尼亚	51.79	66.33	1.53	19.99	139.64
7	芬兰	51.79	66.33	1.53	19.99	139.64
8	法国	51.79	66.33	1.53	19.99	139.64
9	德国	51.79	66.33	1.53	19.99	139.64
10	希腊	51.79	66.33	1.53	19.99	139.64
11	匈牙利	51.79	66.33	1.53	19.99	139.64
12	爱尔兰	51.79	66.33	1.53	19.99	139.64

(续表)

排名	国家或地区	度数中心度	接近中心度	中介中心度	特征向量中心度	综合中心度
13	意大利	51.79	66.33	1.53	19.99	139.64
14	奥地利	51.79	66.33	1.53	19.99	139.64
15	拉脱维亚	51.79	66.33	1.53	19.99	139.64
16	立陶宛	51.79	66.33	1.53	19.99	139.64
17	卢森堡	51.79	66.33	1.53	19.99	139.64
18	马耳他	51.79	66.33	1.53	19.99	139.64
19	荷兰	51.79	66.33	1.53	19.99	139.64
20	比利时	51.79	66.33	1.53	19.99	139.64
21	波兰	51.79	66.33	1.53	19.99	139.64
22	葡萄牙	51.79	66.33	1.53	19.99	139.64
23	罗马尼亚	51.79	66.33	1.53	19.99	139.64
24	斯洛伐克	51.79	66.33	1.53	19.99	139.64
25	斯洛文尼亚	51.79	66.33	1.53	19.99	139.64
26	西班牙	51.79	66.33	1.53	19.99	139.64
27	瑞典	51.79	66.33	1.53	19.99	139.64
28	英国	48.72	65.22	4.52	18.70	137.15
29	埃及	40.00	56.36	4.35	13.41	114.12
30	智利	36.92	56.85	2.18	13.41	109.37
31	冰岛	36.41	55.40	1.03	14.65	107.49
32	挪威	35.90	55.24	0.88	14.62	106.64
33	韩国	34.87	56.03	2.57	12.89	106.37
34	列支敦士登	35.38	55.08	0.85	14.49	105.80
35	墨西哥	34.36	55.87	1.38	13.29	104.91
36	秘鲁	33.33	55.71	1.38	12.88	103.31
37	瑞士	33.33	54.62	0.43	14.44	102.83
38	新加坡	32.82	54.17	2.60	11.87	101.45

(续表)

排名	国家或地区	度数中心度	接近中心度	中介中心度	特征向量中心度	综合中心度
39	土耳其	31.28	54.17	2.24	12.82	100.51
40	突尼斯	31.28	53.28	1.40	12.18	98.14
41	塞尔维亚	29.23	53.13	1.76	12.05	96.17
42	斯威士兰王国	31.28	50.78	1.47	11.64	95.17
43	毛里求斯	29.23	52.28	2.42	10.87	94.79
44	越南	27.18	52.42	2.25	10.23	92.08
45	巴拿马	28.21	49.49	0.64	11.99	90.33
46	加拿大	26.15	51.86	0.34	11.89	90.25
47	以色列	25.64	52.14	0.46	11.51	89.75
48	塞舌尔	27.18	49.24	0.98	10.59	87.99
49	津巴布韦	27.18	49.24	0.98	10.59	87.99
50	约旦	26.15	50.13	0.61	10.99	87.89
……						
104	中国	13.85	45.56	1.31	2.25	62.97

附录三:全球主要经济体 FTA 条款比较

附录表 3-1　　主要经济体 FTA 具体条款覆盖率情况对比

条款名称	美国	欧盟	日本	俄罗斯	印度	中国
工业品关税	100.00%	100.00%	100.00%	100.00%	100.00%	100.00%
农产品关税	100.00%	100.00%	100.00%	100.00%	100.00%	100.00%
海关管理机构	93.33%	96.30%	100.00%	95.24%	68.75%	86.67%
反倾销	86.67%	96.30%	86.67%	42.86%	43.75%	100.00%
出口税	93.33%	88.89%	60.00%	80.95%	25.00%	53.33%
反补贴措施	86.67%	85.19%	86.67%	38.10%	31.25%	100.00%
TBT	86.67%	70.37%	80.00%	38.10%	43.75%	80.00%
TRIPS	100.00%	77.78%	93.33%	23.81%	12.50%	66.67%
GATS	100.00%	61.11%	100.00%	23.81%	37.50%	86.67%
国家补助	73.33%	72.22%	53.33%	61.90%	25.00%	60.00%
SPS	86.67%	61.11%	66.67%	38.10%	43.75%	80.00%
公共采购	100.00%	72.22%	86.67%	14.29%	6.25%	26.67%
国有贸易企业	60.00%	68.52%	53.33%	9.52%	37.50%	40.00%
TRIMS	80.00%	25.93%	86.67%	9.52%	18.75%	46.67%
竞争政策	46.67%	87.04%	93.33%	71.43%	18.75%	53.33%
知识产权保护	93.33%	72.22%	86.67%	28.57%	12.50%	80.00%
投资措施	80.00%	62.96%	93.33%	14.29%	25.00%	86.67%
资本流动	73.33%	72.22%	93.33%	23.81%	18.75%	40.00%
环境法律	93.33%	72.22%	60.00%	4.76%	0.00%	46.67%
劳动力市场监管	93.33%	42.59%	20.00%	23.81%	0.00%	26.67%
区域合作	20.00%	55.56%	46.67%	4.76%	18.75%	33.33%
农业	20.00%	61.11%	40.00%	9.52%	0.00%	26.67%
研究和技术	0.00%	59.26%	33.33%	4.76%	12.50%	40.00%

(续表)

条款名称	美国	欧盟	日本	俄罗斯	印度	中国
产业合作	0.00%	61.11%	13.33%	9.52%	18.75%	33.33%
信息社会	20.00%	46.30%	46.67%	9.52%	0.00%	40.00%
签证和庇护	13.33%	35.19%	60.00%	9.52%	18.75%	46.67%
能源	6.67%	57.41%	33.33%	9.52%	6.25%	6.67%
文化合作	0.00%	57.41%	0.00%	0.00%	6.25%	40.00%
教育和培训	0.00%	42.59%	40.00%	4.76%	6.25%	40.00%
社会事务	6.67%	61.11%	6.67%	4.76%	0.00%	6.67%
金融支持	0.00%	55.56%	20.00%	0.00%	0.00%	6.67%
经济政策对话	0.00%	40.74%	13.33%	19.05%	12.50%	20.00%
消费者保护	13.33%	35.19%	26.67%	14.29%	0.00%	26.67%
中小企业	6.67%	27.78%	53.33%	0.00%	12.50%	33.33%
健康	13.33%	37.04%	6.67%	4.76%	12.50%	26.67%
统计	0.00%	48.15%	0.00%	19.05%	0.00%	0.00%
近似立法	0.00%	46.30%	6.67%	9.52%	0.00%	0.00%
反腐败	73.33%	16.67%	40.00%	0.00%	6.25%	0.00%
公共行政	20.00%	25.93%	13.33%	4.76%	6.25%	33.33%
数据保护	6.67%	31.48%	26.67%	4.76%	0.00%	13.33%
洗钱	0.00%	37.04%	0.00%	9.52%	0.00%	0.00%
税收	0.00%	35.19%	6.67%	4.76%	0.00%	6.67%
视听	0.00%	31.48%	0.00%	0.00%	12.50%	13.33%
非法移民	0.00%	37.04%	6.67%	0.00%	0.00%	0.00%
政治对话	6.67%	37.04%	0.00%	0.00%	0.00%	0.00%
人权	0.00%	35.19%	0.00%	0.00%	0.00%	6.67%
非法药物	0.00%	33.33%	6.67%	4.76%	0.00%	0.00%
矿业	0.00%	24.07%	13.33%	0.00%	0.00%	13.33%
恐怖主义	0.00%	25.93%	0.00%	9.52%	0.00%	6.67%
核安全	6.67%	22.22%	0.00%	0.00%	0.00%	6.67%

(续表)

条款名称	美国	欧盟	日本	俄罗斯	印度	中国
创新政策	13.33%	7.41%	13.33%	0.00%	6.25%	13.33%
公民保护	0.00%	9.26%	0.00%	0.00%	0.00%	0.00%

附录表 3-2　主要经济体 FTA 具体条款法律约束力情况对比

条款名称	美国	欧盟	日本	俄罗斯	印度	中国
工业品关税	100.00%	100.00%	100.00%	95.24%	87.50%	100.00%
农产品关税	100.00%	100.00%	100.00%	95.24%	87.50%	100.00%
海关管理机构	93.33%	92.59%	100.00%	85.71%	37.50%	80.00%
出口税	93.33%	88.89%	53.33%	80.95%	18.75%	46.67%
与贸易有关的知识产权协定（TRIPS）	100.00%	72.22%	93.33%	23.81%	6.25%	66.67%
反倾销	73.33%	59.26%	73.33%	42.86%	31.25%	73.33%
服务贸易总协定（GATS）	93.33%	50.00%	93.33%	23.81%	31.25%	80.00%
国家补助	73.33%	61.11%	53.33%	61.90%	12.50%	40.00%
反补贴措施	73.33%	50.00%	73.33%	38.10%	18.75%	80.00%
技术性贸易壁垒措施(TBT)	80.00%	46.30%	26.67%	38.10%	37.50%	60.00%
国有贸易企业	46.67%	57.41%	40.00%	9.52%	37.50%	33.33%
公共采购	93.33%	55.56%	46.67%	9.52%	0.00%	6.67%
卫生与植物检疫措施(SPS)	20.00%	42.59%	20.00%	33.33%	37.50%	66.67%
与贸易有关的投资措施协议(TRIMS)	80.00%	24.07%	86.67%	9.52%	18.75%	33.33%
资本流动	73.33%	64.81%	93.33%	23.81%	25.00%	40.00%
知识产权保护	93.33%	57.41%	53.33%	19.05%	6.25%	60.00%
投资措施	80.00%	31.48%	86.67%	9.52%	18.75%	53.33%

(续表)

条款名称	美国	欧盟	日本	俄罗斯	印度	中国
竞争政策	0.00%	55.56%	6.67%	61.90%	6.25%	0.00%
劳动力市场监管	80.00%	24.07%	0.00%	19.05%	0.00%	0.00%
签证和庇护	6.67%	22.22%	40.00%	4.76%	12.50%	26.67%
环境法律	73.33%	24.07%	0.00%	0.00%	0.00%	0.00%
能源	6.67%	22.22%	13.33%	9.52%	0.00%	6.67%
社会事务	0.00%	33.33%	0.00%	0.00%	0.00%	0.00%
近似立法	0.00%	24.07%	0.00%	4.76%	0.00%	0.00%
非法移民	0.00%	25.93%	0.00%	0.00%	0.00%	0.00%
农业	20.00%	14.81%	0.00%	9.52%	0.00%	0.00%
金融支持	0.00%	20.37%	13.33%	0.00%	0.00%	0.00%
统计	0.00%	14.81%	6.67%	19.05%	0.00%	0.00%
反腐败	53.33%	5.56%	0.00%	0.00%	6.25%	0.00%
教育和培训	0.00%	18.52%	0.00%	4.76%	6.25%	0.00%
研究和技术	0.00%	18.52%	0.00%	4.76%	6.25%	0.00%
产业合作	0.00%	16.67%	0.00%	4.76%	0.00%	6.67%
税收	0.00%	18.52%	0.00%	4.76%	0.00%	0.00%
文化合作	0.00%	18.52%	0.00%	0.00%	0.00%	0.00%
经济政策对话	0.00%	18.52%	0.00%	0.00%	0.00%	0.00%
公共行政	0.00%	7.41%	6.67%	4.76%	6.25%	20.00%
消费者保护	0.00%	11.11%	0.00%	9.52%	0.00%	6.67%
数据保护	0.00%	16.67%	0.00%	0.00%	0.00%	0.00%
核安全	0.00%	12.96%	0.00%	0.00%	0.00%	0.00%
区域合作	0.00%	7.41%	0.00%	0.00%	6.25%	13.33%
健康	13.33%	5.56%	0.00%	0.00%	0.00%	0.00%
恐怖主义	0.00%	5.56%	0.00%	9.52%	0.00%	0.00%

（续表）

条款名称	美国	欧盟	日本	俄罗斯	印度	中国
信息社会	0.00%	1.85%	0.00%	4.76%	6.25%	6.67%
视听	0.00%	5.56%	0.00%	0.00%	0.00%	0.00%
矿业	0.00%	5.56%	0.00%	0.00%	0.00%	0.00%
洗钱	0.00%	1.85%	0.00%	9.52%	0.00%	0.00%
中小企业	0.00%	5.56%	0.00%	0.00%	0.00%	0.00%
公民保护	0.00%	3.70%	0.00%	0.00%	0.00%	0.00%
非法药物	0.00%	1.85%	0.00%	4.76%	0.00%	0.00%
创新政策	0.00%	1.85%	0.00%	0.00%	0.00%	0.00%
人权	0.00%	1.85%	0.00%	0.00%	0.00%	0.00%
政治对话	0.00%	1.85%	0.00%	0.00%	0.00%	0.00%

附录四:"一带一路"沿线 FTA 无权和加权网络地位(2001 年、2012 年、2020 年)

附录表 4-1　　2001 年"一带一路"沿线 FTA 无权网络地位排名

国家或地区	度数中心性	接近中心性	中介中心性	特征向量中心性	综合中心性
埃及	34.09	2.11	19.40	44.75	100.35
突尼斯	14.39	2.10	2.94	32.49	51.92
叙利亚	12.88	2.09	0.86	33.39	49.23
约旦	12.88	2.08	0.28	33.01	48.25
阿联酋	12.12	2.08	0.01	32.82	47.03
巴林	12.12	2.08	0.01	32.82	47.03
伊拉克	12.12	2.08	0.01	32.82	47.03
科威特	12.12	2.08	0.01	32.82	47.03
黎巴嫩	12.12	2.08	0.01	32.82	47.03
阿曼	12.12	2.08	0.01	32.82	47.03
卡塔尔	12.12	2.08	0.01	32.82	47.03
沙特阿拉伯	12.12	2.08	0.01	32.82	47.03
也门	12.12	2.08	0.01	32.82	47.03
土耳其	17.42	2.10	8.46	15.55	43.53
菲律宾	17.42	2.10	7.74	15.16	42.42
巴基斯坦	16.67	2.10	5.58	15.16	39.50
摩洛哥	9.85	2.09	0.54	26.71	39.19
阿尔及利亚	9.09	2.08	0.00	26.10	37.27
利比亚	9.09	2.08	0.00	26.10	37.27
苏丹	9.09	2.08	0.00	26.10	37.27
以色列	15.91	2.10	3.62	15.28	36.91

(续表)

国家或地区	度数中心性	接近中心性	中介中心性	特征向量中心性	综合中心性
孟加拉国	15.15	2.10	1.91	15.00	34.16
欧盟	11.36	2.09	4.92	9.51	27.88
塞尔维亚	10.61	2.09	0.05	13.82	26.57
韩国	7.58	2.09	0.53	9.37	19.57
墨西哥	6.06	2.09	0.38	9.26	17.79
老挝	9.85	2.08	0.51	4.15	16.58
巴西	5.30	2.09	0.00	8.65	16.04
智利	5.30	2.09	0.00	8.65	16.04
秘鲁	5.30	2.09	0.00	8.65	16.04
巴拉圭	5.30	2.09	0.00	8.65	16.04
乌拉圭	5.30	2.09	0.00	8.65	16.04
俄罗斯	8.33	2.06	5.38	0.17	15.94
塔吉克斯坦	3.79	2.08	5.91	2.27	14.05
新加坡	7.58	2.07	0.98	2.26	12.89
乌克兰	6.82	2.06	2.82	0.13	11.83
印度	6.06	2.08	0.10	3.56	11.80
斯里兰卡	6.06	2.08	0.10	3.56	11.80
文莱	6.82	2.07	0.00	2.25	11.14
印度尼西亚	6.82	2.07	0.00	2.25	11.14
柬埔寨	6.82	2.07	0.00	2.25	11.14
缅甸	6.82	2.07	0.00	2.25	11.14
马来西亚	6.82	2.07	0.00	2.25	11.14
泰国	6.82	2.07	0.00	2.25	11.14
越南	6.82	2.07	0.00	2.25	11.14
北马其顿	2.27	2.08	3.51	1.62	9.48
不丹	4.55	2.07	0.00	2.75	9.37
马尔代夫	4.55	2.07	0.00	2.75	9.37

(续表)

国家或地区	度数中心性	接近中心性	中介中心性	特征向量中心性	综合中心性
尼泊尔	4.55	2.07	0.00	2.75	9.37
瑞士	3.03	2.08	0.10	2.67	7.88
冰岛	3.03	2.08	0.10	2.67	7.88
列支敦士登	3.03	2.08	0.10	2.67	7.88
挪威	3.03	2.08	0.10	2.67	7.88
亚美尼亚	5.30	2.04	0.05	0.03	7.42
格鲁吉亚	5.30	2.04	0.01	0.03	7.39
阿富汗	3.03	2.08	0.00	2.26	7.37
伊朗	3.03	2.08	0.00	2.26	7.37
巴勒斯坦	3.79	2.06	0.02	1.30	7.16
美国	1.52	2.08	0.01	3.10	6.70
哈萨克斯坦	4.55	2.04	0.05	0.02	6.66
吉尔吉斯斯坦	4.55	2.04	0.04	0.02	6.65
乌兹别克斯坦	4.55	2.04	0.01	0.03	6.62
土库曼斯坦	4.55	2.04	0.01	0.03	6.62
阿塞拜疆	3.79	2.04	0.00	0.02	5.85
布隆迪	0.76	2.08	0.00	2.87	5.71
刚果(金)	0.76	2.08	0.00	2.87	5.71
科摩罗	0.76	2.08	0.00	2.87	5.71
吉布提	0.76	2.08	0.00	2.87	5.71
厄立特里亚	0.76	2.08	0.00	2.87	5.71
埃塞俄比亚	0.76	2.08	0.00	2.87	5.71
肯尼亚	0.76	2.08	0.00	2.87	5.71
马达加斯加	0.76	2.08	0.00	2.87	5.71
毛里求斯	0.76	2.08	0.00	2.87	5.71
马拉维	0.76	2.08	0.00	2.87	5.71
卢旺达	0.76	2.08	0.00	2.87	5.71

(续表)

国家或地区	度数中心性	接近中心性	中介中心性	特征向量中心性	综合中心性
斯威士兰	0.76	2.08	0.00	2.87	5.71
塞舌尔	0.76	2.08	0.00	2.87	5.71
乌干达	0.76	2.08	0.00	2.87	5.71
赞比亚	0.76	2.08	0.00	2.87	5.71
津巴布韦	0.76	2.08	0.00	2.87	5.71
摩尔多瓦	2.27	2.04	0.00	0.01	4.32
加拿大	0.76	2.07	0.00	0.98	3.81
白俄罗斯	1.52	2.04	0.00	0.01	3.56
南非	0.76	2.06	0.00	0.61	3.43
安道尔	0.76	2.06	0.00	0.61	3.43
法罗群岛	0.76	2.06	0.00	0.61	3.43
新西兰	0.76	2.05	0.00	0.15	2.95

附录表4-2　　2012年"一带一路"沿线FTA无权网络地位排名

排名	国家或地区	度数中心性	接近中心性	中介中心性	特征向量中心性	综合中心性
1	埃及	37.88	4.87	21.98	42.14	106.86
2	欧盟	34.85	4.85	27.03	26.99	93.72
3	土耳其	23.48	4.85	6.79	29.33	64.45
4	菲律宾	21.21	4.79	4.33	27.07	57.41
5	约旦	18.94	4.81	2.96	29.51	56.22
6	塞尔维亚	19.70	4.84	5.25	24.57	54.35
7	巴基斯坦	18.94	4.79	3.81	21.91	49.46
8	突尼斯	14.39	4.81	1.86	27.02	48.08
9	黎巴嫩	15.91	4.77	0.94	26.32	47.94
10	以色列	16.67	4.82	2.83	22.50	46.81

(续表)

排名	国家或地区	度数中心性	接近中心性	中介中心性	特征向量中心性	综合中心性
11	新加坡	18.18	4.75	4.13	19.52	46.58
12	韩国	14.39	4.81	4.92	21.14	45.27
13	孟加拉国	16.67	4.78	2.12	21.15	44.71
14	印度	18.94	4.71	1.46	18.60	43.71
15	叙利亚	13.64	4.77	0.66	24.60	43.67
16	巴林	12.88	4.71	0.10	21.90	39.59
17	阿曼	12.88	4.71	0.10	21.90	39.59
18	也门	12.12	4.71	0.01	21.54	38.37
19	阿联酋	12.12	4.71	0.01	21.54	38.37
20	伊拉克	12.12	4.71	0.01	21.54	38.37
21	科威特	12.12	4.71	0.01	21.54	38.37
22	卡塔尔	12.12	4.71	0.01	21.54	38.37
23	沙特阿拉伯	12.12	4.71	0.01	21.54	38.37
24	摩洛哥	10.61	4.77	0.45	20.27	36.09
25	阿尔及利亚	9.85	4.74	0.31	18.58	33.48
26	马来西亚	12.88	4.70	0.25	14.72	32.55
27	老挝	12.88	4.69	0.16	14.20	31.94
28	智利	9.09	4.80	1.25	16.24	31.39
29	瑞士	9.85	4.81	1.46	15.22	31.33
30	冰岛	9.85	4.81	1.46	15.22	31.33
31	列支敦士登	9.85	4.81	1.46	15.22	31.33
32	挪威	9.85	4.81	1.46	15.22	31.33
33	利比亚	9.09	4.70	0.00	17.02	30.81
34	苏丹	9.09	4.70	0.00	17.02	30.81
35	文莱	12.12	4.69	0.12	13.52	30.45

附录四:"一带一路"沿线 FTA 无权和加权网络地位(2001 年、2012 年、2020 年)

(续表)

排名	国家或地区	度数中心性	接近中心性	中介中心性	特征向量中心性	综合中心性
36	印度尼西亚	11.36	4.69	0.06	12.64	28.74
37	柬埔寨	11.36	4.69	0.06	12.64	28.74
38	缅甸	11.36	4.69	0.06	12.64	28.74
39	泰国	11.36	4.69	0.06	12.64	28.74
40	越南	11.36	4.69	0.06	12.64	28.74
41	中国	10.61	4.66	0.12	12.75	28.14
42	乌克兰	12.12	4.68	3.63	5.49	25.92
43	北马其顿	9.85	4.74	0.60	10.59	25.78
44	阿尔巴尼亚	9.09	4.74	0.31	10.29	24.42
45	黑山	9.09	4.74	0.31	10.29	24.42
46	墨西哥	6.06	4.79	0.21	12.42	23.48
47	秘鲁	6.06	4.76	0.07	11.99	22.87
48	日本	8.33	4.64	0.00	9.84	22.81
49	巴西	6.06	4.76	0.05	11.94	22.81
50	巴拉圭	6.06	4.76	0.05	11.94	22.81
51	乌拉圭	6.06	4.76	0.05	11.94	22.81
52	摩尔多瓦	11.36	4.69	1.47	5.13	22.66
53	澳大利亚	7.58	4.63	0.00	8.77	20.98
54	新西兰	7.58	4.63	0.00	8.77	20.98
55	斯里兰卡	7.58	4.68	0.10	7.58	19.93
56	阿富汗	7.58	4.71	0.51	7.01	19.81
57	塔吉克斯坦	8.33	4.70	1.87	4.67	19.57
58	波黑	6.06	4.73	0.25	6.97	18.01
59	俄罗斯	9.09	4.68	1.09	2.93	17.80
60	巴勒斯坦	4.55	4.71	0.01	6.75	16.01

(续表)

排名	国家或地区	度数中心性	接近中心性	中介中心性	特征向量中心性	综合中心性
61	格鲁吉亚	6.82	4.69	1.03	2.79	15.33
62	美国	3.79	4.69	0.10	6.64	15.21
63	不丹	5.30	4.63	0.00	4.96	14.90
64	马尔代夫	5.30	4.63	0.00	4.96	14.90
65	尼泊尔	5.30	4.63	0.00	4.96	14.90
66	科索沃	4.55	4.67	0.00	3.91	13.12
67	亚美尼亚	6.82	4.56	0.05	1.49	12.92
68	毛里求斯	2.27	4.74	0.07	5.24	12.33
69	哈萨克斯坦	6.06	4.56	0.01	1.45	12.07
70	吉尔吉斯斯坦	6.06	4.56	0.04	1.34	12.00
71	伊朗	3.03	4.68	0.00	3.62	11.34
72	白俄罗斯	5.30	4.56	0.00	1.30	11.16
73	马达加斯加	1.52	4.72	0.00	3.98	10.22
74	塞舌尔	1.52	4.72	0.00	3.98	10.22
75	津巴布韦	1.52	4.72	0.00	3.98	10.22
76	阿塞拜疆	4.55	4.54	0.01	1.04	10.14
77	土库曼斯坦	4.55	4.53	0.00	0.84	9.92
78	乌兹别克斯坦	4.55	4.53	0.01	0.83	9.92
79	加拿大	1.52	4.66	0.00	3.00	9.17
80	斐济	1.52	4.66	1.30	1.56	9.03
81	阿根廷	1.52	4.66	0.00	2.37	8.54
82	赞比亚	0.76	4.67	0.00	2.43	7.86
83	布隆迪	0.76	4.67	0.00	2.43	7.86
84	刚果(金)	0.76	4.67	0.00	2.43	7.86
85	科摩罗	0.76	4.67	0.00	2.43	7.86

(续表)

排名	国家或地区	度数中心性	接近中心性	中介中心性	特征向量中心性	综合中心性
86	吉布提	0.76	4.67	0.00	2.43	7.86
87	厄立特里亚	0.76	4.67	0.00	2.43	7.86
88	埃塞俄比亚	0.76	4.67	0.00	2.43	7.86
89	肯尼亚	0.76	4.67	0.00	2.43	7.86
90	马拉维	0.76	4.67	0.00	2.43	7.86
91	卢旺达	0.76	4.67	0.00	2.43	7.86
92	斯威士兰	0.76	4.67	0.00	2.43	7.86
93	乌干达	0.76	4.67	0.00	2.43	7.86
94	安道尔	0.76	4.66	0.00	1.55	6.97
95	安提瓜和巴布达	0.76	4.66	0.00	1.55	6.97
96	巴哈马	0.76	4.66	0.00	1.55	6.97
97	伯利兹	0.76	4.66	0.00	1.55	6.97
98	巴巴多斯	0.76	4.66	0.00	1.55	6.97
99	多米尼克	0.76	4.66	0.00	1.55	6.97
100	多米尼加	0.76	4.66	0.00	1.55	6.97
101	法罗群岛	0.76	4.66	0.00	1.55	6.97
102	格林纳达	0.76	4.66	0.00	1.55	6.97
103	圭亚那	0.76	4.66	0.00	1.55	6.97
104	牙买加	0.76	4.66	0.00	1.55	6.97
105	圣基茨和尼维斯	0.76	4.66	0.00	1.55	6.97
106	圣卢西亚	0.76	4.66	0.00	1.55	6.97
107	巴布亚新几内亚	0.76	4.66	0.00	1.55	6.97
108	圣马力诺	0.76	4.66	0.00	1.55	6.97
109	苏里南	0.76	4.66	0.00	1.55	6.97

(续表)

排名	国家或地区	度数中心性	接近中心性	中介中心性	特征向量中心性	综合中心性
110	特立尼达和多巴哥	0.76	4.66	0.00	1.55	6.97
111	圣文森特和格林纳丁斯	0.76	4.66	0.00	1.55	6.97
112	南非	0.76	4.66	0.00	1.55	6.97
113	巴拿马	0.76	4.56	0.00	1.12	6.44
114	克罗地亚	0.76	4.48	0.00	0.09	5.33

附录表 4-3　2020 年"一带一路"沿线 FTA 无权网络地位排名

排名	国家或地区	度数中心性	接近中心性	中介中心性	特征向量中心性	综合中心性
1	欧盟	56.06	68.39	54.57	31.44	210.47
2	埃及	38.64	59.46	21.23	35.72	155.04
3	新加坡	28.03	54.55	7.80	30.65	121.02
4	土耳其	26.52	57.14	5.29	29.25	118.20
5	菲律宾	25.00	48.71	2.83	28.44	104.98
6	塞尔维亚	19.70	54.77	2.71	22.49	99.67
7	约旦	18.94	52.17	1.48	26.09	98.68
8	冰岛	16.67	53.23	1.37	22.82	94.07
9	列支敦士登	16.67	53.23	1.37	22.82	94.07
10	挪威	16.67	53.23	1.37	22.82	94.07
11	越南	19.70	51.97	4.25	17.91	93.82
12	以色列	16.67	52.59	1.68	20.36	91.30
13	突尼斯	14.39	51.97	1.19	22.12	89.67
14	韩国	14.39	52.80	2.42	19.01	88.63
15	巴基斯坦	19.70	46.81	3.01	18.60	88.11

(续表)

排名	国家或地区	度数中心性	接近中心性	中介中心性	特征向量中心性	综合中心性
16	黎巴嫩	15.91	48.35	0.76	22.49	87.51
17	叙利亚	13.64	48.53	0.73	19.81	82.71
18	巴林	15.91	44.30	0.32	21.96	82.49
19	阿曼	15.91	44.30	0.32	21.96	82.49
20	阿联酋	15.15	44.15	0.22	21.67	81.18
21	科威特	15.15	44.15	0.22	21.67	81.18
22	卡塔尔	15.15	44.15	0.22	21.67	81.18
23	沙特阿拉伯	15.15	44.15	0.22	21.67	81.18
24	智利	11.36	51.97	1.02	16.72	81.07
25	孟加拉国	16.67	45.36	1.95	17.00	80.98
26	瑞士	12.12	51.97	0.63	16.19	80.91
27	印度	18.94	42.58	1.84	16.60	79.95
28	马来西亚	16.67	43.42	0.35	17.71	78.14
29	摩洛哥	10.61	47.83	0.43	16.69	75.56
30	墨西哥	9.09	51.36	0.50	14.45	75.41
31	秘鲁	9.09	51.36	0.50	14.45	75.41
32	乌克兰	14.39	47.14	2.69	10.03	74.26
33	格鲁吉亚	12.12	48.53	2.64	10.44	73.74
34	阿尔及利亚	9.85	46.98	0.38	15.21	72.42
35	文莱	15.15	41.64	0.16	15.40	72.35
36	日本	9.85	48.53	2.37	11.48	72.22
37	印度尼西亚	13.64	41.64	0.11	14.49	69.87
38	摩尔多瓦	12.88	46.32	1.56	9.10	69.86
39	老挝	13.64	41.25	0.20	13.88	68.96
40	伊拉克	12.12	39.52	0.01	16.88	68.53

(续表)

排名	国家或地区	度数中心性	接近中心性	中介中心性	特征向量中心性	综合中心性
41	也门	12.12	39.52	0.01	16.88	68.53
42	北马其顿	9.85	46.32	0.16	11.36	67.69
43	黑山	9.85	46.32	0.16	11.36	67.69
44	泰国	12.88	41.12	0.05	13.59	67.64
45	中国	11.36	41.77	0.37	12.48	65.99
46	阿尔巴尼亚	9.09	45.83	0.15	10.87	65.94
47	波黑	9.09	45.83	0.15	10.87	65.94
48	柬埔寨	12.12	40.99	0.04	12.78	65.93
49	缅甸	12.12	40.99	0.04	12.78	65.93
50	加拿大	6.06	48.00	0.24	8.60	62.90
51	亚美尼亚	9.09	46.32	1.23	5.32	61.95
52	利比亚	9.09	39.05	0.00	13.62	61.76
53	苏丹	9.09	39.05	0.00	13.62	61.76
54	巴西	6.06	43.28	0.03	9.56	58.93
55	巴拉圭	6.06	43.28	0.03	9.56	58.93
56	乌拉圭	6.06	43.28	0.03	9.56	58.93
57	俄罗斯	10.61	40.12	0.60	5.06	56.39
58	毛里求斯	3.03	47.14	0.09	5.83	56.10
59	澳大利亚	7.58	39.40	0.00	9.01	55.99
60	新西兰	7.58	39.40	0.00	9.01	55.99
61	巴勒斯坦	4.55	44.00	0.00	7.37	55.92
62	塔吉克斯坦	8.33	39.64	0.42	4.92	53.31
63	阿富汗	7.58	39.88	0.38	5.42	53.25
64	斯里兰卡	7.58	38.04	0.11	5.77	51.49
65	伊朗	6.82	39.17	0.29	4.00	50.28

(续表)

排名	国家或地区	度数中心性	接近中心性	中介中心性	特征向量中心性	综合中心性
66	科摩罗	1.52	45.05	0.00	3.41	49.97
67	马达加斯加	1.52	45.05	0.00	3.41	49.97
68	斯威士兰	1.52	45.05	0.00	3.41	49.97
69	塞舌尔	1.52	45.05	0.00	3.41	49.97
70	津巴布韦	1.52	45.05	0.00	3.41	49.97
71	哥斯达黎加	1.52	44.15	0.00	3.15	48.81
72	巴拿马	1.52	44.15	0.00	3.15	48.81
73	美国	3.79	38.82	0.01	6.14	48.76
74	哈萨克斯坦	7.58	37.29	0.05	3.72	48.63
75	吉尔吉斯斯坦	7.58	37.29	0.13	3.29	48.29
76	白俄罗斯	6.82	37.18	0.04	3.21	47.25
77	阿根廷	2.27	40.37	0.02	3.69	46.35
78	斐济	1.52	40.99	1.52	1.60	45.62
79	科索沃	4.55	36.77	0.00	3.86	45.17
80	南非	0.76	40.74	0.00	1.59	43.09
81	安道尔	0.76	40.74	0.00	1.59	43.09
82	安提瓜和巴布达	0.76	40.74	0.00	1.59	43.09
83	巴哈马	0.76	40.74	0.00	1.59	43.09
84	伯利兹	0.76	40.74	0.00	1.59	43.09
85	巴巴多斯	0.76	40.74	0.00	1.59	43.09
86	博茨瓦纳	0.76	40.74	0.00	1.59	43.09
87	科特迪瓦	0.76	40.74	0.00	1.59	43.09
88	喀麦隆	0.76	40.74	0.00	1.59	43.09
89	哥伦比亚	0.76	40.74	0.00	1.59	43.09
90	多米尼克	0.76	40.74	0.00	1.59	43.09

(续表)

排名	国家或地区	度数中心性	接近中心性	中介中心性	特征向量中心性	综合中心性
91	多米尼加	0.76	40.74	0.00	1.59	43.09
92	厄瓜多尔	0.76	40.74	0.00	1.59	43.09
93	法罗群岛	0.76	40.74	0.00	1.59	43.09
94	加纳	0.76	40.74	0.00	1.59	43.09
95	格林纳达	0.76	40.74	0.00	1.59	43.09
96	危地马拉	0.76	40.74	0.00	1.59	43.09
97	圭亚那	0.76	40.74	0.00	1.59	43.09
98	洪都拉斯	0.76	40.74	0.00	1.59	43.09
99	牙买加	0.76	40.74	0.00	1.59	43.09
100	圣基茨和尼维斯	0.76	40.74	0.00	1.59	43.09
101	圣卢西亚	0.76	40.74	0.00	1.59	43.09
102	莱索托	0.76	40.74	0.00	1.59	43.09
103	莫桑比克	0.76	40.74	0.00	1.59	43.09
104	纳米比亚	0.76	40.74	0.00	1.59	43.09
105	尼加拉瓜	0.76	40.74	0.00	1.59	43.09
106	巴布亚新几内亚	0.76	40.74	0.00	1.59	43.09
107	所罗门群岛	0.76	40.74	0.00	1.59	43.09
108	萨尔瓦多	0.76	40.74	0.00	1.59	43.09
109	圣马力诺	0.76	40.74	0.00	1.59	43.09
110	苏里南	0.76	40.74	0.00	1.59	43.09
111	特立尼达和多巴哥	0.76	40.74	0.00	1.59	43.09
112	圣文森特和格林纳丁斯	0.76	40.74	0.00	1.59	43.09
113	西萨摩亚	0.76	40.74	0.00	1.59	43.09

(续表)

排名	国家或地区	度数中心性	接近中心性	中介中心性	特征向量中心性	综合中心性
114	不丹	5.30	33.50	0.00	3.58	42.38
115	马尔代夫	5.30	33.50	0.00	3.58	42.38
116	尼泊尔	5.30	33.50	0.00	3.58	42.38
117	阿塞拜疆	4.55	34.38	0.01	1.93	40.86
118	土库曼斯坦	4.55	34.11	0.00	1.75	40.41
119	乌兹别克斯坦	4.55	34.11	0.01	1.65	40.31
120	赞比亚	0.76	37.39	0.00	1.81	39.96
121	布隆迪	0.76	37.39	0.00	1.81	39.96
122	刚果（金）	0.76	37.39	0.00	1.81	39.96
123	吉布提	0.76	37.39	0.00	1.81	39.96
124	厄立特里亚	0.76	37.39	0.00	1.81	39.96
125	埃塞俄比亚	0.76	37.39	0.00	1.81	39.96
126	肯尼亚	0.76	37.39	0.00	1.81	39.96
127	马拉维	0.76	37.39	0.00	1.81	39.96
128	卢旺达	0.76	37.39	0.00	1.81	39.96
129	乌干达	0.76	37.39	0.00	1.81	39.96
130	蒙古国	0.76	32.75	0.00	0.58	34.09
131	克罗地亚	0.76	29.14	0.00	0.08	29.98

附录表4-4　2001年"一带一路"沿线FTA规则深度加权网络地位排名

排名	国家或地区	强度中心性	流中介中心性	综合中心性
1	埃及	5.21	15.13	20.35
2	欧盟	7.40	3.53	10.93
3	以色列	5.08	2.12	7.20
4	土耳其	5.08	1.16	6.24

（续表）

排名	国家或地区	强度中心性	流中介中心性	综合中心性
5	俄罗斯	2.67	3.09	5.76
6	乌克兰	1.96	3.67	5.63
7	北马其顿	1.43	3.85	5.27
8	巴基斯坦	2.41	1.17	3.57
9	孟加拉国	2.50	0.89	3.39
10	塔吉克斯坦	0.80	2.45	3.26
11	菲律宾	1.65	1.30	2.95
12	新加坡	0.98	1.53	2.51
13	老挝	1.38	1.02	2.40
14	突尼斯	2.14	0.21	2.35
15	格鲁吉亚	2.23	0.05	2.27
16	约旦	1.69	0.49	2.18
17	冰岛	2.14	0.02	2.16
18	列支敦士登	2.14	0.02	2.16
19	挪威	2.14	0.02	2.16
20	巴勒斯坦	2.03	0.11	2.14
21	乌兹别克斯坦	2.09	0.03	2.13
22	土库曼斯坦	2.09	0.03	2.13
23	阿塞拜疆	1.92	0.02	1.94
24	叙利亚	1.63	0.26	1.89
25	印度	1.43	0.38	1.80
26	斯里兰卡	1.43	0.38	1.80
27	摩洛哥	1.60	0.17	1.77
28	塞尔维亚	1.25	0.48	1.73
29	阿联酋	1.43	0.26	1.68
30	巴林	1.43	0.26	1.68
31	伊拉克	1.43	0.26	1.68

(续表)

排名	国家或地区	强度中心性	流中介中心性	综合中心性
32	科威特	1.43	0.26	1.68
33	黎巴嫩	1.43	0.26	1.68
34	阿曼	1.43	0.26	1.68
35	卡塔尔	1.43	0.26	1.68
36	沙特阿拉伯	1.43	0.26	1.68
37	也门	1.43	0.26	1.68
38	瑞士	1.65	0.03	1.68
39	吉尔吉斯斯坦	1.43	0.25	1.67
40	韩国	1.43	0.20	1.63
41	亚美尼亚	1.34	0.20	1.53
42	墨西哥	1.45	0.04	1.49
43	利比亚	1.14	0.17	1.31
44	苏丹	1.14	0.17	1.31
45	阿尔及利亚	1.07	0.17	1.24
46	哈萨克斯坦	1.07	0.14	1.21
47	泰国	0.49	0.65	1.14
48	文莱	0.40	0.63	1.03
49	印度尼西亚	0.40	0.63	1.03
50	柬埔寨	0.40	0.63	1.03
51	缅甸	0.40	0.63	1.03
52	马来西亚	0.40	0.63	1.03
53	越南	0.40	0.63	1.03
54	不丹	0.80	0.21	1.01
55	马尔代夫	0.80	0.21	1.01
56	尼泊尔	0.80	0.21	1.01
57	阿富汗	0.53	0.24	0.77
58	伊朗	0.53	0.24	0.77

(续表)

排名	国家或地区	强度中心性	流中介中心性	综合中心性
59	美国	0.71	0.03	0.74
60	摩尔多瓦	0.67	0.02	0.69
61	巴西	0.62	0.04	0.66
62	智利	0.62	0.04	0.66
63	秘鲁	0.62	0.04	0.66
64	巴拉圭	0.62	0.04	0.66
65	乌拉圭	0.62	0.04	0.66
66	新西兰	0.58	0.00	0.58
67	南非	0.45	0.00	0.45
68	加拿大	0.36	0.00	0.36
69	白俄罗斯	0.31	0.00	0.32
70	安道尔	0.27	0.00	0.27
71	法罗群岛	0.25	0.00	0.25
72	布隆迪	0.16	0.00	0.16
73	刚果(金)	0.16	0.00	0.16
74	科摩罗	0.16	0.00	0.16
75	吉布提	0.16	0.00	0.16
76	厄立特里亚	0.16	0.00	0.16
77	埃塞俄比亚	0.16	0.00	0.16
78	肯尼亚	0.16	0.00	0.16
79	马达加斯加	0.16	0.00	0.16
80	毛里求斯	0.16	0.00	0.16
81	马拉维	0.16	0.00	0.16
82	卢旺达	0.16	0.00	0.16
83	斯威士兰	0.16	0.00	0.16
84	塞舌尔	0.16	0.00	0.16
85	乌干达	0.16	0.00	0.16

(续表)

排名	国家或地区	强度中心性	流中介中心性	综合中心性
86	赞比亚	0.16	0.00	0.16
87	津巴布韦	0.16	0.00	0.16

附录表 4-5　2012 年"一带一路"沿线 FTA 规则深度加权网络地位排名

排名	国家或地区	强度中心性	流中介中心性	综合中心性
1	欧盟	24.51	27.93	52.44
2	埃及	8.65	17.33	25.97
3	新加坡	9.69	2.25	11.94
4	土耳其	10.25	1.43	11.68
5	印度	7.89	2.19	10.08
6	塞尔维亚	9.05	0.52	9.57
7	乌克兰	7.71	0.77	8.48
8	韩国	7.71	0.68	8.39
9	以色列	6.06	2.26	8.32
10	摩尔多瓦	7.62	0.65	8.27
11	北马其顿	7.66	0.16	7.82
12	黑山	7.44	0.16	7.60
13	阿尔巴尼亚	7.22	0.15	7.37
14	冰岛	7.13	0.22	7.35
15	列支敦士登	7.13	0.22	7.35
16	挪威	7.13	0.22	7.35
17	新西兰	6.31	0.62	6.93
18	澳大利亚	6.31	0.62	6.93
19	瑞士	6.64	0.23	6.87
20	日本	5.97	0.51	6.49
21	约旦	5.33	0.98	6.31
22	波黑	5.28	0.10	5.38

(续表)

排名	国家或地区	强度中心性	流中介中心性	综合中心性
23	巴基斯坦	3.70	1.62	5.31
24	俄罗斯	4.59	0.60	5.19
25	菲律宾	4.43	0.47	4.91
26	马来西亚	4.37	0.24	4.61
27	黎巴嫩	4.01	0.46	4.47
28	文莱	4.23	0.21	4.44
29	科索沃	4.28	0.08	4.36
30	阿曼	3.45	0.82	4.28
31	巴林	3.32	0.79	4.11
32	老挝	3.74	0.29	4.03
33	哈萨克斯坦	3.48	0.36	3.84
34	格鲁吉亚	3.25	0.50	3.75
35	塔吉克斯坦	3.03	0.64	3.67
36	白俄罗斯	3.30	0.33	3.62
37	孟加拉国	2.67	0.88	3.55
38	泰国	3.36	0.15	3.51
39	智利	3.41	0.10	3.51
40	越南	3.30	0.14	3.44
41	阿联酋	2.76	0.64	3.40
42	科威特	2.76	0.64	3.40
43	卡塔尔	2.76	0.64	3.40
44	沙特阿拉伯	2.76	0.64	3.40
45	印度尼西亚	3.25	0.14	3.39
46	柬埔寨	3.21	0.14	3.34
47	缅甸	3.21	0.14	3.34
48	亚美尼亚	2.85	0.33	3.18
49	中国	2.79	0.27	3.05

(续表)

排名	国家或地区	强度中心性	流中介中心性	综合中心性
50	吉尔吉斯斯坦	2.72	0.31	3.03
51	阿塞拜疆	2.54	0.40	2.94
52	美国	2.61	0.20	2.80
53	突尼斯	2.54	0.26	2.80
54	巴勒斯坦	2.52	0.03	2.55
55	乌兹别克斯坦	2.09	0.40	2.50
56	摩洛哥	2.27	0.22	2.49
57	土库曼斯坦	2.09	0.39	2.48
58	叙利亚	2.07	0.40	2.47
59	斯里兰卡	1.65	0.53	2.18
60	斐济	0.53	1.30	1.83
61	伊拉克	1.43	0.38	1.81
62	也门	1.43	0.38	1.81
63	阿尔及利亚	1.56	0.22	1.78
64	阿富汗	1.11	0.59	1.71
65	墨西哥	1.45	0.05	1.50
66	利比亚	1.14	0.22	1.36
67	苏丹	1.14	0.22	1.36
68	秘鲁	1.27	0.04	1.31
69	不丹	0.89	0.40	1.30
70	马尔代夫	0.89	0.40	1.30
71	尼泊尔	0.89	0.40	1.30
72	巴西	1.16	0.05	1.21
73	巴拉圭	1.16	0.05	1.21
74	乌拉圭	1.16	0.05	1.21
75	安提瓜和巴布达	0.71	0.00	0.71
76	巴哈马	0.71	0.00	0.71

(续表)

排名	国家或地区	强度中心性	流中介中心性	综合中心性
77	伯利兹	0.71	0.00	0.71
78	巴巴多斯	0.71	0.00	0.71
79	多米尼克	0.71	0.00	0.71
80	多米尼加	0.71	0.00	0.71
81	格林纳达	0.71	0.00	0.71
82	圭亚那	0.71	0.00	0.71
83	牙买加	0.71	0.00	0.71
84	圣基茨和尼维斯	0.71	0.00	0.71
85	圣卢西亚	0.71	0.00	0.71
86	苏里南	0.71	0.00	0.71
87	特立尼达和多巴哥	0.71	0.00	0.71
88	圣文森特和格林纳丁斯	0.71	0.00	0.71
89	伊朗	0.53	0.13	0.66
90	阿根廷	0.62	0.01	0.64
91	加拿大	0.60	0.02	0.62
92	巴拿马	0.58	0.00	0.58
93	毛里求斯	0.56	0.02	0.58
94	南非	0.45	0.00	0.45
95	马达加斯加	0.38	0.00	0.38
96	塞舌尔	0.38	0.00	0.38
97	津巴布韦	0.38	0.00	0.38
98	安道尔	0.27	0.00	0.27
99	克罗地亚	0.27	0.00	0.27
100	巴布亚新几内亚	0.27	0.00	0.27
101	法罗群岛	0.25	0.00	0.25
102	圣马力诺	0.18	0.00	0.18
103	布隆迪	0.16	0.00	0.16

附录四:"一带一路"沿线 FTA 无权和加权网络地位(2001年、2012年、2020年)

(续表)

排名	国家或地区	强度中心性	流中介中心性	综合中心性
104	刚果(金)	0.16	0.00	0.16
105	科摩罗	0.16	0.00	0.16
106	吉布提	0.16	0.00	0.16
107	厄立特里亚	0.16	0.00	0.16
108	埃塞俄比亚	0.16	0.00	0.16
109	肯尼亚	0.16	0.00	0.16
110	马拉维	0.16	0.00	0.16
111	卢旺达	0.16	0.00	0.16
112	斯威士兰	0.16	0.00	0.16
113	乌干达	0.16	0.00	0.16
114	赞比亚	0.16	0.00	0.16

附录表 4-6　2020年"一带一路"沿线 FTA 规则深度加权网络地位排名

排名	国家或地区	强度中心性	流中介中心性	综合中心性
1	欧盟	37.66	49.00	86.66
2	埃及	9.00	19.04	28.05
3	新加坡	21.59	3.61	25.20
4	越南	16.04	0.79	16.83
5	马来西亚	13.37	0.64	14.01
6	土耳其	12.28	1.63	13.90
7	菲律宾	12.46	0.54	12.99
8	文莱	12.30	0.54	12.84
9	乌克兰	9.14	0.65	9.79
10	印度	7.89	1.85	9.74
11	日本	8.07	1.58	9.64
12	塞尔维亚	9.05	0.52	9.57
13	冰岛	9.09	0.38	9.47

(续表)

排名	国家或地区	强度中心性	流中介中心性	综合中心性
14	列支敦士登	9.09	0.38	9.47
15	挪威	9.09	0.38	9.47
16	老挝	8.78	0.38	9.16
17	摩尔多瓦	8.53	0.54	9.07
18	印度尼西亚	8.78	0.27	9.04
19	泰国	8.73	0.26	8.99
20	瑞士	8.60	0.38	8.98
21	柬埔寨	8.33	0.23	8.56
22	缅甸	8.33	0.23	8.56
23	韩国	8.11	0.26	8.37
24	格鲁吉亚	7.44	0.65	8.09
25	黑山	7.80	0.23	8.03
26	北马其顿	7.66	0.23	7.89
27	波黑	7.60	0.23	7.83
28	阿尔巴尼亚	7.22	0.22	7.44
29	以色列	6.06	1.37	7.43
30	澳大利亚	6.71	0.08	6.78
31	俄罗斯	6.13	0.64	6.77
32	新西兰	6.68	0.08	6.76
33	中国	6.55	0.21	6.76
34	约旦	5.33	0.60	5.92
35	亚美尼亚	5.41	0.44	5.86
36	智利	5.73	0.08	5.80
37	哈萨克斯坦	5.01	0.41	5.42
38	白俄罗斯	4.84	0.40	5.23
39	巴基斯坦	3.79	1.08	4.87
40	阿曼	3.85	0.85	4.71

(续表)

排名	国家或地区	强度中心性	流中介中心性	综合中心性
41	吉尔吉斯斯坦	4.26	0.41	4.67
42	加拿大	4.57	0.05	4.62
43	巴林	3.72	0.81	4.53
44	黎巴嫩	4.01	0.48	4.49
45	墨西哥	4.39	0.07	4.46
46	科索沃	4.28	0.14	4.42
47	秘鲁	4.19	0.05	4.24
48	阿联酋	3.16	0.66	3.83
49	科威特	3.16	0.66	3.83
50	卡塔尔	3.16	0.66	3.83
51	沙特阿拉伯	3.16	0.66	3.83
52	孟加拉国	2.67	0.83	3.51
53	塔吉克斯坦	3.03	0.32	3.35
54	阿塞拜疆	2.54	0.38	2.92
55	伊朗	2.54	0.32	2.86
56	美国	2.61	0.22	2.83
57	突尼斯	2.54	0.28	2.82
58	巴勒斯坦	2.52	0.03	2.55
59	摩洛哥	2.27	0.24	2.52
60	叙利亚	2.07	0.43	2.50
61	乌兹别克斯坦	2.09	0.36	2.45
62	土库曼斯坦	2.09	0.35	2.44
63	斯里兰卡	1.65	0.56	2.21
64	斐济	0.53	1.49	2.03
65	伊拉克	1.43	0.41	1.84
66	也门	1.43	0.41	1.84
67	阿尔及利亚	1.56	0.24	1.79

(续表)

排名	国家或地区	强度中心性	流中介中心性	综合中心性
68	阿富汗	1.11	0.41	1.52
69	利比亚	1.14	0.24	1.38
70	苏丹	1.14	0.24	1.38
71	不丹	0.89	0.45	1.34
72	马尔代夫	0.89	0.45	1.34
73	尼泊尔	0.89	0.45	1.34
74	巴西	1.23	0.07	1.30
75	巴拉圭	1.23	0.07	1.30
76	乌拉圭	1.23	0.07	1.30
77	哥斯达黎加	1.29	0.00	1.29
78	巴拿马	1.18	0.00	1.18
79	毛里求斯	1.00	0.03	1.04
80	阿根廷	0.78	0.04	0.82
81	安提瓜和巴布达	0.71	0.00	0.71
82	巴哈马	0.71	0.00	0.71
83	伯利兹	0.71	0.00	0.71
84	巴巴多斯	0.71	0.00	0.71
85	多米尼克	0.71	0.00	0.71
86	多米尼加	0.71	0.00	0.71
87	格林纳达	0.71	0.00	0.71
88	圭亚那	0.71	0.00	0.71
89	牙买加	0.71	0.00	0.71
90	圣基茨和尼维斯	0.71	0.00	0.71
91	圣卢西亚	0.71	0.00	0.71
92	苏里南	0.71	0.00	0.71
93	特立尼达和多巴哥	0.71	0.00	0.71
94	圣文森特和格林纳丁斯	0.71	0.00	0.71

(续表)

排名	国家或地区	强度中心性	流中介中心性	综合中心性
95	哥伦比亚	0.62	0.00	0.62
96	危地马拉	0.60	0.00	0.60
97	洪都拉斯	0.60	0.00	0.60
98	蒙古国	0.60	0.00	0.60
99	尼加拉瓜	0.60	0.00	0.60
100	萨尔瓦多	0.60	0.00	0.60
101	斯威士兰	0.51	0.01	0.52
102	南非	0.45	0.00	0.45
103	加纳	0.40	0.00	0.40
104	马达加斯加	0.38	0.01	0.39
105	塞舌尔	0.38	0.01	0.39
106	津巴布韦	0.38	0.01	0.39
107	博茨瓦纳	0.36	0.00	0.36
108	莱索托	0.36	0.00	0.36
109	莫桑比克	0.36	0.00	0.36
110	纳米比亚	0.36	0.00	0.36
111	喀麦隆	0.31	0.00	0.31
112	厄瓜多尔	0.31	0.00	0.31
113	安道尔	0.27	0.00	0.27
114	克罗地亚	0.27	0.00	0.27
115	巴布亚新几内亚	0.27	0.00	0.27
116	法罗群岛	0.25	0.00	0.25
117	科特迪瓦	0.22	0.00	0.22
118	圣马力诺	0.18	0.00	0.18
119	布隆迪	0.16	0.00	0.16
120	刚果(金)	0.16	0.00	0.16
121	科摩罗	0.16	0.00	0.16

（续表）

排名	国家或地区	强度中心性	流中介中心性	综合中心性
122	吉布提	0.16	0.00	0.16
123	厄立特里亚	0.16	0.00	0.16
124	埃塞俄比亚	0.16	0.00	0.16
125	肯尼亚	0.16	0.00	0.16
126	马拉维	0.16	0.00	0.16
127	卢旺达	0.16	0.00	0.16
128	乌干达	0.16	0.00	0.16
129	赞比亚	0.16	0.00	0.16

参 考 文 献

[1] 陈勇兵,陈宇媚,周世民.贸易成本、企业出口动态与出口增长的二元边际——基于中国出口企业微观数据:2000—2005[J].经济学(季刊),2012,11(4):1477-1502.

[2] 陈勇兵,付浪,汪婷,胡颖.区域贸易协定与出口的二元边际:基于中国—东盟自贸区的微观数据分析[J].国际商务研究,2015,36(2):21-34.

[3] 东艳.区域经济一体化新模式——"轮轴—辐条"双边主义的理论与实证分析[J].财经研究,2006(9):4-18.

[4] 高疆,盛斌.贸易协定质量会影响全球生产网络吗?[J].世界经济研究,2018(8):3-16,135.

[5] 杭州海关课题组.逆全球化背景下提高我国自贸协定(FTA)利用率的对策研究——以杭州关区进出口企业为样本[J].海关与经贸研究,2019,40(5):26-41.

[6] 何剑,孙玉红.全球 FTA 网络化发展对不同地位国家的影响[J].中国软科学,2008(5):57-66.

[7] 林僖,鲍晓华.区域服务贸易协定与服务出口二元边际——基于国际经验的实证分析[J].经济学(季刊),2019,18(4):1311-1328.

[8] 刘军.QAP:测量"关系"之间关系的一种方法[J].社会,2007(4):164-174,209.

[9] 吕建兴,张少华.自由贸易协定真的提高出口二元边际了吗[J].当代财经,2021(4):112-124.

[10] 彭羽,沈玉良,田肖溪."一带一路"FTA网络结构特征及影响因素:基于协定异质性视角[J].世界经济研究,2019(7):90-103,135-136.

[11] 彭羽,沈玉良,徐美娜.提高上海企业对自贸协定利用率研究[J].科学发展,2017(10):78-90.

[12] 彭羽,郑枫."一带一路"沿线 FTA 与出口二元边际:基于网络分析视角[J].世界经济研究,2022(4):76-90,136-137.

[13] 彭羽,郑枫,沈玉良."一带一路"FTA网络国家地位测度及出口效应研究[J].亚太经济,2022(1):47-58.

[14] 钱学锋,熊平.中国出口增长的二元边际及其因素决定[J].经济研究,2010,45(1):65-79.

[15] 沈玉良,孙立行.中国与"一带一路"沿线国家贸易投资报告 2018[M].上海:上海社会科学院出版社,2019.

[16] 盛斌,果婷.亚太地区自由贸易协定条款的比较及其对中国的启示[J].亚太经济,2014(2):94-101.

[17] 施炳展.中国出口增长的三元边际[J].经济学(季刊),2010,9(4):1311-1330.

[18] 铁瑛,黄建忠,徐美娜.第三方效应、区域贸易协定深化与中国策略:基于协定条款异质性的量化研究[J].经济研究,2021,56(1):155-171.

[19] 谢建国,谭利利.区域贸易协定对成员国的贸易影响研究——以中国为例[J].国际贸易问题,2014(12):57-67.

[20] 杨凯,韩剑.最终商品优惠性原产地规则与中间品贸易转移效应——以 CAFTA 原产地规则为例[J].国际经贸探索,2020,36(4):38-54.

[21] Alba J, Hur J, Park D. Do hub-and-spoke Free Trade Agreements Increase Trade? A Panel Data Analysis[R]. Working Papers on Regional Economic Integration, 2010, No 46.

[22] Anderson J E, Wincoop E V. Gravity with Gravitas: A Solution to the Border Puzzle[J]. American Economic Review, 2003, 93(1):170-192.

[23] Andreas D, Baccini L, Elsig M. The Design of International Trade Agreements: Introducing a New Dataset[J]. The Review of International Organizations, 2014, 9(3): 353-375.

[24] Baier S L, Bergstrand J H, Mariutto R. Economic Determinants of Free Trade Agreements Revisited: Distinguishing Sources of Interdependence[J]. Review of International Economics, 2014, 22(1): 31-58.

[25] Baier S L, Bergstrand J H. Do Free Trade Agreements Actually Increase Members' International Trade? [J]. Journal of International Economics, 2007, 71(1): 72-95.

[26] Baier S L, Bergstrand J H. Economic Determinants of Free Trade Agreements[J]. Journal of International Economics, 2004, 64(1): 29-63.

[27] Baldwin R E. Multilateralising Regionalism: Spaghetti Bowls as Building Blocs on the Path to Global Free Trade[J]. World Economy, 2006, 29(11): 1451-1518.

[28] Baldwin R, Jaimovich D. Are Free Trade Agreements Contagious? [J]. Journal of International Economics, 2012, 88(1): 1-16.

[29] Benedictis L D, Tajoli L. The World Trade Network[J]. The World Economy, 2011, 34(8): 1417-1454.

[30] Bergstrand J H, Egger P. What Determines BITs? [J]. Journal of International Economics, 2013, 90(1): 107-122.

[31] Besedeš T, Prusa T J. The Role of Extensive and Intensive Margins and Export Growth[J]. Journal of Development Economics, 2011, 96(2): 371-379.

[32] Bhagwati J N. Free Trade Today [M]. Princeton University Press, 2003:112-118.

[33] Blonigen B A, Piger J. Determinants of Foreign Direct Investment[R]. NBER

Working Papers 16704, National Bureau of Economic Research, Inc, 2011.

[34] Chaney T. Distorted Gravity: the Intensive and Extensive Margins of International trade[J]. American Economic Review, 2008, 98(4): 1707-1721.

[35] Damuri Y R. 21st Century Regionalism and Production Sharing Practice[R]. Graduate Institute of International and Development Studies, 2012.

[36] Deltas G, Desmet K, Facchini G. Hub-and-spoke Free Trade Areas[R]. Cepr Discussion Papers, 2006, 45(3): 942-977.

[37] Doreian P, Batagelj V, Ferligoj A. Symmetric-acyclic Decompositions of Networks [J]. Journal of Classification, 2000, 17(1): 3-28.

[38] Dür A, Baccini L, Elsig M. The Design of International Trade Agreements: Introducing a New Dataset[J]. The Review of International Organizations, 2014, 9(3): 353-375.

[39] Eaton J, Kortum S, Kramarz F. An Anatomy of International Trade: Evidence from French Firms[J]. Econometrica, 2011, 79(5): 1453-1498.

[40] Flam H, Nordström H. Euro Effects on the Intensive and Extensive Margins of Trade[R]. CESifo Working Paper Series, 2006.

[41] Foster N, Poeschl J, Stehrer R. The Impact of Preferential Trade Agreements on the Margins of International Trade[J]. Economic Systems, 2011, 35(1): 84-97.

[42] Freeman L C, Borgatti S P, White D R. Centrality in Valued Graphs: A Measure of betweenness Based on Network flow[J]. Social Networks, 1991, 13(2): 141-154.

[43] GACC. China Ftautilization Analysis[R]. Office of Rules of Origin General Administration of China Customs Jan, 2014.

[44] Head K, Mayer T. The Empirics of Agglomeration and Trade[M]//Handbook of Regional and Urban Economics. Elsevier, 2004, 4: 2609-2669.

[45] Helpman E, Melitz M J, Rubinstein, Y. Estimating Trade Flows: Trading Partners and Trading Volumes[J]. Quarterly Journal of Economics, 2008, 123(2): 441-487.

[46] Helpman E, Melitz M J, Yeaple S R. Export Versus FDI with Heterogeneous Firms[J]. American Economic Review, 2004, 94(1): 300-316.

[47] Hillberry R H, McDaniel C A. A Decomposition of North American Trade Growth since NAFTA[R]. US International Trade Commission Working Paper, 2002-12.

[48] Hofmann C, Osnago A, Ruta M. Horizontal Depth: a new Database on the Content of Preferential Trade Agreements[R]. World Bank Policy Research Working Paper, 2017 (7981).

[49] Horn H, Mavroidis P C, Sapir A. Beyond the WTO? An Anatomy of EU and US Preferential Trade Agreements[J]. World Economy, 2010, 33(11): 1565-1588.

[50] Hummels D, Klenow P J. The Variety and Quality of a Nation'S Exports[J].

American Economic Review, 2005, 95(3): 704-723.

[51] Kancs D A. Trade Growth in a Heterogeneous Firm Model: Evidence from South Eastern Europe[J]. World Economy, 2007, 30(7): 1139-1169.

[52] Kawabata Y, Takarada Y. Deep Trade Agreements and Harmonization of Standards [J]. Southern Economic Journal, 2021, 88(1): 118-143.

[53] Kohl T, Brakman S, Garretsen H. Do Trade Agreements Stimulate International Trade Differently? Evidence from 296 Trade Agreements[J]. World Economy, 2016, 39(1): 97-131.

[54] Kowalczyk C, Wonnacott R J. Hubs and Spokes, and Free Trade in the Americas [R]. Darmouth Working Paper, 1992.

[55] Krautheim S. Heterogeneous Firms, Exporter Networks and the Effect of Distance on International Trade[J]. Journal of International Economics, 2012, 87(1): 27-35.

[56] Krugman P. Scale Economies, Product Differentiation, and the Pattern of Trade [J]. American Economic Review, 1980, 70(5): 950-959.

[57] Kucik, J. The Domestic Politics of Institutional Design: Producer Preferences over Trade Agreement Rules[J]. Economics and Politics, 2012, 24:95-118.

[58] Laget E, Osnago A, Rocha N, et al. Deep Trade Agreements and Global Value Chains[J]. Review of Industrial Organization, 2020, 57(2): 379-410.

[59] Lall S. The Technological Structure and Performance of Developing Country Manufactured Exports, 1985-1998[J]. Oxford Development Studies, 2000, 28(3): 337-369.

[60] Latrille P, Lee J. Services Rules in Regional Trade Agreements — How Diverse and How Creative as Compared to the GATS Multilateral Rules? [J]. Available at SSRN 2171698, 2012.

[61] Lloyd P J, MacLaren D. Gains and Losses from Regional Trading Agreements: A Survey*[J]. Economic Record, 2004, 80(251):445-467.

[62] Lusher, D. Koskinen, J. and Robins, G. Exponential Random Graph Models for Social Networks: Theory, Methods and Applications[J]. Contemporary Sociology, 2014, 43(4):552-553.

[63] Melitz M J. The Impact of Trade on Intra-industry Reallocations and Aggregate Industry Productivity[J]. Econometrica, 2003, 71(6): 1695-1725.

[64] OECD, Globalisation and Competitiveness: Relevant Indicators, Paris, OECD Directorate for Science, Technology and Industry, 1994, DSTI/EAS/IND/WP9 (94)19.

[65] Orefice G, Rocha N. Deep Integration and Production Networks: An Empirical Analysis[J]. The World Economy, 2014, 37(1): 106-136.

[66] Parenti M, Vannoorenberghe G. A Simple Theory of Deep Trade Integration[J]. Mimeo, 2019.

[67] Pauwelyn J, Alschner W. Forget About the WTO: The Network of Relations between Preferential Trade Agreements (PTAs) and 'Double PTAs'[J]. Available at SSRN 2391124, 2014.

[68] Pavitt K. Sectoral Patterns of Technical Change: Towards a Taxonomy and a Theory[J]. Research policy, 1984, 13(6): 343-373.

[69] Ruta, M. World Trade Report 2011-the WTO and Preferential Trade Agreements: From Co-existence to Coherence[R]. Michele Ruta, Geneva: WTO, 2011, 11(2): 327-339.

[70] Schmidt J, Steingress W. No Double Standards: Quantifying the Impact of Standard Harmonization on Trade[R]. Staff Working Papers 19-36, Bank of Canada, 2019.

[71] Silva J M C S, Tenreyro S. The Log of Gravity[J]. Review of Economics and Statistics, 2006, 88(4): 641-658.

[72] Sopranzetti S. Overlapping Free Trade Agreements and International Trade: A Network Approach[J]. The World Economy, 2018, 41(6): 1549-1566.

[73] Wasserman, S. and Faust, K. Social Network Analysis: Methods and Applications [M]. Cambridge: Cambridge University Press, 1994.

[74] Wonnacott R J. Canada's Future in a World of Trade Blocs: A Proposal[J]. Canadian Public Policy/Analyse de politiques, 1975: 118-130.

[75] World Trade Organization. World Trade Report 2011: The WTO and Preferential Trade Agreements: From Co-Existence to Coherence [M]. World Trade Organization (WTO), 2011.

[76] World Trade Organization. World Trade Report 2019: The Future of Services Trade [M]. World Trade Organization (WTO), 2019.

图书在版编目(CIP)数据

"一带一路"FTA 网络中的国家地位测度及贸易效应研究/彭羽著.—上海:复旦大学出版社,2023.7
ISBN 978-7-309-16549-4

Ⅰ.①—… Ⅱ.①彭… Ⅲ.①国际贸易-自由贸易-贸易协定-研究 Ⅳ.①F744

中国版本图书馆 CIP 数据核字(2022)第 201025 号

"一带一路"FTA 网络中的国家地位测度及贸易效应研究
YIDAIYILU FTA WANGLUO ZHONG DE GUOJIA DIWEI CEDU JI MAOYI XIAOYING YANJIU
彭 羽 著
责任编辑/谢同君

复旦大学出版社有限公司出版发行
上海市国权路 579 号 邮编:200433
网址:fupnet@fudanpress.com http://www.fudanpress.com
门市零售:86-21-65102580 团体订购:86-21-65104505
出版部电话:86-21-65642845
常熟市华顺印刷有限公司

开本 787×960 1/16 印张 17 字数 296 千
2023 年 7 月第 1 版
2023 年 7 月第 1 版第 1 次印刷

ISBN 978-7-309-16549-4/F·2940
定价:88.00 元

如有印装质量问题,请向复旦大学出版社有限公司出版部调换。
版权所有 侵权必究